Gabriele Kokott-Weidenfeld, Kurt-Peter Merk

Sex · Gender · Crime

Rechtsfragen zur sexuellen Selbstbestimmung

Fachhochschulverlag
DER VERLAG FÜR ANGEWANDTE WISSENSCHAFTEN

Bibliografische Information der Deutschen Nationalbibliothek
Die Deutsche Nationalbibliothek verzeichnet diese Publikation in der Deutschen National-bibliografie; detaillierte bibliografische Daten sind im Internet über http://dnb.d-nb.de abrufbar.

3., vollständig überarbeitete Auflage 2024
ISBN 978-3-8248-1333-9
PDF ISBN 978-3-8248-9883-1

Fachhochschulverlag. Der Verlag für angewandte Wissenschaften.
Ein Imprint der

Mollweg 2, D-65510 Idstein
Vertretungsberechtigte Geschäftsführer: Dr. Ullrich Schulz-Kirchner, Martina Schulz-Kirchner
Druck: TZ-Verlag und Print GmbH, Bruchwiesenweg 19, 64380 Roßdorf
Printed in Germany

Vorwort zur 3. (Neu-)Auflage

Auf der Grundlage des Textes von Friedrich K. Barabas „Sexualität und Recht“ haben Autorin und Autor mit der Neuauflage einen neuen Anlauf genommen. Das Signal dazu wird durch den neuen Titel gegeben:

Sex · Gender · Crime. Rechtsfragen zur sexuellen Selbstbestimmung

Das Buch ist in erster Linie als Orientierung für Mitarbeitende in sozialen Berufen gedacht. Gleichzeitig bietet es eine verständliche Informationsgrundlage für alle an der Thematik Interessierten.

Die 2. Auflage erschien 2006. Seitdem sind die rechtlichen Rahmenbedingungen vielfältig verändert worden. Der bisherige Text musste daher grundlegend überarbeitet werden. Nur weniges davon passt noch in die heutige Zeit. Viele rechtliche Diskussionen haben sich erledigt.

Die Neubearbeitung erweitert die Darstellung der verfassungsrechtlichen Positionierung des Rechts auf sexuelle Selbstbestimmung und bezieht den Schutz vor Diskriminierung nicht nur auf das Strafrecht, sondern auch auf weitere Rechtsbereiche, wie etwa das AGG. Der Gesetzgeber erweitert die strafrechtlichen Bestimmungen zum Schutz des Rechts auf sexuelle Selbstbestimmung kontinuierlich. So haben die Pornografie-Regelungen eine deutliche Modernisierung erfahren und das neue Recht der Prostitution stellt die SexarbeiterInnen und deren Schutz in den Mittelpunkt der gesetzgeberischen Betrachtung.

Der Text ist kürzer geworden, verzichtet in den meisten Fällen auf die vertiefte juristische Kommentierung von Strafrechtsnormen und den Vergleich mit vorangegangenen Regelungen. Die rechtlichen Bestimmungen im Zusammenhang mit Sexualität wurden seit 2006 deutlich liberalisiert und es kam zum Paradigmenwechsel etwa im Bereich des Kinderschutzes, der die Schweigepflicht von medizinisch und sozial relevanten Geheimnisträgern durchbricht, oder im Personenstandrecht, das die generische Vielfalt mit der Einführung eines dritten Geschlechts normativ anerkennt. Diese Liberalisierung bedingt die partielle Abkehr vom Gesinnungsstrafrecht. So ist die Strafbarkeit der Sodomie in den Tierschutz verlagert worden. Bestraft wird nicht mehr die Verwerflichkeit des sexuellen Verkehrs mit Tieren, sondern das den Tieren dabei zugefügte Leid.

Uneinheitliche Schreibweisen der Worte „Pornografie“ oder „Pornographie“ und „Missbrauch“ oder „Mißbrauch“ hängen mit den unterschiedlichen Schreibweisen in den Gesetzestexten zusammen. Entsprechend uneinheitlich ist die

Gesetzessprache bei der Unterscheidung zwischen männlicher und weiblicher Form. Die heute geltenden Normen fügen sich zwar widerspruchslos ineinander, wurden aber teilweise bereits vor Jahrzehnten beschlossen, einige sogar schon zu Beginn des 20. Jahrhunderts. Die Gesetzestexte, besonders die generischen Formulierungen, spiegeln daher den jeweiligen Zeitgeist. Da aber auch die älteren Gesetze in ihrer jeweiligen Form aktuell immer noch geltendes Recht darstellen, folgen die Formulierungen des Buches dem verbindlichen Sprachgebrauch der Gesetzestexte und sind daher nicht einheitlich.

München und Frankfurt am Main im März 2024

Inhalt

Abkürzungsverzeichnis

Abk.	Abkürzung
abl.	ablehnend
abw.	abweichend
AdVermG	Adoptionsvermittlungsgesetz
AEUV	Vertrag über die Arbeitsweise der Europäischen Union
a. F.	alte Fassung
AGG	Allgemeines Gleichbehandlungsgesetz
allg. A.	allgemeine Ansicht
ALR	Preußisches Allgemeines Landrecht
Anl.	Anlage
ArbG	Arbeitsgericht
ArbGG	Arbeitsgerichtsgesetz
Art.	Artikel
AT	allgemeiner Teil
AuR	Arbeit und Recht (Zeitschrift)
ausf.	ausführlich
AVMD-Richtlinie	EU-Richtlinie über audiovisuelle Medien
BAG	Bundesarbeitsgericht
BayObLG	Bayerisches Oberstes Landesgericht
BB	Der Betriebs-Berater (Zeitschrift)
BBG	Bundesbeamtengesetz
BeckRS	Beck-Rechtsprechung
BGB	Bürgerliches Gesetzbuch
BGBl.	Bundesgesetzblatt
BGH	Bundesgerichtshof
BGHR	BGH-Rechtsprechung
BGHSt	Entscheidungen des Bundesgerichtshofs in Strafsachen
BKA	Bundeskriminalamt
BMJ	Bundesministerium der Justiz
BR-Drs.	Bundesrats-Drucksache
BRRG	Beamtenrechtsrahmengesetz
BSG	Bundessozialgericht
BR-Drs.	Bundesrats-Drucksache
BT-Drs.	Bundestags-Drucksache
bufaS e.V.	Bündnis der Fachberatungsstellen für Sexarbeiterinnen und Sexarbeiter
BVerfG	Bundesverfassungsgericht
BVerfGE	Entscheidungen des Bundesverfassungsgerichts
BVerwG	Bundesverwaltungsgericht
BVerwGE	Entscheidungen des Bundesverwaltungsgerichts
BVG	Bundesversorgungsgesetz
BZgA	Bundeszentrale für gesundheitliche Aufklärung
BzKJ	Bundeszentrale für Kinder- und Jugendmedienschutz
CDU	Christlich Demokratische Union
CSU	Christlich Soziale Union
d	divers
DAKJEF	Deutscher Arbeitskreis für Jugend-, Ehe- und Familienberatung
DAVorm	Der Amtsvormund (Zeitschrift)
DB	Der Betrieb (Zeitschrift)
DIJuF	Das Deutsche Institut für Jugendhilfe und Familienrechte e.V.

DÖV	Die Öffentliche Verwaltung (Zeitschrift)
DSGVO	Datenschutzgrundverordnung EU
EGBGB	Einführungsgesetz zum Bürgerlichen Gesetzbuch
EGMR	Europäischer Gerichtshof für Menschenrechte
EGRL	EG-Richtlinie
ESchG	Embryonenschutzgesetz
et al.	und andere
EuGH	Europäischer Gerichtshof
EUV	Vertrag über die Europäische Union
FamG	Familiengericht
FamFG	Gesetz über das Verfahren in Familiensachen und in den Angelegenheiten der freiwilligen Gerichtsbarkeit
FamRZ	Zeitschrift für das gesamte Familienrecht
FSF	Freiwillige Fernsehkontrolle
FSM	Freiwillige Selbstkontrolle Multimedia e.V.
FSK	Freiwillige Selbstkontrolle
GA	Goltdammer's Archiv für Strafrecht (Zeitschrift)
GewSchG	Gesetz zum zivilrechtlichen Schutz vor Gewalttaten und Nachstellungen (Gewaltschutzgesetz)
GG	Grundgesetz für die Bundesrepublik Deutschland
GRCh	Grundrechtecharta der Europäischen Union
HeimG	Heimgesetz
Hlbs.	Halbsatz
h. M.	herrschende Meinung
i. d. F.	in der Fassung
IsoFa	insoweit erfahrene Fachkraft
i. S. v.	im Sinne von
i. V. m.	in Verbindung mit
JA	Jugendamt
JAmt	Das Jugendamt (Zeitschrift)
JGG	Jugendgerichtsgesetz
JGH	Jugendgerichtshilfe
JMStV	Jugendmedienschutz-Staatsvertrag
JR	Juristische Rundschau (Zeitschrift)
JuSchG	Jugendschutzgesetz
JuS	Juristische Schulung (Zeitschrift)
JZ	Juristenzeitung
Kap.	Kapitel
KG	Kammergericht Berlin
KindRG	Kindschaftsrechtsreformgesetz
KJ	Kritische Justiz (Zeitschrift)
KJHG	Kinder- und Jugendhilfegesetz
KJM	Kommission für Jugendmedienschutz
KKG	Gesetz zur Information und Kooperation im Kinderschutz
KriegsopfVwVfG	Kriegsopfer-Verwaltungsverfahrensgesetz
LAG	Landesarbeitsgericht
lfd.	laufend
LG	Landgericht
LMU	Ludwigs-Maximilians-Universität München

LPartG Gesetz über die eingetragene Lebenspartnerschaft
LSBTTQ Lesben, Schwule, Bisexuelle, Transgender, Transsexuelle, queere und nonbinäre Menschen
LSG Landessozialgericht

m männlich
MDR Monatsschrift für Deutsches Recht
MedR Medizinrecht (Zeitschrift)
MMR Multimedia und Recht (Zeitschrift)
MschrKrim Monatsschrift für Kriminologie und Strafrechtsreform

NDV Nachrichtendienst des Deutschen Vereins für öffentliche und private Fürsorge (Zeitschrift)
n. F. neue Fassung
NJW Neue Juristische Wochenschrift
NJW-RR Rechtsprechungsreport Zivilrecht
NStZ Neue Zeitschrift für Strafrecht
NStZ-RR Rechtsprechungsreport Strafrecht
NVwZ Neue Zeitschrift für Verwaltungsrecht
NZA Neue Zeitschrift für Arbeitsrecht
NZA-RR Rechtsprechungsreport-Arbeitsrecht
NZS Neue Zeitschrift für Sozialrecht

OEG Gesetz über die Entschädigung für Opfer von Gewalttaten (Opferentschädigungsgesetz)
OLG Oberlandesgericht
OVG Oberverwaltungsgericht

PaßG Paßgesetz
ProstG Prostitutionsgesetz
ProstSchG Prostituiertenschutzgesetz
Prot. Protokoll(e)
PStG Personenstandsgesetz
PsychPbG Gesetz über die psychosoziale Prozessbegleitung im Strafverfahren

Rdn. Randnummer
RGZ Entscheidungen des Reichsgerichts in Zivilsachen
Rs. Rechtssache
RsDE Beiträge zum Recht der sozialen Dienste und Einrichtungen (Zeitschrift)

s. A. samt Anhang
SchKG Schwangerschaftskonfliktgesetz
SGB I Sozialgesetzbuch I. Buch – Allgemeiner Teil
SGB VIII Sozialgesetzbuch VIII. Buch – Kinder- und Jugendhilfe
SGB X Sozialgesetzbuch X. Buch – Verwaltungsverfahren
SGG Sozialgerichtsgesetz
SozG Sozialgericht
std. Rspr. ständige Rechtsprechung
StGB Strafgesetzbuch
StPO Strafprozessordnung
str. strittig
STREIT Feministische Rechtszeitschrift
StV Strafverteidiger (Zeitschrift)
SZ Süddeutsche Zeitung

TierSchG	Tierschutzgesetz
TMG	Telemediengesetz
TSG	Gesetz über die Änderung der Vornamen und die Feststellung der Geschlechtszugehörigkeit in besonderen Fällen (Transsexuellen Gesetz)
UKA	Unabhängige Kommission zur Aufarbeitung sexuellen Kindesmissbrauchs
UN-BRK	Behindertenrechtskonvention der Vereinten Nationen
UN-KRK	Kinderrechtskonvention der Vereinten Nationen
USK	Unterhaltungssoftware Selbstkontrolle
vAw	von Amts wegen
VersR	Versicherungsrecht (Zeitschrift)
VG	Verwaltungsgericht
VGH	Verwaltungsgerichtshof
VwGO	Verwaltungsgerichtsordnung
w	weiblich
ZfJ	Zentralblatt für Jugendrecht (Zeitschrift)
ZPO	Zivilprozessordnung
ZRP	Zeitschrift für Rechtspolitik (Beilage zur NJW)
ZStW	Zeitschrift für die gesamte Strafrechtswissenschaft

A Rahmenbedingungen

Überall im Leben spielt Sexualität eine wichtige Rolle – im privaten Lebensumfeld genauso wie im öffentlichen Bereich, in Arbeitsbeziehungen oder in der Freizeit. Wo Menschen physisch oder virtuell zusammentreffen, findet, direkt oder indirekt, bewusst oder unbewusst ein sexueller Austausch statt. Die Auseinandersetzung mit dem Thema Sexualität in unserer Gesellschaft ist ein Dauerthema.
Ein Blick in die mediale Welt verdeutlicht die Vielschichtigkeit von allem, was mit **Sex**(ualität) zu tun hat. Wir werden täglich per Mail oder über Soziale Medien mit Sexangeboten, sexistischer Werbung oder Partnerschaftshinweisen überhäuft. Diese vielfältigen und oft lästigen Angebote sind selbstverständlicher Teil unseres Lebensalltags geworden.

Die sich wiederholenden Schlagzeilen zum Thema Sex sind austauschbar; sie bedienen vorrangig meist voyeuristische Impulse:

- Nein heißt Nein!
- Frauen schaffen an
- Das „erste Mal" ist immer früher
- Mutige Kinder sind für die Täter meist uninteressant
- Missbrauchsverdacht: Aus Schande! Lehrer erhängt sich in der Dusche
- Anzeigen von Sexualdelikten erheblich gestiegen
- Mit dem Staat im Bett
- Iran-Barbarei: Lesbische Frauen zum Tod verurteilt

Sexualität ist ein selbstbestimmter Teil der individuellen Persönlichkeit eines jeden Menschen. Sie verwirklicht sich üblicherweise in der Interaktion mit anderen Menschen.
Die Gesellschaft insgesamt besteht aber nicht aus Gleichen, sondern es existieren verschiedene Macht-Asymmetrien; sie zeigen sich etwa innerhalb von Familienstrukturen, aber auch außerhalb, z.B. in Kitas und Schulen oder in den beruflichen Strukturen. Diese Hierarchien führen zwangsläufig zu einer Dominanz Einzelner über Andere mit der möglichen Folge einer teilweise systematischen Beeinträchtigung der sexuellen Selbstbestimmung. Das erfordert Rahmenregelungen zur Begrenzung dieser Macht.

Ein weiteres Feld, in dem Regelungen zum Schutz vor Diskriminierungen erforderlich sind, ist das Internet, insbesondere die Sozialen Netzwerke. Die soziale Interaktion von Individuen mit Anderen stellt die Rechtsordnung vor die Aufgabe, der sexuellen Entfaltung Einzelner Grenzen zu setzen, um damit die

Rechte anderer Personen auf deren sexuelle Selbstbestimmung zu schützen und zu ermöglichen.
Dabei ist der gesellschaftliche Blick vorrangig auf den Schutz von Kindern als einer besonders verletzbaren gesellschaftlichen Gruppe zu richten.

Die Bandbreite der **rechtlichen Fragen zur Sexualität** reicht vom Zivil- über das Strafrecht bis zu den Disziplinarordnungen, vom Sozialgesetzbuch VIII (Kinder- und Jugendhilfe) über die Strafprozessordnung bis hin zum Arbeitsrecht.

In diesem Kontext ergeben sich sich folgende **Fragestellungen**, denen wir im Einzelnen nachgehen wollen:

- Wie wird der Einzelne in seiner Geschlechtlichkeit geschützt?
- Wie kann er sich gegen sexuelle Übergriffe wehren?
- Welche zivil- und öffentlich-rechtlichen Interventionsmöglichkeiten bietet die Rechtsordnung Kindern und Jugendlichen, um sie besonders zu schützen?
- Wie gehen wir mit geschlechtsbezogenen Ritualen um?
- Wie ist das Verhältnis zwischen staatlichem Strafverfolgungsinteresse bei Sexualstraftaten und dem Vertrauens- und Datenschutz des Einzelnen einzuordnen?
- Wer und welche Rechtsbereiche unterliegen einem strafrechtlich gewährleisteten Schutz?

1 Definitionen

Im Zusammenhang mit Sexualität werden im allgemeinen Sprachgebrauch und in der Rechtssprache unterschiedliche Begriffe benutzt. Sie lassen sich nicht gleich auf den ersten Blick eindeutig zuordnen.

1.1 Sexualität

Was ist gemeint, wenn wir von Sexualität sprechen? Und vor allem: Was hat **Sexualität mit Recht** zu tun?

Sexualität ist ein individuelles Recht. Es ist damit die Aufgabe des Staates, dieses Recht für jeden Einzelnen zu gewährleisten und die Ausübung dieser Rechtsposition zu ermöglichen. Das hat zur Folge, dass der Staat jeden Einzelnen vor Beeinträchtigungen bei der Wahrnehmung seines Rechts auf sexuelle Selbstbestimmung schützen muss. Kaum ein Bereich menschlicher Lebensäußerungen ist

grundsätzlich so zeitlos und konkret, gleichzeitig aber auch so zeitgeistabhängig von den gesellschaftlichen Verhältnissen. Daher ist es schwierig zu bestimmen, was normgerechtes sexuelles Verhalten beinhaltet und wann abweichendes oder sogar strafbares Verhalten vorliegt.
Aussagen aus früheren Zeiten haben weiter ihre Gültigkeit; schon vor Jahrzehnten beschrieb der bekannte Sexualforscher Sigusch die Situation so:

> „Der Kampf um die Sexualität ist wieder einmal heftig entbrannt. Die einen wollen verhaften, verurteilen, einsperren; die anderen wollen verwalten, behandeln, vorbeugen; wieder andere wollen verbessern, retten, erlösen; noch andere haben sich bereits lange vor Aids von der Sexualität verabschiedet. Der seltsame Komplex aus Gefühl, Leib und Diskurs, den wir seit zweihundert Jahren ‚Sexualität' nennen, wird in unserer Kultur ständig neu zusammengesetzt und umkodiert. So versehen Menschen das, was unveränderbar scheint, immer wieder mit anderen Bedeutungen. Verpönte Sexualpraktiken wie der Oralverkehr werden auf einmal' als ganz normal erlebt: Am Beginn des 20. Jahrhunderts hatte Freud solche Prozeduren noch ‚pervers' genannt; in der Mitte des Jahrhunderts wies Kinsey nach, dass sie im ‚gesunden' Volk weit verbreitet sind" (Sigusch 1989 und Sigusch 2005).

Die Debatten um die Freigabe der Pornografie, die Aufhebung der Strafbarkeit der Homosexualität und aktuell immer wieder neu um eine Verschärfung des Sexualstrafrechts, aber auch die intensiven Auseinandersetzungen um die gesetzliche Reform des Schwangerschaftsabbruchs sowie die Strafbarkeit der Vergewaltigung in der Ehe belegen hinreichend die Dynamik von Veränderungen in der jüngeren Vergangenheit.

Die Balance zwischen der freien Gestaltung der eigenen Sexualität und den persönlichen Beziehungen, den staatlichen Normvorgaben sowie der Strafrechtsskepsis führt zu der Gefahr, dass sich eine Art autoritärer „Schutzstaat" entwickelt, der gesellschaftlicher Autonomie und Selbstregulation kaum mehr Raum lässt.
Die mit Nachdruck immer wieder vorgetragenen Forderungen, alles und jedes zu bestrafen, Polizei und Justiz aufzurüsten, um die alltäglichen Ängste und Bedrohungsgefühle zu vermindern, lässt das Nachdenken darüber, was als strafbares, sozial schädliches Verhalten zu interpretieren ist, in den Hintergrund treten. Es entwickelt sich teilweise auch hier und in anderen Gesellschaften, z. B. in den USA, ein Erstarken religiös begründeter, konservativer Strömungen, die die Evolutionstheorie Darwins für Teufelswerk halten, vorehelichen Geschlechtsverkehr ablehnen und einen Schwangerschaftsabbruch als schweres Verbrechen einordnen. Die Entscheidung des Obersten Gerichtshofs der USA vom Mai 2022 zum Recht auf Abtreibung, wonach es den einzelnen Bundesstaaten freigestellt

wird, jede Art von Abtreibung generell zu verbieten, ist ein Beispiel für diese Entwicklung. Auch innerhalb Europas, z. B. in Polen, beobachtet man auch aktuell immer wieder heftige Kontroversen um die Zulässigkeit von Abtreibungen. Gegenläufig hat Frankreich im März 2024 das Recht auf Abtreibung in die Verfassung aufgenommen.

Wenn es um Rechtsfragen im sexuellen Kontext geht, sind Fachkräfte in sozialen Berufen im Einzelfall meist mit sexuellem Missbrauch und seinen Folgen konfrontiert. Sexueller Missbrauch tangiert die sozialen Arbeitsfelder, da dieser eine soziale Asymmetrie zwischen Täter und Opfer voraussetzt, also das Verhältnis von Eltern zu ihren Kindern, Therapeuten zu Patienten oder Erziehern und Lehrern zu Kindern. Diese Straftaten sind z. B. in den §§ 174, 182 StGB geregelt (siehe unter Kap. C 5 und 6).

1.2 Sexuelle Handlung

Die Beurteilung eines Vorgangs als sexueller Missbrauch oder als eine sonstige Sexualstraftat setzt immer ein Verhalten voraus, das als **sexuelle Handlung** zu qualifizieren ist. Das Vorliegen einer sexuellen Handlung ist die tatbestandliche **Grundvoraussetzung für** eine **Sexualstraftat.** Bis in die **1970er Jahre** knüpfte das Strafrecht an Begriffe wie „**Unzucht**“ oder „unzüchtige Handlung“ an. **§ 184h StGB,** die aktuelle Rechtsgrundlage, definiert nicht den Begriff selbst, sondern nur die Schwelle der Intensität, die für die Strafbarkeit eines Verhaltens als „sexuelle Handlung“ vorliegen muss

Nach dieser Vorschrift gelten als sexuelle Handlungen nur solche, die „in Hinblick auf das jeweils geschützte Rechtsgut“ eine besondere Auswirkung haben, also wie in **§ 184h StGB** formuliert „von einiger **Erheblichkeit** sind“.
Diese Begriffsbestimmung bedeutet, dass nicht jede geschlechtsbezogene Handlung strafbar sein soll. Der Gesetzgeber versucht an dieser Stelle den Anwendungsbereich der Sexualdelikte einzuschränken. Es müssen immer besondere Handlungen sein, nämlich solche, die Auswirkungen auf Andere nicht nur in geringem Umfang haben.
Diese Auswirkungen müssen „**von einiger**“ Erheblichkeit sein. Durch die Versachlichung dieses Begriffs unter Aufgabe von moralisch-emotionalen Wertungen sollen Handlungen, die zwar das allgemeine Scham- und Sittlichkeitsgefühl verletzen, die aber nicht schädlich, sondern z. B. nur geschmacklos sind, aus dem Bereich der strafrechtlichen Relevanz ausscheiden.
Damit wird deutlich, dass nicht jede sexuelle Handlung nach § 184h StGB strafrechtliche Bedeutung erreicht. Sie muss wie § 184h StGB weiter formuliert, „im Hinblick auf das jeweils geschützte Rechtsgut“ relevant, also „von einiger

Erheblichkeit“ sein. § 184h StGB fordert für jede Norm des Sexualstrafrechtes das geschützte Rechtsgut konkret festzulegen.

Ob die Erheblichkeitsschwelle überschritten ist, bestimmt sich also nach dem Grad der Gefährlichkeit der Handlung für das jeweils betroffene Rechtsgut; unter diesem Gesichtspunkt scheiden unerhebliche Handlungen aus.

> „Von Bedeutung sind dabei vor allem Art, Intensität und Dauer des sexualbezogenen Vorgehens, zusätzlich der Handlungsrahmen, in dem der unmittelbar sexualbezogene Akt begangen wird, so wie die Beziehung der Beteiligten untereinander. ... Die Schwelle zur Erheblichkeit wird überschritten, wenn es nicht nur zu kurzen, unbedeutenden Berührungen kommt“ (BGH, StV 2000, 197; vgl. auch Kindhäuser/Neumann/Paeffgen/Saliger, Strafgesetzbuch, 2023, Anm. 1 zu § 184h).

Dadurch kann es geschehen, dass ein- und dieselbe Verhaltensweise einmal als sexuelle Handlung bestraft wird oder aber – wegen mangelnder Erheblichkeit im Hinblick auf das geschützte Rechtsgut – straffrei bleibt.

Diese Abgrenzung zwischen straffreier sexueller Betätigung und der nach dem Sexualstrafrecht verbotenen sexuellen Handlung ist fließend und wird letztlich nur im Einzelfall durch die Entscheidungen der Strafgerichte festgelegt.

Als Beispiel für die schwierige Feststellung, welche Handlungen strafrechtlich relevant sind, kann **§ 180 StGB** dienen, der die **Förderung sexueller Handlungen Minderjähriger** sanktioniert (siehe auch Kap. C 6.3). Danach ist es strafbar, sexuellen Handlungen Minderjähriger durch „Vermittlung“ oder durch „Gewähren oder Verschaffen von Gelegenheit“ „Vorschub“ zu leisten. Diese Frage stellt sich insbesondere bei Ferienaufenthalten für Kinder und Jugendliche, so dass die verantwortlichen Lehrer, Erzieher oder Sozialarbeiter sich dieses Problems bewusst sein sollten. Die Einschätzung im Einzelfall ist aber schwierig, da es sich um die Anwendung von unbestimmten Rechtsbegriffen handelt.

Wann liegt also nun tatsächlich eine sexuelle Handlung vor? Der BGH hat sich zu dieser Frage immer wieder geäußert:

- Ob es sich um eine sexuelle Handlung im Sinne des Strafgesetzbuches handelt, wird vor allem nach ihrem äußeren Erscheinungsbild beurteilt.
- Voraussetzung ist auf jeden Fall, dass die Handlung einen Sexualbezug aufweist, wobei auf den Gesamtvorgang abzustellen ist.
  Eine Handlung, die diesen objektiven Bezug nicht aufweist – jemand schlägt ein Kind mit einem Stock – wird auch dann nicht zu einer sexuellen Handlung, sondern bleibt Körperverletzung, wenn der Schläger sich durch diesen Vorgang sexuell erregen will (BGHSt 29, 336; BGH, NStZ 1883, 415).

1.3 Pornografie

Es ist auch zu klären, was unter **Pornografie** zu verstehen ist. Dieser Begriff wird im Strafgesetzbuch ebenso wenig definiert wie der Begriff der sexuellen Handlung. Klar ist hier nur, dass nicht jede Darstellung eines unbekleideten menschlichen Körpers pornografisch ist (z. B. LG Frankfurt, NJW 1987, 454; KG Berlin, NStZ 2009, 15).

> „Als pornografisch ist eine Darstellung nach h. M. anzusehen, die unter Ausklammerung sonstiger menschlicher Bezüge sexuelle Vorgänge in grob aufdringlicher bzw. vergröbernder (BGHSt 23, 44: ‚anreißerischer'; BGH, NStZ-RR 15, 74; KG Berlin, NStZ 2009, 15) Weise in den Vordergrund rückt und die in ihrer Gesamttendenz ausschließlich oder überwiegend auf sexuelle Stimulation angelegt ist, sowie dabei die im Einklang mit allgemeinen gesellschaftlichen Wertevorstellungen gezogenen Grenzen eindeutig überschreitet" (BGHSt 37, 55 [60]; BVerwGE 116, 18; BayObLG 1974, 181; KG Berlin, NStZ 2009, 15" (Schönke/Schröder 2019, Anm. 8 zu § 184 StGB).

Letztlich geht es also um **„gesellschaftliche Wertvorstellungen"** die vom Gesetzgeber als „allgemein" vorausgesetzt werden.

Die Einstufung eines Inhalts als **Pornografie** schließt nicht aus, dass es sich dabei **auch** um **Kunst** handeln kann. Dazu hat das Bundesverfassungsgericht entschieden, dass ein pornografischer Roman auch Kunst sein kann (BVerfGE 83, 130). Dagegen ist umstritten, ob neben dieser objektiven Komponente auch noch ein subjektives Element erforderlich ist. Weitere Einzelheiten unter Kap. C 7.

1.4 Sexuelle Selbstbestimmung

Im Dreizehnten Abschnitt des StGB (§§ 174–184l) sind die Straftatbestände formuliert, die das sexuelle Selbstbestimmungsrecht schützen. Mit diesen Straftatbeständen soll nicht mehr das, was moralisch fragwürdig ist, bestraft werden.
Die Frage, welche Motive den Täter zur Tat bestimmt haben, ist für die Entscheidung, ob eine sexuelle Handlung vorliegt, ohne Belang.

Der Bundesgerichtshof hat dies so formuliert:

> „Bei Handlungen, die nach ihrem äußeren Erscheinungsbild ausschließlich und eindeutig sexualbezogen sind, genügt es, wenn sich der Täter der Sexualbezogenheit seines Handelns bewusst ist. Ist dies der Fall, kommt es auf seine

Motive nicht an. Sein Ziel muss nicht darauf gerichtet sein, eigene oder fremde Geschlechtslust zu erregen oder zu befriedigen. Wut oder aggressiv-sadistische Tendenzen schließen eine Sexualbezogenheit nicht aus" (BGH, NJW 1993, 2253).

Der Täter muss sich demnach zumindest der Sexualbezogenheit seines Handelns bewusst sein, d. h., er muss mit entsprechendem Vorsatz handeln. Daran kann es fehlen, wenn ein Täter nicht aus sexuellen Motiven, sondern aus anderen Gründen eine Tat begeht.

Der BGH entschied daher in einem Fall, bei dem der Täter einem siebenjährigen Mädchen von hinten zwischen die Beine gegriffen hatte, auf Freispruch, weil nicht hinreichend geklärt wurde, ob der Täter so handelte, um einen Fluchtversuch zu verhindern oder aus unmittelbarer sexueller Absicht (BGH vom 29.06.1999, Az. 4 StR 258-99).
Bei Sexualstraftaten gegenüber Kindern und Jugendlichen werden nur geringe Anforderungen an die Erheblichkeit einer sexuellen Handlung gestellt; Kinder und Jugendlichen sind besonders vulnerabel und schutzbedürftig, Erwachsene können sich sexuellen Zudringlichkeiten leichter widersetzen.

Die Rechtsprechung hat in vielen Einzelverfahren die konkrete **Abgrenzung zwischen erheblicher und unerheblicher sexueller Handlung** vorgenommen.

Als **unerheblich** wurden folgende **Handlungen** eingestuft:

Beispiele:

- Kurze oder aus anderen Gründen unbedeutende Berührungen (BGH, NStZ 1983, 553);
- bloße Taktlosigkeiten oder Geschmacklosigkeiten (BGH, NStZ 1983, 553);
- das „bloß Unanständige, Unangebrachte, Anstößige, Geschmacklose, Unschamhafte oder Widerwärtige" (BGHSt 17, 288);
- ein dreifacher Zungenkuss bei einer 18-jährigen Frau (BGHSt 18, 189);
- das Streicheln des (bedeckten) Beines einer 16-Jährigen sowie ein misslungener Kussversuch (BGH, NStZ 2001, 370);
- Berühren durch Abtasten unter und über der Kleidung (BGH, NJW 1988, 2054);
- der Kuss auf die Wange einer zehnjährigen Schülerin kann zwar als unangebracht, geschmacklos und unanständig bezeichnet werden, stellt aber keine erhebliche sexuelle Handlung dar (OLG Zweibrücken, NStZ 1998, 557).

Im Ergebnis sind sexuelle Attacken – wie z. B. der Griff an den Po, das Begrapschen der Brust oder aufgedrängte Küsse gegenüber erwachsenen Personen – nach Ansicht der Strafgerichte im Sinne des Sexualstrafrechts eher als unerheblich zu betrachten (BeckRS 2021, 10457).

Für **erheblich** hält die Rechtsprechung dagegen folgende **Handlungen:**

Beispiele:

- Das Anfassen und Herunterziehen von körpernah getragenen Hosen und Unterhosen des Geschädigten ist taugliche Tathandlung einer sexuellen Belästigung gemäß § 184i Abs. 1 StGB (BGH vom 09.03.21, Az. 3 StR 489/20);
- das längere Betasten des Geschlechtsteils einer Frau über der Kleidung, nachdem der Täter sie vorher überfallen und niedergeschlagen hat (BGH, MDR 1974, 366);
- der Griff an die Schambehaarung (BGH, StV 1983, 415; BGH, NJW 1988, 2054);
- die gewaltsam vorgenommene Berührung der Brust einer Frau unter dem Büstenhalter (OLG Koblenz, NJW 1974, 870);
- gegenseitiges, gleichzeitiges oder einem anderen gezeigtes Onanieren (BGH, NJW 1957, 191);
- ein Kuss und das Streicheln des Geschlechtsteils über der Kleidung bei einem Kind (BGHSt 38, 213);
- der feste Griff über der Hose an die Scheide eines Kindes (BGH, NStZ 92, 432);
- das Berühren des nackten Geschlechtsteils (BGHSt 35,76);
- der BGH hat die mehrfach erzwungene Berührung des (bedeckten) Geschlechtsteils bei einer 16-Jährigen ebenfalls als eine sexuelle Handlung bewertet (BGH, NStZ 2001, 370).

„Die sexuelle Handlung muss obj. aus der Perspektive eines verständigen Beobachters und nicht – wie vor der Reform (des Strafrechts) – subjektiv aus der Perspektive des Täters (wollüstige Absicht) einen *Sexualbezug* haben (was sich auch aus dem Umkehrschluss aus § 174 Abs. 2 Nr. 1 ergibt, der auf die Absicht der Erregung abstellt und damit begrifflich die Handlung von der Absicht trennt). Der Täter muss diesen Sexualbezug kennen (Vorsatz), darüber hinaus bedarf es keiner subjektiv Anforderungen. Eine sexuelle Handlung ist jede körperliche Berührung, die nach ihrem äußeren Erscheinungsbild und ihrem sozialen Sinn sexualbezogen ist. Ob sie eine sexuelle Erregung des Täters bezweckt oder nur der Vorbereitung zur eigentlich geplanten sexuellen Handlung dient – wie etwa das Herunterreißen der Kleider oder das Entkleiden – ist nicht entscheidend, da ansonsten die Beeinträchtigung des sexuellen Selbstbestimmungsrechts subjektiv nach der Vorstellung des Täters bestimmt würde. Sexuelle Gesinnungen,

Motive und Tendenzen des Handelnden machen aus einem Verhalten, das nach seinem äußeren Erscheinungsbild und den konkreten Umständen des Einzelfalls keine Beziehung zum Geschlechtlichen erkennen lässt, keine sexuelle Handlung. Ambivalente Verhaltensweisen erfüllen den Begriff der sexuellen Handlung erst dann, wenn die Absicht objektiv erkennbar wird, sich selbst oder einen anderen geschlechtlich zu erregen oder zu befriedigen. Bei ärztlichen Untersuchungen kommt es auf die lex artis an. Sie sind nicht ambivalent, sondern entweder als ärztliche Untersuchung oder sexuelle Handlung einzustufen" (Kindhäuser/Neumann/Paeffgen/Sallinger, Strafgesetzbuch, 2023, Anm. 1 zu § 184h StGB).

Mit den aktuellen Gesetzesreformen und den Gerichtsurteilen der letzten Jahre wurde die Abgrenzungsschwelle in Blick auf die Frage, ab wann man von einer sexuellen Handlung sprechen kann, die letztlich auch eine Form von Gewaltanwendung beinhaltet, weiter abgesenkt.

Die auch als sexualisierter Gewalt bezeichneten **sexuellen Handlungen** vollziehen sich in verschiedene **Abstufungen:**

- Sexuelle Berührungen und Handlungen sind, wenn sie vom Opfer nicht gewollt sind, nach heutiger Interpretation immer als sexualisierte Gewalt einzustufen.
- Auch Worte, insgesamt verbale Nachstellungen fallen unter diesen Begriff.

Zusätzlich wird die **Beurteilung** bei sexuellen Handlungen **gegen Kinder enger** in der Interpretation:

- Bei Kindern sind sexuelle Handlungen schon im Allgemeinen als sozial nicht zu akzeptierende Beeinträchtigung ihrer geschlechtlichen Entwicklung einzuordnen.
- Insofern sind der Griff an die Brust, die Scheide oder an den After unter, aber auch über der Kleidung des Kindes sowie der Zungenkuss bei einem Kind (Michel 1998) schon generell als sexuelle Handlungen einzuordnen und damit strafbar.

1.5 Sexualrecht

Die Kombination von Sexueller Selbstbestimmung und Recht führt zwangsläufig zu der **Frage**: Was umfasst dieser Rechtsbereich des **Sexualrechts** im Einzelnen?

Man sollte erwarten, dass ein so wichtiges Thema wie die sexuelle Selbstbestimmung des Menschen als selbständiger Rechtsbereich geregelt ist, so wie etwa das Familienrecht oder das Kindschaftsrecht.

Die Realität zeigt, beim Themenkomplex „Sexuelle Selbstbestimmung" ist dies anders: Es existiert **kein eigenes Gesetzbuch „Recht der sexuellen Selbstbestimmung"**, in dem alle in Betracht kommenden Konflikte aufgegriffen werden.

Die einschlägigen Rechtsfragen werden in zahlreichen Einzelnormen geregelt, die sich in den unterschiedlichsten Gesetzen wiederfinden. Mit diesen einzelnen Regelungen wird sexuelles Verhalten gesteuert, es wird bestraft, es erfolgen Eingrenzungen oder es werden anderweitige Konsequenzen daran geknüpft.

Die **menschliche Sexualität** an sich ist grundsätzlich **Privatsache**. Sie ist durch **Art. 2 GG** (das Grundrecht auf Entfaltung und Unverletzlichkeit der persönlichen Freiheit) geschützt als **Recht der sexuellen Selbstbestimmung**. Diese Freiheit umfasst nach heutiger Auffassung nicht nur das Recht Frau oder Mann zu sein, sondern es meint zusätzlich alle Positionen zwischen diesen Polen. Das kommt zum Ausdruck in der in vielerlei Zusammenhängen benutzten Formulierung „LSBTTQ" (lesbisch, schwul, bisexuell, transsexuell, transgender und queer).
In diesen Kontext gehört der Diversity-Diskurs genauso wie die Inklusions-Diskussion, die auf Verständnis und Akzeptanz vermeintlich abweichenden Verhaltens abzielen. Im Berufsleben werden Stellenanzeigen deshalb an männlich/weiblich/divers (m/w/d) gerichtet.

Der Staat hat die jeweilige sexuelle Orientierung als sexuelle Identität jedes einzelnen Menschen zu respektieren. Das ist ein beachtlicher Fortschritt gegenüber früheren gesetzlichen Regelungen, die z. B. die Sexualität zwischen Männern strafrechtlich sanktionierte.
Die Aufgabe der Rechtsordnung ist es aber nicht nur, die individuelle Sexualität zu respektieren. Sie geht darüber hinaus und schützt normativ jeden Menschen davor, auf Grund seiner sexuellen Identität wegen seines Geschlechts benachteiligt oder bevorzugt zu werden.
Zusätzlich verstärkt **Art. 21** der **Grundrechtecharta der Europäischen Union (GRCh)** die Intensität der Zielrichtung. Danach ist im Rechtssystem der Europäischen Union und allen abgeleiteten nationalen Normen **jede Diskriminierung** wegen der **„sexuellen Ausrichtung" verboten.**
Der normative Kern des Schutzes der sexuellen Selbstbestimmung meint die Freiheit, jederzeit über die eigene Sexualität selbst bestimmen zu dürfen. Das bezieht sich auf den Ort, die Zeit, die Umstände, die Form und den Partner oder die Partnerin der Sexualität. Jeder Einzelne kann dies ausschließlich selbst entscheiden. Die Grenze dieses Persönlichkeitsschutzes liegt, wie bei anderen Rechtsgütern auch, im Schutz des Anderen oder der Allgemeinheit.

1.6 Sexualstrafrecht

Im Strafgesetzbuch wird die Formulierung der sexuellen Selbstbestimmung aufgegriffen. Der Dreizehnte Abschnitt des StGB trägt die Überschrift: **„Straftaten gegen die sexuelle Selbstbestimmung“**.

In diesem Abschnitt werden sehr unterschiedliche Straftaten zusammengefasst, die nur zum Teil dem eigentlichen Sexualstrafrecht zugeordnet werden können. Teilweise handelt es sich eher um die strafrechtliche Ahndung von Moralverstößen, die eigentlich im Strafrecht nichts zu suchen haben, wie z. B. die Strafbarkeit der Erregung öffentlichen Ärgernisses nach **§ 183a StGB** sowie die Strafbarkeit der Ausübung der verbotenen Prostitution nach **§ 184f StGB**. All dies erschwert die Kategorisierung der Sexualstraftaten, zumal sich einige Normen dabei überschneiden.

Seit Ende 2017 ist das Sexualstrafrecht geprägt durch den **Grundsatz „Nein heißt Nein“**. Für die Strafbarkeit eines Übergriffes kommt es danach nicht mehr darauf an, ob mit Gewalt gedroht oder diese angewendet wurde. Entscheidend ist: Das Opfer hat die sexuelle Handlung nicht gewollt.
Der wesentliche Unterschied zur alten Rechtslage ist, dass man bisher immer ein Gewaltelement brauchte. Das ist jetzt nicht mehr erforderlich, um zu einer Verurteilung wegen eines Sexualdeliktes zu kommen.

Eine sexuelle Handlung gegen den erkennbaren Willen einer anderen erwachsenen Person reicht jetzt aus:

- Dabei ist es egal, ob Gewalt nur angedroht oder angewandt wurde.
- Die betroffene Person muss sich gegen den Übergriff nicht gewehrt haben.
- Entscheidend ist nach den gesetzlichen Neuformulierungen, dass die sexuelle Handlung nicht gewollt war,
- und dass das für den Täter auch erkennbar war, wie auch immer, z. B. weil das Opfer geweint hat.

Noch klarer wäre die umgekehrte Formulierung, so wie man nach **schwedischem Strafrecht** die Rechtslage einstuft: **„Ja heißt Ja“**: Diese Formulierung bedeutet, dass bei jeder möglichen Form von sexuellen Handlungen eine **ausdrückliche oder konkludente Zustimmung** erforderlich ist. Und zwar jeweils **vor** der sexuellen Handlung. Ein strafbarer sexueller Übergriff könnte danach auch dann vorliegen, wenn der Täter keinen entgegenstehenden Willen überwindet, wenn beispielsweise, das Opfer schläft.

Zu den Straftaten **gegen die sexuelle Selbstbestimmung** gehören: Der **sexuelle Übergriff,** die sexuelle **Nötigung** sowie die **Vergewaltigung** nach **§ 177 StGB.**

Diese Vorschrift bestraft z. B. auch die Vergewaltigung in der Ehe und stellt sexuelle Handlungen, die das Opfer besonders erniedrigen, dem erzwungenen Geschlechtsverkehr gleich. Darüber hinaus ist **§ 177 StGB** geschlechtsneutral formuliert, sodass auch die gegen Männer verübten Vergewaltigungen und sexuellen Nötigungen als Sexualdelikte strafbar sind.

Ferner wird sehr differenziert das Ausnutzen einer schutzlosen Lage zu sexuellen Handlungen unter Strafe gestellt.

Der **Schutz Unbeteiligter** gegenüber sexuellen Belästigungen soll gesichert werden durch:

- das Verbot exhibitionistischer Handlungen durch Männer, **§ 183 StGB,**
- die Bestrafung der Erregung öffentlichen Ärgernisses, **§ 183a StGB,**
- die Bestrafung der verbotenen Prostitution, **§ 184f StGB.**

Die persönliche Freiheit und die wirtschaftliche Unabhängigkeit von **Prostituierten** werden geschützt durch:

- das Verbot der Ausbeutung von Prostitution nach **§ 180a StGB,**
- durch die Bestrafung der **Zuhälterei** nach **§ 181a StGB** wird die Selbstbestimmung der Prostituierten gewährleistet.

Schließlich sind zu nennen die unterschiedlichen Formen der Verbreitung von **Pornografie:**

- die „einfache" Pornografie, gemeint sind allgemein Schriften mit pornografischem Inhalt nach **§ 184 StGB,**
- die „harte" Pornografie, nämlich gewalt- oder tierpornografische Schriften nach **§ 184a StGB** und ebenfalls die Verbreitung, der Erwerb und der Besitz kinder- oder jugendpornografischer Schriften nach den **§§ 184b und 184c StGB,**
- sowie die Veranstaltung und der Besuch kinder- und jugendpornografischer Darbietungen, **§ 184e StGB.**

Andere Straftaten fallen unter den **sexuellen Missbrauch.**
Missbrauch liegt dann vor, wenn es zu bestimmten körperbezogenen Handlungen im Genitalbereich (physische Kontakte, Entblößen) oder an den sekundären Geschlechtsmerkmalen gekommen ist.

Dabei geht es im Einzelnen um den Missbrauch

- von **Kindern** in verschiedenen Varianten, **§§ 176–176d, 180, 182 StGB,**
- von **kranken oder hilflosen Personen** nach **§ 174a Abs. 2 StGB,**
- unter **Ausnutzung eines Beratungs-, Behandlungs- oder Betreuungsverhältnisses** nach **§ 174c StGB,**
- in Bezug auf **Jugendliche** nach den **Jugendschutzvorschriften** im JuSchG sowie dem JMStV,
- und in **Abhängigkeitsverhältnissen.**

Ziel dieser Regelungen ist es dabei nicht nur die betroffene Person zu schützen. Zusätzlich geht es besonders um die Unterstützung des Vertrauens der Allgemeinheit in das Funktionieren institutionalisierter Abhängigkeits- und Unterordnungsverhältnisse.

Die **Weltgesundheitsorganisation** unterscheidet **sexuellen Missbrauch** innerhalb und außerhalb der Familie:

- Zum **familiären Missbrauch** zählen inzestuöse sexuelle Beziehungen und sexuelle Beziehungen zwischen einem Kind und anderen erwachsenen Haushaltsangehörigen, z. B. mit älteren Geschwistern, aber auch mit nicht verwandten Untermietern.
- Als sexueller **Missbrauch außerhalb der Familie** gelten u. a. die Ausnutzung von Autoritätsstellungen als Arzt, Lehrer usw. sowie sexuelle Handlungen, die gegen den Willen des Kindes vorgenommen wurden, und zwar auch dann, wenn das Kind keinen Widerstand geleistet hat.

2 Historische Entwicklungen

Die Diskussionen über das Erlaubte und das Verbotene zwischen den Geschlechtern, die stetigen Auseinandersetzungen um Sexualität, Liebe, Macht, Gewalt, Autonomie und Recht werden durch einen Blick in die Geschichte relativiert. Was heutzutage selbstverständlich erscheint, war Menschen in anderen Epochen fremd. Die Grenze zwischen strafbarem Tun und zugelassener Sexualität hat sich im Laufe der Zeit erheblich verschoben.

Der Themenbereich Sexualität und Strafrecht weist eine wechselvolle Geschichte auf.

In **früheren Jahrzehnten** ging es in Bezug auf Erwachsene in erster Linie um die Frage der Strafbarkeit des sog. „außerehelichen Geschlechtsverkehrs". Es ging also um die strafrechtliche Abwehr einer Ehestörung und damit indirekt um die eheliche Treue.

Dagegen herrschte im **Mittelalter** im Wesentlichen eine freiere Haltung zur Sexualität als beispielsweise Mitte des 20. Jahrhunderts. So wurde nach der mittelalterlichen Rechtsordnung das „**Konkubinat**" sowie der Verkehr mit sog. Buhlerinnen **nicht bestraft**, sondern toleriert. In Untersuchungen über den Prozess der Zivilisation wurde nachgewiesen, dass in einem gigantischen Umerziehungsprozess der vormoderne Mensch zur Sittlichkeit erzogen wurde. Dieser Prozess der Zivilisation erreichte eine Dämpfung der Triebe, erhöhte die Scham- und Peinlichkeitsschwellen und kanalisierte die Sexualität (Elias 1977, Bd. 2, 369 ff.). Als Beispiel für diese Zivilisationsveränderung wird angeführt, dass die Erwachsenen der späteren Zivilisationsphasen erheblich mehr Schwierigkeiten haben, wenn sie mit ihren Kindern über geschlechtliche Beziehungen reden sollen (Elias 1977, Bd. 1, 230 f.).

In diesem Gesamtprozess der Zivilisation hat sich das Verhältnis von Mann und Frau nachhaltig verändert. Die Kleinfamilie wurde allmählich zur einzigen „legitimen Enklave der Sexualität und der intimen Verrichtungen" (Elias 1977, Bd. 1, 259).

2.1 Sexualität in Ehe und Familie

Teile dieser Entwicklungen wurden auch durch die Prägungen der christlichen Gemeinschaften herbeigeführt. So geht das **katholische Eherecht** von der prinzipiellen Unauflöslichkeit der Ehe aus. Es erlaubte lediglich eine „Trennung von Tisch und Bett". Eine Wiederverheiratung ist grundsätzlich ausgeschlossen.

Das Interesse der Kirche, die Ehe als einzig legitimen Ort für Sexualität und Familiengründung zu betrachten, korrespondierte mit den damaligen Vorstellungen herrschender Familien, die die kontrollierte Weitergabe von Vermögen und Macht an folgende Generationen sichern wollten. Das sakramentalrechtliche Eheverständnis der katholischen Kirche (Blasius 1992) blieb daher lange Zeit in Europa herrschend. In der Konsequenz ließ die katholische Kirche nicht locker, bis die sog. „freie" Liebe" unter Strafe gestellt wurde.

Die Regulierung des Sexualverhaltens war für Frauen und Männer, für Alte und Junge und für Arme und Reiche gesellschaftlich unterschiedlich. Während für eine unverheiratete Frau ihre „Ehre" gewissermaßen ihr wichtigstes Kapital darstellte und ihre Heiratschancen sicherte, waren außereheliche Sexualbetätigungen für den Mann durchaus prestigeträchtig.

Erst **1998** wurde **§ 1300 BGB** für **nichtig** erklärt. Danach konnte eine Frau, die ihrem Verlobten, also ihrem künftigen Ehemann „die Beiwohnung gestattet" hatte, wenn das Verlöbnis in die Brüche gegangen war, eine finanzielle Entschädigung erhalten. Die Höhe der Entschädigung orientierte sich an den noch verbliebenen Heiratsaussichten.

Es ist generell „ein bekanntes Charakteristikum patriarchalischer Gesellschaften, daß für Frauen wesentlich strengere Sexualnormen gelten als für Männer bzw. daß diese gegenüber Frauen wesentlich rigoroser durchgesetzt werden." (Killias 1979, 22).
Die **Jungfräulichkeit** einer Frau wurde vor allem von den männlichen Verwandten, insbesondere den Vätern und Brüdern, autoritär geschützt, so wie wir es bis heute in islamischen Kulturen kennen.
Bei diesem System der Verhaltenskontrolle durch die männlichen Verwandten, ging und geht es nicht nur um die „Ehre" der Frau, sondern auch um manifeste Machterhaltungsinteressen. Soziale Kontrollen sollen z. B. Heiraten unter Ranggleichen gewährleisten, es sollen Ehen unter dem eigenen Stand vermieden werden. Dadurch wird und wurde dazu beigetragen, die nach Macht- und Besitzklassen differenzierte Gesellschaft zu erhalten und zu reproduzieren. Unter diesem Machterhaltungsaspekt wird auch verständlich, dass Sexualität vorwiegend dazu diente, den standesgemäßen Nachwuchs zu garantieren, um durch Erbrechtsfolge auch ökonomische Sicherheit im Alter erwarten zu können.
Die **Kontrolle des Sexualverhaltens** sowie der Schutz unverheirateter Frauen ging im Laufe der Geschichte von der Verwandtschaft auf die staatlichen Zentralinstanzen und die Kirchen über.
Bei vorehelichem Geschlechtsverkehr und nachträglicher Eheschließung verweigerten die Kirchen der Braut den grünen Kranz der Jungfernschaft als Brautschmuck (Hundertmark 1986).
Der Ehebruch, die Verletzung des auf Gegenseitigkeit beruhenden Treueverhältnisses, wurde durch das allgemeine Strafrecht zunehmend unter Strafe gestellt. Das galt dann für Frauen und Männer gleichermaßen. Die Ehe wurde auch durch ein außereheliches Zusammenleben verletzt. Derartige nichteheliche Lebensgemeinschaft galten als „unzüchtig"; sie entsprachen nicht der christlichen Sittenlehre und wurden streng geahndet. Das Eheband war prinzipiell untrennbar: „Die Ehe ist also, außer für den Fall des Todes eines Ehegatten, auf Einmaligkeit im Leben des Menschen hin angelegt, und diese Einmaligkeit wird auch rechtlich erzwungen" (zu den Einzelheiten vgl. Koch 1997, 85 ff.).

Dieser Eheerhaltungsrigorismus wurde jedoch durch vielfältige Möglichkeiten, eine Ehe aufzulösen, gemildert. So konnte die Ehe z. B. beendet werden, wenn sie (geschlechtlich) nicht vollzogen war. Die rechtliche Unauflöslichkeit der Ehe trat nämlich erst durch den Geschlechtsverkehr der Ehepartner ein (Dilcher 1984).

In der **zweiten Hälfte des 15. Jahrhunderts** entwickelte der Rat der Stadt **Frankfurt** eine spürbare polizeiliche Tätigkeit auf dem Gebiet der Sittenpolitik. Ehebruch und Kuppelei wurden unter Strafe gestellt und die Prostituierten in ein Ghetto gedrängt. Zur gleichen Zeit bestimmten die Zünfte, dass unehelich gezeugte Männer nicht aufgenommen werden durften (Johann 2001; vgl. auch Riekenbrauk 2017).

Für die Zeit **Goethes in Weimar**, der eine langjährige „wilde Ehe" mit Christiane Vulpius führte, malt sich die Schriftstellerin Damm aus, in welchem Dilemma sich die junge Frau befand:

> „Ich stelle mir Christiane Vulpius' Ängste vor, als sie entdeckte, dass sie schwanger ist. Die Zeit, bevor sie es Goethe sagt. Die Zeit danach. Was wird werden? Eine uneheliche Schwängerung, wird sie bekannt, gilt sie als Fall offenkundig gewordener Unzucht und steht unter Strafe. Selbst das Verbergen der Schwangerschaft ist nach Weimarer Gesetzen strafbar. Sanktionen des Weimarer Stadtrates und der Kirche sind zu fürchten. Die Strafen sind vielfältig: Geldstrafen, Schwurhand, öffentliche Kirchenbuße.
> Christiane weiß es seit ihrer Kindheit ... Ihr Vater hatte sich vor seiner zweiten Ehe des *anticipierten Beischlafs* schuldig gemacht. Selbst der Beischlaf von Verlobten steht unter Strafe, die *zeit hero für gesetzt gewesene 8tägige Gefängnißstrafe* ist 1771 auf 14 Tage erhöht worden" (Damm 1998, 121 f.).

Das Verbot jeglicher sexueller Aktivität vor und außerhalb der Ehe war letztlich ein Askese-Gebot für einen großen Teil der Bevölkerung, da ja keineswegs jede Frau oder jeder Mann heiraten durfte. Bis in die zweite Hälfte des 19. Jahrhunderts galt überwiegend eine eingeschränkte Eheschließungsfreiheit. Es bestand eine präzise Verknüpfung zwischen Armen-, Niederlassungs- und Heiratsrecht. Heiraten konnte nur, wer zuvor das Bürgerrecht einer Gemeinde erworben hatte. Das Bürgerrecht war die Eintrittskarte in den Stand der Ehe (Barabas/Erler 2002).

Die **Strafen für Ehebruch** waren nach der Häufigkeit der „Fehltritte" gestaffelt. Beim ersten, zweiten und dritten Ehebruch konnten – je nach geltendem Recht – Geld-, Ehren-, Haft- aber auch Prügelstrafen verhängt werden, bei einem vierten, unter Umständen schon nach einem dritten Ehebruch kam es seit dem 16. Jahrhundert auch zur Todesstrafe (Killias 1979).

Die **Aufklärung des endenden 18. Jahrhunderts**, der Einzug der Vernunft, die Vorstellung, dass Gesellschaft etwas grundsätzlich Planbares und Gestaltbares sei, führte auch zu einem neuen Verständnis der Sexualität. Die überlieferten, traditionellen Vorstellungen wurden kritisch hinterfragt. Strafbestimmungen gegen die Onanie, die Homosexualität, die Unzucht mit Tieren sowie die einfache Unzucht erschienen als vernunft- und damit naturwidrig. Den Reformern ging es im Sexualstrafrecht eher um den Schutz individueller Rechtsgüter als um die Sicherung abstrakter Ordnungsprinzipien wie Sittlichkeit und Ähnliches.

Kant brachte das neue Verständnis in der **1797** erschienen „**Metaphysik der Sitten**" kurz und bündig auf den Begriff:

> „Geschlechtsgemeinschaft ist der wechselseitige Gebrauch, den ein Mensch von eines anderen Geschlechtsorganen und -vermögen macht. ... Die natürliche Geschlechtsgemeinschaft ist nun entweder die nach der bloßen tierischen Natur oder nach dem Gesetz. – Die letztere ist die Ehe, das ist die Verbindung zweier Personen verschiedenen Geschlechts zum lebenswichtigen wechselseitigen Besitz ihrer Geschlechtseigenschaften" (Kant 1797, 24, 389 f.).

Die Strafbarkeit sexuellen Verhaltens wurde auf den Freiheits- und Gefühlsschutz reduziert. Diese individualistische Einstellung wurde konsequent im **französischen Revolutionsstrafgesetzbuch** von **1791** und im **Code pénal von 1810** umgesetzt. Aber auch das **Bayerische StGB** aus dem Jahre **1813** entkriminalisierte alle konsensualen sexuellen Handlungen. Es enthielt nicht mehr die Strafbarkeit des Konkubinats, der Sodomie und der Kuppelei und es gab keinen gesonderten Abschnitt über die „Fleischesverbrechen" (Hommen 1999, 26).

Im zivilen Eherecht setzte sich folgerichtig eine eher individualistische Auffassung durch. Der Sakraments- und Institutionencharakter der Ehe wurde nach und nach durch den privatrechtlichen Vertrag ersetzt, die Jurisdiktion der Kirche durch die ausschließliche Gesetzgebungskompetenz des säkularen Staates abgelöst.

Im **19. Jahrhundert** begann der Staat allerdings wieder - und zwar mit neuer Qualität - zu überwachen, was sich in den Schlafzimmern seiner erwachsenen Bürger abspielte. Der gesellschaftliche Mainstream Mitte des 19. Jahrhunderts war eine Mischform aus autoritärem Staatsverständnis, protestantischem Fundamentalismus und patriarchalischen Grundüberzeugungen. Nicht nur in Deutschland, sondern in allen europäischen Industriestaaten und in Nordamerika machte sich eine eher moralische Bewegung breit, in deren Programmen der Kampf gegen Alkoholismus und Prostitution stand (Killias 1979). Frauen, Jugendliche, Kinder sollten vor der allgemeinen sittlichen Verderbnis bewahrt und geschützt werden. Diese sexualfeindlichen Tendenzen gingen einher mit der Überhöhung der Ehe als Institution.

Friedrich Carl von Savigny entwickelte 1844 in seiner Schrift „Darstellung der in den preußischen Gesetzen über die Ehescheidung unternommenen Reform" die Theorie von der Doppelnatur der Ehe:

> „Das Wesen der Ehe besteht zum großen, ja zum wichtigsten Theil nicht auf einem rechtlichen, sondern auf einem sittlichen Verhältnis. Ein zweiter besteht in der individuellen Freiheit der Ehegatten; der dritte und wichtigste endlich in der Würde der Ehe selbst, diese als Institution betrachtet, unabhängig von dem Recht und dem Willen der Individuen" (Savigny 1844).

Selbst **Karl Marx** lässt keinen Zweifel daran, dass die eheliche Treue ein hohes Gut darstellt:

> „Niemand wird gezwungen eine Ehe zu schließen; aber jeder muss gezwungen werden, sobald er eine Ehe schließt, sich zum Gehorsam gegen die Gesetze der Ehe zu entschließen. Wer eine Ehe schließt, der macht, der erfindet die Ehe nicht, so wenig als ein Schwimmer die Natur und die Gesetze des Wassers und der Schwere erfindet. Die Ehe kann sich daher nicht seiner Willkür, sondern seine Willkür muss sich der Ehe fügen. Wer willkürlich die Ehe bricht, der behauptet: die Willkür, das Gesetzlose ist das Gesetz der Ehe. ... So hat doch wohl der Gesetzgeber nicht minder das Recht, es als die maßloseste Willkür zu betrachten, wenn Privatpersonen ihre Kapricen gegen das Wesen der Sache durchsetzen wollen" (Marx 1976, 149).

1966 hatte der **BGH** unter der Rubrik **„Verletzung der Pflicht zur ehelichen Lebensgemeinschaft"** nochmals seine Auffassung zur Sexualität präzisiert:

> „Die Frau genügt ihren ehelichen Pflichten nicht schon damit, dass sie die Beiwohnung teilnahmslos geschehen lässt. Wenn es ihr infolge ihrer Veranlagung oder aus anderen Gründen, zu denen die Unwissenheit der Eheleute gehören kann, versagt bleibt, im ehelichen Verkehr Befriedigung zu finden, so fordert die Ehe von ihr doch eine Gewährung in ehelicher Zuneigung und Opferbereitschaft und verbietet es, Gleichgültigkeit und Widerwillen zur Schau zu tragen. Denn erfahrungsgemäß vermag sich der Partner, der im ehelichen Verkehr seine natürliche und legitime Befriedigung sucht, auf die Dauer kaum jemals mit der bloßen Triebstillung zu begnügen, ohne davon berührt zu werden, was der andere dabei empfindet" (BGH, NJW 1967, 1078).

Sittlichkeit sollte weitergehend verordnet werden (Bauer 1963; Haensch 1969; Schwenger 1969). Diejenigen, die einem nicht verheirateten Paar Unterkunft gewährten, konnten wegen **Kuppelei, § 180 StGB a. F.** bestraft werden.

Diese Grundauffassung zeigte auch Folgen bei zivilrechtlichen Entscheidungen, z.B. bei der rechtlichen Beurteilung sogenannter **„Geliebten-Testamente“**. Sie wurden im Sinne von **§ 138 BGB** als sittenwidrig eingestuft und damit für nichtig, also unwirksam erklärt.
So ging die langjährige Lebensgefährtin eines verheirateten Mannes (er konnte sich aufgrund des damals geltenden Schuldprinzips im Scheidungsrecht ohne Zustimmung seiner Ehefrau nicht scheiden lassen) bei seinem Tod leer aus, auch wenn sie testamentarisch von ihm bedacht worden war. Der BGH hielt den Geschlechtsverkehr zwischen unverheirateten Paaren für sittenwidrig, folglich auch das Testament, da dieses auf dieser Grundlage basiere.

Die Einstellungen zur **kindlichen Sexualität** waren im Laufe der Geschichte ebenfalls immer wieder einem Wandel unterworfen. In den frühen Gesellschaften Mitteleuropas gehörten Kinder, sobald sie ohne ständige Fürsorge leben konnten, der Erwachsenenwelt an. Das Kind als eigenständiges Subjekt kannte dieses Zeitalter noch nicht. Folgerichtig gab es zu dieser Zeit keine speziellen, nur dem Schutz von Kindern dienenden strafrechtlichen Normen.
Das Kind wurde ohne Distanz in die sexuelle Sphäre der Erwachsenen mit einbezogen. Sexuelle Spielereien, nicht jedoch Beischlaf und beischlafähnliche Handlungen, galten nicht als strafwürdiges Verhalten:

> „Einen besonderen Tatbestand der Unzucht mit Kindern kannten im Mittelalter weder das weltliche noch das kirchliche Recht. Sexuelle Handlungen an Kindern waren nur strafbar, wenn Blutschande, Sodomie oder Notzucht vorlag, wobei das kindliche Alter des Opfers an sich die Strafbarkeit nicht beeinflusste. Die Entdeckung der Individualität und der Schutzbedürftigkeit des Kindes blieb unbeachtet. Wer geschlechtsreif war, galt als heiratsfähig und war damit zumindest in sexueller Hinsicht erwachsen“ (Killias 1979, 61).

Die **vorindustriellen Gesellschaften** kannten im Wesentlichen keine altersspezifischen Tabuisierungen der Sexualität (Schetsche 1994).

Erst im **17. Jahrhundert** begann eine Entwicklung, durch die die kindliche Unschuld mehr und mehr ins öffentliche Bewusstsein trat. Kinder sollten vor der Sexualität geschützt werden. Es galt, „das Kind vor den schmutzigen Erscheinungen des Lebens zu bewahren, d. h. insbesondere vor der Sexualität, die dem Erwachsenen zwar nicht ausdrücklich zugebilligt, aber bei ihm doch toleriert wird“ (Ariès 1975, 198).
Tatsächlich wird erst zu diesem Zeitpunkt das Kind mit seiner eigenen Persönlichkeit gesehen, es „wird zu einem unabdingbaren Bestandteil des Alltagslebens, man beschäftigt sich bevorzugt mit seiner Erziehung, seiner Unterbringung, seiner Zukunft“ (Ariès 1975, 554).

Mit der „**Entdeckung der Kindheit**", mit der wachsenden Erkenntnis, dass Kinder Wesen seien, die erzogen werden können und müssen, veränderte sich auch nach und nach deren rechtlicher Status. Man wurde sich der Unschuld und Schwäche der Kinder bewusst und hielt es für die Pflicht der Erwachsenen, diese Unschuld zu bewahren. Es wurden verstärkt Strafbestimmungen normiert, die den sexuellen Missbrauch „unreifer" Mädchen neben der „Notzucht" gesondert bestraften.

Die Tendenz zur rechtlichen Sonderbehandlung ging einher mit der inhaltlichen Ausweitung des **Kinder- und Jugendschutzes** und der Ausdehnung des Schutzes auf immer ältere Altersgruppen. Diese Entwicklung steht im Zusammenhang mit der **beginnenden Industrialisierung** und der Verschulung der Kindheit. Vorrangige Aufgabe des Schulbetriebes sollte die Disziplinierung der Kinder und Jugendlichen sein. Die **Schule** wurde auf der Grundlage von Autorität, Hierarchie, Befehl und Gehorsam organisiert.

Am Beispiel des **Preußischen Allgemeinen Landrechts (ALR) von 1794** werden diese Veränderungen deutlich. Dieses Gesetzbuch bestrafte die Unzucht an einer Person unter zwölf Jahren als Notzucht (§ 1054 II 20 ALR) und sicherte den innerfamiliären Schutz der Jugendlichen durch die Pönalisierung der Blutschande (§§ 1039 ff. II 20 ALR). Darüber hinaus wurden unter der Überschrift „Verführung" die verschiedensten Formen der Abhängigkeitsverhältnisse geschützt. Hausbedienstete, Aufseher von Armen- und Waisenhäusern, Erzieher, Prediger, Lehrer, Stiefeltern und Vormünder wurden zur Rechenschaft gezogen, wenn sie unzüchtige Handlungen vornahmen (§§ 1028 ff. II 20 ALR). Zu den „fleischlichen Verbrechen" zählten auch die „unnatürlichen Sünden" (§§ 1069 ff. II 20 ALR) wie „Sodomiterey und andre dergleichen unnatürliche Sünden, welche wegen ihrer Abscheulichkeit hier nicht genannt werden können" (§ 1069 II 20 ALR). Bei diesen Sünden, die im Gesetz nicht einmal genannt werden durften, handelte es sich auch um die Homosexualität.

Im Übrigen verpflichtete das ALR die Eltern und Erzieher zur Beachtung und Anwendung unterschiedlicher Vorbeugungsmittel. Sie wurden zu einer **strengen Sexualerziehung** angehalten. Sie mussten Kinder und Zöglinge vor dem verderblichen Laster der Unzucht warnen und sie ernsthaft zu einem ehrbaren, sittsamen Lebenswandel anweisen (§ 992 II 20 ALR).
Das Gesinde und die Hausgenossen dagegen, die unschuldige Kinder durch unzüchtige Reden, Erzählungen oder Handlungen zu Ausschweifungen der Wollust reizten, konnten zu körperlicher Züchtigung, Gefängnis- oder Zuchthausstrafen verurteilt werden (§ 995 II 20 ALR).
Die Kuppelei durch Eltern, Erziehende oder durch andere, deren Aufsicht junge Personen anvertraut waren, wurde mit Zuchthausstrafen geahndet (§ 998 II 20 ALR).

Die sexuellen Übergriffe auf Kinder wurden dem Grunde nach als ein Angriff auf die Ordnung in der Familie interpretiert.

> „Kinder wurden im 19. Jahrhundert noch nicht als Personen im Sinne der bürgerlichen Gesellschaft angesehen, sondern als Gewaltunterworfene. ... Strafgrund war nach damaliger Auffassung die Verletzung sittlicher Ansichten, nicht die persönlicher Rechte“ (Frommel 1995, 31, 34).

Zu dem Zeitpunkt, in dem die Rechtsordnung zögernd begann, Kindern und Jugendlichen eigene Rechte einzuräumen, trat als neuer Schutzbereich **das sexuelle Selbstbestimmungsrecht** in den Vordergrund.

Das Reichsstrafgesetzbuch von 1871 regelte im **§ 176 Nr. 3 StGB a. F.** den sexuellen Missbrauch auf folgende Weise:

> „Derjenige wurde mit Zuchthaus bis zu zehn Jahren bestraft, der mit Personen unter 14 Jahren unzüchtige Handlungen vornahm oder dieselben zur Verübung oder Duldung unzüchtiger Handlungen verleitete. Jede sexuelle Handlung an Kindern beiderlei Geschlechts unterhalb einer bestimmten Altersgrenze – unabhängig von einer etwaigen Einwilligung des Kindes – wurde strafrechtlich sanktioniert“ (Maurach et al. 2019, 184).

2.2 Homosexualität

Die asketischen Moralvorstellungen, die scharfe gesellschaftliche und rechtliche Sanktionierung gleichgeschlechtlicher Sexualität sowie die Ent-Sexualisierung des Jugendalters lassen sich gleichsam bruchlos bis weit in die Mitte unseres Jahrhunderts hinein verfolgen. Besonders die andauernde strafrechtliche Verfolgung der Homosexualität ist ein Indiz für ein sexualfeindliches Klima. So ist beispielsweise die Begründung für die **Strafbarkeit der Homosexualität** durch das OLG Düsseldorf 1948 charakteristisch. Danach ist Schutzobjekt „somit nicht das Einzelindividuum, sondern das allgemeine Wohl des deutschen Volkes in seiner sittlichen und gesundheitlichen Kraft sowohl, wie in der Integrität seiner Verwaltung“ (OLG Düsseldorf, MDR 1948, 59, 60 mit Anm. Labin).

Der **Bundesgerichtshof** entschied noch **1951:** „Die Unzucht unter Männer verstößt gegen das Sittengesetz“ (BGH, NJW 1951, 810).

Auch das **Bundesverfassungsgericht, 1957** mit der Frage befasst, ob die Strafvorschrift zur Homosexualität **§ 175 StGB a. F.** verfassungswidrig sei, urteilte nicht anders: Die Strafvorschrift verstoße keineswegs gegen den speziellen verfassungsrechtlichen Gleichheitsgrundsatz des Art. 3 Abs. 2 GG, der besagt, dass Männer und Frauen gleichberechtigt sind, weil der biologische Geschlechtsunterschied den Sachverhalt entscheidend präge. Die Vorschrift verletze auch nicht das Grundrecht auf die freie Entfaltung der Persönlichkeit, denn eine homosexuelle Betätigung verstoße gegen das Sittengesetz. Den biologischen Geschlechtsunterschied sah das Gericht u. a. darin: „Schon die körperliche Bildung der Geschlechtsorgane weist für den Mann auf eine mehr drängende und fordernde, für die Frau auf eine mehr hinnehmende und zur Hingabe bereite Funktion hin" (BVerfGE 6, 389, 425).

Aus diesen Zitaten wird deutlich, dass es im Sexualstrafrecht auch noch im 20. Jahrhundert nicht nur um die Wahrung von Individualrechtsgütern, wie z. B. der geschlechtlichen Selbstbestimmung, des Schutzes der Jugendlichen oder des Rechts auf Gewaltfreiheit ging, sondern um das so titulierte gesellschaftliche Universalrechtsgut, um die rechtliche und sittliche Ordnung des geschlechtlichen Lebens.

Die Bestimmung des **§ 175 StGB** hat sich im Laufe von mehr als 150 Jahre entsprechend dieser veränderten gesellschaftlichen Auffassung immer wieder verändert.

Von 1872–1935 lautete die Vorschrift:

> „Die widernatürliche Unzucht, welche zwischen Personen männlichen Geschlechts oder von Menschen mit Thieren begangen wird, ist mit Gefängniß zu bestrafen; auch kann auf Verlust der bürgerlichen Ehrenrechte erkannt werden."

Homosexualität unter Männern wurde also, bis weit in das 20. Jahrhundert hinein, gleichbehandelt wie Sodomie. Bemerkenswert ist auch, dass die Homosexualität von Frauen ignoriert wurde.

Von 1935–1969 galt Folgendes:

> „(1) Ein Mann, der mit einem anderen Mann Unzucht treibt oder sich von ihm zur Unzucht mißbrauchen läßt, wird mit Gefängnis bestraft.
> (2) Bei einem Beteiligten, der zur Zeit der Tat noch nicht einundzwanzig Jahre alt war, kann das Gericht in besonders leichten Fällen von Strafe absehen."

Danach lautete die Formulierung bis zum **Wegfall des § 175 StGB** in **1994:**

> „(1) Mit Freiheitsstrafe bis zu fünf Jahren wird bestraft
> 1. ein Mann über achtzehn Jahre, der mit einem anderen Mann unter einundzwanzig Jahren Unzucht treibt oder sich von ihm zur Unzucht mißbrauchen läßt,
> 2. ein Mann, der einen anderen Mann unter Mißbrauch einer durch ein Dienst-, Arbeits- oder Unterordnungsverhältnis begründeten Abhängigkeit bestimmt, mit ihm Unzucht zu treiben oder sich von ihm zur Unzucht mißbrauchen zu lassen,

3. ein Mann, der gewerbsmäßig mit Männern Unzucht treibt oder von Männern sich zur Unzucht mißbrauchen läßt oder sich dazu anbietet.

(2) In den Fällen des Absatzes 1 Nr. 2 ist der Versuch strafbar.

(3) Bei einem Beteiligten, der zur Zeit der Tat noch nicht einundzwanzig Jahre alt war, kann das Gericht von Strafe absehen."

Heute heißt es im Strafgesetzbuch zu **§ 175 StGB** nur: „(weggefallen)". Nach dieser Vorschrift Verurteilte wurden im Jahr 2020 entschädigt, darunter auch Soldaten. Die Entwicklung des Straftatbestandes der Homosexualität zeigt beispielhaft und eindringlich, dass das Sexualstrafrecht mit zeitlicher Verzögerung den Veränderungen der gesellschaftlichen Vorstellungen folgt. Die Rechtsentwicklung stellt den normativen Vollzug des gesellschaftlichen Wandels in der Wahrnehmung von Sexualität dar.

2.3 Strafrecht

Seit **1973** trägt der Teil des Strafgesetzbuches, der sich mit den Sexualstraftaten befasst die Überschrift „**Straftaten gegen die sexuelle Selbstbestimmung**" (Dreizehnter Abschnitt, **§§ 174 ff. StGB**).

Mit diesen Vorschriften wurde das Sexualstrafrecht erheblich liberalisiert. Neben terminologischen Korrekturen (während früher der Begriff der Unzucht verwendet wurde, findet sich hier jetzt der Begriff der sexuellen Handlung) sollen im Prinzip nur noch solche Verhaltensweisen unter Strafe gestellt werden, die als sozialschädlich angesehen werden müssen. Strafbar ist ein Verhalten also nur dann, wenn elementare Interessen anderer oder der Gemeinschaft verletzt werden (Lautmann 1992):

- Folgerichtig wurde der alte Kuppeleiparagraf entschärft und auf den Schutz Minderjähriger reduziert,
- Von nun an war auch klar, dass der Ehemann, der den Hausfreund seiner Frau toleriert, nicht mehr strafrechtlich relevant handelt.
- Die Pornografie-Vorschriften wurden vergleichbar angepasst.

Durch diese Reformen wurde der Tatsache Rechnung getragen, dass eine gravierende Umorientierung im Verhältnis von Frauen und Männern stattgefunden hatte. Vor- und außerehelicher Geschlechtsverkehr, das Zusammenleben nicht verheirateter Paare, nichteheliche Kinder, Scheidung, Neuverheiratung, all diese Formen der Lebensgestaltung zwischen den Geschlechtern sind nicht mehr mit einem gesellschaftlichen Makel behaftet und sind seitdem vor allem nicht mehr strafrechtlich relevant.

Eine Neubelebung der Debatte über die strafrechtlichen Grenzen der Sexualität erfolgte in den 90er-Jahren anlässlich der Reform des **§ 182 StGB** (Sexueller Missbrauch von Jugendlichen) sowie der beabsichtigten Streichung des **§ 175 StGB.** Unter den Stichworten „Ideologie statt Jugendschutz" (Tröndle 1992) oder „Jugendschutz gegen die Jugendlichen" (Steinmeister 1992) wurde wiederum um die Moralität im Sexualstrafrecht gestritten (vgl. auch Steinmeister 1991; Tönnies 1992; Schroeder 1992; Bruns 1993; Schroeder 1994).

Erst 1997 wurde dann nach langen Auseinandersetzungen die **Vergewaltigung innerhalb einer Ehe** unter Strafe gestellt. An die Stelle der bisherigen Vorschriften, die die Vergewaltigung und die sexuelle Nötigung bestraften, ist mit **§ 177 StGB** eine einheitliche Vorschrift getreten (siehe Kap. C 1.3).

1998 wurden durch das Gesetz zur Bekämpfung von Sexualdelikten und anderen gefährlichen Straftaten erneut weite Teile des Strafgesetzbuches reformiert Diese Veränderungen betrafen auch das Sexualstrafrecht. Ein Anliegen dieses Gesetzes war die **Harmonisierung der Strafrahmen.** Es war nicht mehr verständlich zu machen, dass die Verletzung der Rechtsgüter Eigentum und Vermögen mit höheren Strafen belegt wurde als der Angriff auf die körperliche Integrität. Der Strafrahmen für die Verletzung von höchstpersönlichen Rechtsgütern wurde daher erhöht, so auch der Strafrahmen beim sexuellen Missbrauch von Kindern. Zugleich wurde **§ 176a StGB** eingeführt, der den schweren sexuellen Missbrauch von Kindern gesondert regelt (Hassemer 2000; vgl. auch Thane/Weilbach 2004) (siehe dazu Kap. C 1.3).

Ein weiteres Vorhaben des Gesetzgebers war es, den strafrechtlichen **Schutz von Menschen mit Behinderungen** zu verbessern. Hierzu wurde eine weitere Nötigungs-Alternative in **§ 177 StGB** aufgenommen, das Ausnutzen einer schutzlosen Lage. Darüber hinaus wurde mit **§ 174c StGB** eine Norm geschaffen, die die sexuelle Instrumentalisierung von Beratungs-, Behandlungs- oder Betreuungsverhältnisse mit Strafe belegt (siehe dazu Kap. C 5.5).

Weitere wichtige Punkte dieser Gesetzesänderung waren:

- Die Verschärfung der Voraussetzungen für die Strafaussetzung zur Bewährung,
- die Therapieeinweisungen ohne Einwilligung des Verurteilten,
- die Möglichkeit der Verlegung von Sexualtätern in sozialtherapeutische Anstalten,
- die Senkung der formellen Voraussetzungen für die Anordnung der Sicherungsverwahrung.

Im Sexualstrafrecht ist es äußerst schwierig eine Diskussion um Entkriminalisierung oder um verstärkte strafrechtliche Verfolgung zu führen. Das Thema ist so komplex, weil die Rachegefühle der Opfer, ökonomische Interessen der Medien an der Verwertung des Schrecklichen, gleichzeitig Mitleid und Mitgefühl, aber auch strategische Erwägungen sowie Sicherheitsinteressen der Bevölkerung mithineinspielen. Politiker geraten leicht in Versuchung aus Anlass von „Kinderschänder"-Prozessen, von Sexualmorden oder von anderen schwersten Delikten einen starken Staat zu propagieren und ein gesetzliches Instrumentarium mit weitgehenden staatlichen Gewaltbefugnissen zu fordern, um damit Sicherheit und Ordnung gewährleisten zu können.

Die Reformen im Sexualstrafrecht, insbesondere die Erhöhung der Strafrahmen sowie die Möglichkeit der vorbehaltenen bzw. der nachträglichen Anordnung der Sicherungsverwahrung nach den **§§ 66a, 66b StGB** (immerhin einen der schwersten Eingriffe, die unser Strafrecht kennt) signalisieren der Öffentlichkeit:

- Hier ist ein handlungsbereiter, entschlossener Staat, der bei Sexualdelikten schnell handelt.
- Durch höhere Strafen, Zwangstherapie und erleichterte Sicherungsverwahrung ist damit im Grunde ein Sonderstrafrecht für Sexualstraftäter geschaffen worden.

Bereits im Jahre 2000 warnte Hassemer ganz allgemein vor der neuen „Lust nach Strafe":

> „Das Strafrecht ist mit wachsenden Kontrollbedürfnissen, ja mit einer gewissen Straflust konfrontiert, und diese Entwicklung wird von allgemeiner Zustimmung getragen, außerhalb, aber auch innerhalb der Strafrechtspraxis und der Strafrechtswissenschaft" (Hassemer 2000; vgl. auch Thane/Weilbach 2004).

2004 ist das **Gesetz zur Änderung der Vorschriften über die Straftaten gegen die sexuelle Selbstbestimmung** in Kraft getreten. Die Realisierung der präventiven Instrumentarien erfolgte in den nachfolgenden Jahren.
In diesem Gesetz wurden wiederum die Strafrahmen bei den Straftatbeständen des sexuellen Missbrauchs von Kindern und von widerstandsunfähigen Personen erhöht. Darüber hinaus wurden einige Tatbestände erweitert, so z. B. **§ 174c StGB**. Neu gefasst wurden die Vorschriften gegen Pornografie, ebenfalls mit einer Strafverschärfung verbunden. Ein wichtiges Reformelement ist schließlich, dass für die **Täteridentifizierung** bei allen Straftaten gegen die sexuelle Selbstbestimmung eine **DNA-Analyse** nach **§ 81g StPO zulässig** ist.

Das im Jahr 2021 in Kraft getretene **Gesetz zur Bekämpfung sexualisierter Gewalt gegen Kinder** setzt vor allem auf härtere Strafen, effektivere Strafverfolgung und verbesserte Prävention. So wird nun die Verbreitung von Kinderpornografie als Verbrechen gewertet mit einer Freiheitsstrafe von mindestens einem Jahr. Sexualisierte Gewalt gegen Kinder ist mit einem Strafrahmen von bis zu 15 Jahren statt wie bisher 10 Jahren versehen worden. Eine Einstellung des Verfahrens wegen Geringfügigkeit oder gegen Auflagen ist ausgeschlossen.
Die weiter voranschreitende verstärkte Kriminalisierung verspricht Gerechtigkeit und Schadensabwehr.
Insofern sollte man nicht ganz auf das Strafrecht als Steuerungsinstrument für menschliches Verhalten verzichtet, aber man sollte dabei bedenken:
Das **Sexualstrafrecht bekämpft** nicht nur einzelne strafbare Handlungsweisen, sondern es **reguliert** und **kontrolliert** zumindest indirekt komplexe Lebensverhältnisse.
Bevor der staatliche Sanktionsapparat noch weiter ausgebaut wird, sollten daher alle Formen von professioneller Hilfe und vorbeugender Maßnahmen konsequent genutzt werden.

3 Datenlage

Es liegen **keine zuverlässigen Zahlen** über das tatsächliche Ausmaß der Sexualdelikte, insbesondere des sexuellen Missbrauchs an Mädchen und Jungen vor. Das liegt zum einen daran, dass die Definition des sexuellen Missbrauchs, die Analysekriterien sowie die Abgrenzungen zur physischen Misshandlung nicht eindeutig bestimmt werden können. Zum anderen existieren keine aussagekräftigen Statistiken.

In Deutschland existiert zwar die **polizeiliche Kriminalstatistik**, die vom Bundeskriminalamt jährlich herausgegeben wird. Diese Statistik erfasst alle zur Anzeige gebrachten und von der Polizei registrierten strafrechtlich relevanten Verdachtsfälle. Diese polizeiliche Kriminalstatistik kann aber nur bedingt die Kriminalitätswirklichkeit widerspiegeln, weil die Bereitschaft zur Anzeige aus Angst der Opfer vor dem Sexualtäter oder aus Schamgefühl immer noch nicht voll ausgeprägt ist.

Im Jahr **2021** lassen sich rund **100.000** dieser **Verdachtsfälle** den Straftaten gegen die sexuelle Selbstbestimmung zuordnen; sie zählen also zu den Sexualdelikten.
Die Straftaten gegen die sexuelle Selbstbestimmung machten damit etwa 2,1 Prozent aller registrierten Straftaten dieses Jahres aus. Unter die Sexualdelikte fallen

unter anderem sexuelle Nötigung und Vergewaltigung; hiervon wurden im genannten Jahr etwa 10.000 Fälle erfasst.

Die Anzahl der **Fälle von sexuellem Kindesmissbrauch** in Deutschland wurde vom BKA für das Jahr 2021 mit **15.507** angegeben, vom Straftatbestand „Verbreitung, Erwerb, Besitz und Herstellung von **kinderpornographischen Schriften**" wurden **39.171** Fälle erfasst.
Auch diese Zahlen bilden lediglich die vom BKA erfassten Straftaten ab. Es ist davon auszugehen, dass die Dunkelziffer deutlich höher liegt.

Das Bundeskriminalamt erfasst auch Zahlen zu den Personen, die Opfer von Straftaten gegen die sexuelle Selbstbestimmung wurden. Die jährlich aktualisierten Statistiken verdeutlichen:

- Im Jahr **2021** wurden **30.970 Personen Opfer von Sexualdelikten**.
- Bei rund **50 Prozent** der Opfer handelte es sich dabei um **Erwachsene** im Alter von 21 bis 60 Jahren, **ein Viertel** waren **Jugendliche** im Alter zwischen 14 und 18 Jahren.
- Rund **17.500 Opfer** bezogen sich auf sexuellen **Kindesmissbrauch,**
- ca. **13.000** der Opfer waren **weiblich**.
- Bei den **Tatverdächtigen** handelte es sich bei ca. **61 Prozent** um **Erwachsene**.
- In etwa der **Hälfte** aller Straftaten gegen die sexuelle Selbstbestimmung waren Täter und Opfer vorher **miteinander bekannt**; zumindest lag in irgendeiner Art eine soziale Nähe vor (z. B. über eine gemeinsame Vereinszugehörigkeit).
- In mehr als **9 Prozent** der erfassten Fälle lebten Opfer und Täter **unter einem Dach**.

Die Anzahl der von Sexualdelikten betroffenen **Kinder** ist nach der Polizeilichen Kriminalstatistik in den vergangenen Jahren relativ konstant. Für die jüngste Zeit lässt sich ein leichter Rückgange verzeichnen. Aktuell erleben laut Kriminalstatistik jeden Tag 43 Kinder in Deutschland sexuelle Gewalt. Dabei handelt es sich aber nur um die wenigen angezeigten Fälle. Und: Es sind deutlich mehr Mädchen, die missbraucht werden, und deutlich mehr Männer als Frauen, die missbrauchen.
Interessant ist es auch zu wissen, ab welchem Alter Sexualität für Kinder und Jugendliche bewusst relevant wird. In einer allerdings schon älteren Studie der Bundeszentrale für gesundheitliche Aufklärung (2002) wurden ca. 3.000 Mädchen und Jungen sowie ihre Eltern zum Thema Sexualität befragt. Danach hat jeder zehnte Junge und jedes elfte Mädchen bereits schon mit 14 Jahren zum ersten Mal Geschlechtsverkehr praktiziert. Bis zum 16. Geburtstag liegt der Anteil der Mädchen mit Geschlechtsverkehrserfahrungen bei 45 %, bei den Jungen dagegen bei 36 %. Für die überwiegende Mehrheit der Jugendlichen ist

der erste Geschlechtsverkehr ungeplant und kommt für 22 % der Mädchen und 33 % der Jungen völlig überraschend.
Diese Ergebnisse korrespondieren mit entsprechenden Untersuchungen von Kluge (2002) zu den Beschleunigungstendenzen der Sexualreife bei den Geschlechtern in Deutschland sowie mit der Vorverlagerung der jugendlichen Sexualität.
In einem Längsschnittvergleich zur sexuellen Reife zwischen 1980/81 sowie 1994 hat sich die sexuelle Reife bei Mädchen von 13,5 auf 12,2 Jahre sowie bei Jungen von 14,2 und 12,5 Jahre vorverlagert. Jungen und Mädchen haben sich im Hinblick auf den Zeitpunkt der Geschlechtsreife angepasst. Das Reifealter bei Mädchen ist im Jahr 2010 bereits auf 10,3 Jahre gefallen. Gegenüber dem Jahr 1860 bedeutet das, dass das Reifealter bei Mädchen in 150 Jahren um 6,3 Jahre gefallen ist.
Damit zusammenhängend sind Mädchen und Jungen beim ersten Geschlechtsverkehr nach diesen Studien immer jünger. Zwischen 1980/81 und 1994 ist bei Mädchen das „erste Mal" von 17,3 auf 14,9 Jahre, also um 2,4 Jahre gefallen, während die Werte bei Jungen 18 und 14,9 Jahre betragen, es sich also um eine Vorverlagerung um 3,1 Jahre handelt.
Diese bereits mehr als 20 Jahre alten Studien sind deshalb interessant, weil aktuellere Ergebnisse kaum abweichen. Eine Untersuchung der Bundeszentrale für gesundheitliche Aufklärung kommt zu ähnlichen Ergebnissen (Scharmanski/Hessling 2021 und Scharmanski/Hessling 2022).

Im Jahr 2022 ist die Kriminalität im Bereich der Verletzung der sexuellen Selbstbestimmung weiter gestiegen. Das gilt insbesondere für die Kinderpornografie mit 8 % auf mehr als 54.000 Fälle.
Beim sexuellen Missbrauch von Kindern zeigt sich zwar keine Steigerung, aber die Zahlen sind mit 15.520 Fällen sehr hoch (zu den Einzelheiten siehe die umfangreiche Statistik des BKA 2022).

B Sexuelle Selbstbestimmung im allgemeinen Rechtssystem

1 Grundrecht Sexualität

Was Sexualität bedeutet, ist rechtlich nicht definiert. Das Grundgesetz (GG) enthält jedoch mit den Grundrechten der Menschenwürde in Art. 1 GG und dem Recht auf Selbstentfaltung in Art. 2 Abs. 1 GG ein Recht auf sexuelle Selbstbestimmung.

1.1 Menschenwürde

Der Schutz der **Menschenwürde** in **Art. 1 Abs. 1 GG** stellt die Basis der Rechtsordnung dar:

> „Die Würde des Menschen ist unantastbar. Sie zu achten und zu schützen ist Verpflichtung aller staatlichen Gewalt."

Seinen ethischen Ursprung hat die Würde des Menschen in der biblischen Schöpfungsgeschichte und der Vorstellung, dass Gott den Menschen nach seinem Ebenbild geschaffen hat. Philosophisch ist der Mensch Zweck an sich. Die Menschenwürde wird als ein absoluter Wert mit unbedingter Geltung betrachtet, der nicht gegen Grundrechte abgewogen werden darf (auch nicht gegen das Recht auf Leben gemäß **Art. 2 Abs. 2 GG**).

Was Menschenwürde meint, ist aber nicht definiert. Es handelt sich also um einen unbestimmten Rechtsbegriff, was die Anwendung deutlich erschwert. Dabei ist es juristisch nicht zwingend erforderlich über eine klare Definition zu verfügen, denn die Rechtsanwendung erfolgt erst im Konflikt.

Im Rechtsalltag wird also nicht gefragt: Was ist die Menschenwürde? Sondern: Unter welchen Bedingungen ist sie verletzt? Dazu hat der Staatsrechtlehrer Günter Dürig unter Rückgriff auf die philosophische Betrachtung bei Immanuel Kant, die als „Dürig'sche Objektformel" bekannte Formulierung gefunden:

> **Die Menschenwürde ist verletzt, wenn ein Mensch zum Objekt staatlichen Handelns herabgewürdigt wird.**

Das heißt anders formuliert, der Staat hat die Pflicht jeden Menschen als (Rechts-) Subjekt zu respektieren. Träger der Menschenwürde ist jeder Mensch, ohne Differenzierung nach einer Befähigung, nach Geschäftsfähigkeit oder nach Alter.

Die Rechtsfähigkeit des Menschen beginnt mit der Vollendung der Geburt (**§ 1 BGB**).
Ab diesem Zeitpunkt ist jeder Mensch **Rechtssubjekt** und damit auch Träger (Inhaber) von Grundrechten.

1.2 Recht auf Selbstentfaltung

Art. 2 GG legt das Recht der **persönlichen Freiheit** als ein Grundrecht fest:

„(1) Jeder hat das Recht auf die freie Entfaltung seiner Persönlichkeit, soweit er nicht die Rechte anderer verletzt und nicht gegen die verfassungsmäßige Ordnung oder das Sittengesetz verstößt.
(2) Jeder hat das Recht auf Leben und körperliche Unversehrtheit."

Aus diesem individuellen Persönlichkeitsrecht jedes Einzelnen ergibt sich grundsätzlich das Recht nach eigenen Einschätzungen handeln zu dürfen; diese Freiheit des „Vernunftwesens" wird aber durch das Sittengesetz begrenzt, nach Immanuel Kant zu verstehen als „das moralische Gesetz in mir". Letztlich ist damit die Handlungsorientierung am kategorischen Imperativ gemeint (Kant 1797). In der streng rechtsstaatlichen Ordnung des Grundgesetzes kommt dieser Grenze neben der verfassungsmäßigen Ordnung im Streitfall kaum Bedeutung zu.
Im Gegensatz zur Menschenwürde in Art. 1 GG stehen die sonstigen Grundrechte unter dem Vorbehalt ihrer Schranken. Die Freiheit zur Persönlichkeitsentfaltung findet daher ihre Grenze am gleichen Recht jedes anderen und den allen gemeinsamen Regelungen von Staat und Gesellschaft. Das (beschränkte) Recht in **Art. 2 Abs. 1 GG** wird durch **Art. 2 Abs. 2 GG** um zwei wesentliche Gesichtspunkte ergänzt:

- Das Recht auf Leben – diese Formulierung ist unmittelbar einsichtig, und
- das Recht auf körperliche Unversehrtheit.

Dieses **Recht auf körperliche Unversehrtheit** ist bei jeder Gewaltanwendung durch Dritte verletzt, sei es in der Öffentlichkeit, sei es zu Hause in der Familie oder auch bei ärztlichen Eingriffen – deshalb ist dafür dort auch immer eine Einwilligung des Patienten erforderlich.

Bei **sexuellen Handlungen** gilt nichts anderes: **Ohne Einwilligung** des Betroffenen handelt es sich um einen **sexuellen Übergriff**. Hier findet das **Prinzip „Nein heißt Nein"** seine Grundlage.

1.3 Recht auf Gleichbehandlung

In **Art. 3 GG** ist das Recht auf **Gleichheit vor dem Gesetz** formuliert:

> „(1) Alle Menschen sind vor dem Gesetz gleich.
> (2) Männer und Frauen sind gleichberechtigt. Der Staat fördert die tatsächliche Durchsetzung der Gleichberechtigung von Frauen und Männern und wirkt auf die Beseitigung bestehender Nachteile hin.
> (3) Niemand darf wegen seines Geschlechtes, seiner Abstammung, seiner Rasse, seiner Sprache, seiner Heimat und Herkunft, seines Glaubens, seiner religiösen oder politischen Anschauungen benachteiligt oder bevorzugt werden. Niemand darf wegen seiner Behinderung benachteiligt werden".

Die Aussage in **Art. 3 Abs. 1 GG** erscheint zunächst selbstverständlich und überflüssig. Trotzdem ist sie notwendig und relevant, auch wenn es sich „nur" um einen Programmsatz ohne eigene praktische Anwendungstauglichkeit handelt. Trotzdem gilt dieser Kernbereich von **Art. 3 Abs. 1 GG** weder kategorisch noch ausnahmslos:

So wird etwa im Einkommensteuerrecht nach der Höhe des Einkommens differenziert. Gutverdienende Bürger müssen progressiv mehr Steuern zahlen als Geringverdienende. Eine Benachteiligung wegen wirtschaftlicher Besserstellung ist also zulässig und stellt keinen Verstoß gegen **Art. 3 GG** dar. Es wird damit nur der Idee der „blinden Justitia" Ausdruck verliehen und der Aussage: „ohne Ansehen der Person". Dabei ist es offensichtlich, dass Menschen eben nicht „gleich" sind, sondern einzigartige Individuen, die sich in einer breiten Vielfalt an Eigenschaften unterscheiden.

Es geht daher nicht um eine undifferenzierte, nur formale Gleichstellung, sondern um die Gleichbehandlung im Sinne eines Verbots von Benachteiligung. Dafür kommt es entscheidend darauf an, welche Eigenschaften nicht zu einer Benachteiligung führen dürfen, um das Gebot der Gleichbehandlung des **Art. 3 Abs. 1 GG** mit rechtlicher Substanz auszustatten.

Das gilt für die Aussage in **Art. 3 Abs. 2 Satz 1 GG**, die ausdrücklich Frauen den Männern gleichstellt. Diese Regelung ist aber letztlich nur deklaratorisch da sich das **Verbot der Diskriminierung wegen des Geschlechts** zusätzlich in **Art. 3 Abs. 3 GG** findet. Aus diesem klaren Verbot ergibt sich quasi modellhaft die Art und Weise wie eine Gleichheit der Menschen „vor dem Gesetz" rechtlich gewährleistet wird.

Die Praxis der Gleichbehandlung ist an dem Katalog des **Art. 3 Abs. 3 GG** orientiert, der (abschließend) eine Reihe von Eigenschaften auflistet und eine Benachteiligung von Menschen wegen dieser Eigenschaften ausnahmslos („niemand“) verbietet.

Allerdings **fehlt** in **Art. 3 GG** die **sexuelle Orientierung** als spezifischer Diskriminierungstatbestand. Sie kann nicht einfach unter den Begriff „Geschlecht“ subsumiert werden.

An dieser Stelle bietet die **GRCh** eine weitergehende Verankerung und damit eine Ergänzung der Rechtsgrundlage. In **Art. 21 GRCh** geht es, wie in Art. 3 Abs. 3 GG, um die „**Nichtdiskriminierung**“:

> „(1) Diskriminierungen insbesondere wegen des Geschlechts, der Rasse, der Hautfarbe, der ethnischen oder sozialen Herkunft, der genetischen Merkmale, der Sprache, der Religion oder der Weltanschauung, der politischen oder sonstigen Anschauung, der Zugehörigkeit zu einer nationalen Minderheit, des Vermögens, der Geburt, einer Behinderung, des Alters oder der sexuellen Ausrichtung sind verboten.“

Diese Regelung in der **GRCh** ist nicht starr formuliert wie **Art. 3 GG,** sondern es handelt sich um eine dynamische Norm („insbesondere“). Die **GRCh** stellt gemäß **Art. 6 EUV** primäres Recht der EU dar, ist also für die Mitgliedsstaaten im Bereich der Zuständigkeit der EU verbindlich. Durch diese europäische Grundrechtsnorm ist die Benachteiligung wegen sexueller Orientierung auch in Deutschland verboten. Der Spielraum für sexuelle Aktivitäten, die von der Gesellschaft hinzunehmen sind und nicht sanktioniert werden dürfen, wird damit deutlich ausgeweitet.

Da von Natur her die sexuelle Orientierung nicht frei wählbar ist, sie also eine individuelle, menschliche Eigenschaft darstellt, ist sie nicht nur in der Wahrnehmung als Frau oder Mann geschützt, sondern bezieht sich auf alle weiteren Varianten. Sie alle dürfen auf der Grundlage des Grundrechts auf Sexualität nicht (mehr) benachteiligt werden.

Mit der Neuregelung des Personenstandsrecht im Jahr 2017 wurde dem Rechnung getragen und ein **3. Geschlecht** verbindlich eingeführt (**m/w/d**) (siehe Kap. B 2.1). Das „d“ steht für divers und meint alle Varianten von Geschlecht. Damit ist der bis dahin bestehende gesetzliche Zwang aufgehoben, Frau oder Mann und nichts anderes zu sein. In der Vergangenheit wurden Kinder mit „unklarem“ Geschlecht im Vergleich zu solchen, die (nur)männliche oder weibliche Geschlechtsorgane aufwiesen, operativ auf ein Geschlecht festgelegt.

Sexualität an sich wird rechtlich erst in der Interaktion mit Anderen relevant. Es geht dann um den Schutz vor Handlungen, die nicht einvernehmlich erfolgen.

Da Kinder altersbedingt rechtlich nicht einwilligungsfähig sind, hat der Schutz von Kindern vor sexuellen Übergriffen einen sehr hohen gesellschaftlichen Stellenwert. Es gibt daher klare Grenzen:

- Die sexuelle Ausrichtung der **Pädophilie** (gemeint ist der krankhafte sexuelle Drang zum Missbrauch von Kindern) ist ausnahmslos verboten.
- Bei allen anderen sexuellen Aktivitäten geht es nicht mehr um ein Verbot dem Grunde nach, sondern sanktioniert wird allenfalls die Art und Weise der Ausführung.

So wie die Sexualität selbst so gilt auch die **Vermittlung von sexuellem Wissen** als **Menschenrecht**. Bereits 1994 vereinbarten 179 Staaten bei der Weltvölkerkonferenz der Vereinten Nationen in Kairo, Sexualität nicht länger nur bevölkerungspolitisch zu betrachten, sondern sie in ihrer Bedeutung für das Individuum und die Menschenrechte anzuerkennen.

Um sinnvoll zu erreichen, dass jeder Mensch über seine Sexualität und Fortpflanzung selbst bestimmen soll und körperliches wie seelisches Wohlbefinden erlangen kann, muss das notwendige Wissen darüber vermittelt werden. Das Recht auf Information, abgeleitet aus **Art. 5 GG** i. V. m. den **Artt. 1** u. **2 GG,** gilt für alle Lebensbereiche und Lebensphasen. Insofern ist es angebracht, im Rahmen pädagogischer Angebote in Kita und Schule und in anderen Einrichtungen, eine **altersgerechte Sexualerziehung** zu ermöglichen.

2 Zuordnung und Veränderung des Geschlechts

2.1 Formale Zuordnungen

Männlich, weiblich, divers – die meisten Menschen haben eins von zwei biologischen Geschlechtern. Sie sind entweder männlich oder sie sind weiblich. Es gibt aber auch Menschen, die von beiden Geschlechtern etwas haben, nämlich z. B. sekundäre Geschlechtsorgane beider biologischer Geschlechter. Heute spricht man in diesen Fällen von **Zwischengeschlechtlichkeit** bzw. von **Intersexualität**. Allerdings ist das kein modernes neues Phänomen, sondern allgemein menschlich; bereits im klassischen Griechenland kannte man solche Fälle. Sie wurden als **Hermaphroditen** bezeichnet und nicht ignoriert oder diskriminiert, sondern respektiert in ihrem Anderssein.

Die aktuelle Rechtssprache hat dafür den Begriff „**divers**" gefunden, das bedeutet „verschieden", abweichend von männlich bzw. weiblich. Dahinter verbirgt sich ein breites Spektrum an Identitätsvarianten, das abgekürzt als **LSBTTIQ** bezeichnet wird. Das steht für **lesbisch, schwul, bisexuell, transsexuell, transgender, intersexuell und queer.**

Anstelle des Sammelbegriffs „divers" wird auch der Begriff **non-binär** verwendet; dieser Begriff meint allgemein eine sexuelle Identität, die weder ganz männlich noch ganz weiblich ist. Es gibt in Deutschland ca. 160.000 zwischengeschlechtliche Menschen, pro Jahr werden etwa 150 diverse Kinder, also Kinder mit Varianten geboren.

Die Frage nach dem **biologischen Geschlecht** eines Menschen wird unmittelbar mit der Geburt für die rechtliche Einordnung relevant.
Die **UN-KRK** legt in **Art. 7 Abs. 1** als Verpflichtung für jeden Staat fest: „Unverzüglich nach der Geburt" soll jedes Kind registriert werden.

Diese Registrierung dient der **Identifizierung** eines jeden **Neugeborenen** und ist Voraussetzung für die Wahrnehmung anderer Rechte. In **Art. 7 UN-KRK** wird daraus das Recht auf einen Namen, eine Staatsangehörigkeit und das Recht auf die eigenen Eltern abgeleitet.

Das Recht auf das eigene Geschlecht oder der Hinweis auf die Notwendigkeit einer Registrierung nach Geschlechtszugehörigkeit wird hier allerdings nicht ausdrücklich erwähnt. Jedoch enthält **Art. 2 Abs. 1 UN-KRK** die Formulierung, dass die Vertragsstaaten jedem Kind alle in der UN-KRK festgelegten Rechte gewährleisten, und zwar „ohne jede Diskriminierung unabhängig von … dem Geschlecht …".

Diesen grundlegenden Regelungen auf internationaler Ebene wurden in unserem Rechtssystem durch die veränderten Regelungen im **Personenstandsgesetz (PStG)** Rechnung getragen: Jedes neugeborene Kind wird beim Standesamt in das Geburtenregister eingetragen. Der Eintragungstext bezieht sich nicht nur auf das Datum der Geburt und den Namen des Kindes; ebenfalls wird das Geschlecht in das Geburtenregister eingetragen. Nach aktueller Gesetzeslage (die letzte Änderung des PStG stammt aus 2023) sind nunmehr 4 verschiedene Optionen zum Geschlecht möglich.
§ 22 Abs. 3 PStG lautet:

> „Kann das Kind weder dem weiblichen noch dem männlichen Geschlecht zugeordnet werden, so kann der Personenstand auch ohne eine solche Angabe oder mit der Angabe ‚divers' in das Geburtenregister eingetragen werden".

Zusätzlich gilt für sog. „Altfälle“: Mit einer ärztlichen Bescheinigung kann gemäß **§ 27 Abs. 3 Ziff. 4 PStG** eine frühere Eintragung im Geburtenregister nun auch nachträglich verändert werden.

In der Vergangenheit unterschied das Geburtenregister nur den Eintrag männlich oder weiblich. Die Eltern oder der Standesbeamte mussten sich bei der Eintragung für eines der beiden vorgegebenen Geschlechter entscheiden, obwohl im Einzelfall das biologische Geschlecht weder nur männlich noch nur weiblich war. Diese Verunsicherung hat dazu geführt, dass seit 2013 die Option eingeräumt wurde, die Eintragung des Geschlechts im Geburtenregister wegzulassen, die Formulierung lautete dann „keine Angaben“. Der Hinweis auf das Geschlecht konnte auch zu einem späteren Zeitpunkt nachgeholt werden. Aufgrund der Entscheidung des BVerfG vom 10.10.2017 (BGBl. I S. 3783) wurde die Änderung zur aktuellen Gesetzesformulierung erzwungen. Der Kern der Begründung bezog sich auf die Unvereinbarkeit mit den **Artt. 2** und **3 GG**. Damit wurde das Geschlecht als ein wichtiger Teil des Menschen anerkannt, der bestimmt, wie man sich selbst als Mensch sieht und wie man von anderen Menschen gesehen und entsprechend behandelt wird.

Nicht nur in der Geburtsurkunde, auch in anderen **Formularen, Urkunden** und **Dokumenten** wird das jeweilige Geschlecht einer Person festgehalten. Spezielle gesetzliche Regelungen gibt es für Reisepässe. Nach **§ 4 Abs. 1 Ziff. 6 Paßgesetz (PaßG)** ist in einem Pass das Geschlecht der jeweiligen Person aufzuführen, und zwar auf der Grundlage der Eintragung im Melderegister.

In **§ 4 Abs. 1 S. 4 PaßG** wird dazu weiter konkretisiert:

> „Ist dort (im Melderegister) das Geschlecht nicht mit weiblich oder männlich angegeben, wird im Pass das Geschlecht mit ‚X‘ bezeichnet.“

Die Frage, wie mit geschlechtlicher Diversität auch **in anderen Lebensbereichen** angemessen umgegangen werden kann, konnte noch nicht überall sinnvoll und zufriedenstellend gelöst werden. Die Ansprache an „meine Damen und Herren“ bezieht sich offenkundig nicht auf die besondere Personengruppe zwischengeschlechtlicher Menschen. Oder: Nur in wenigen Bereichen finden sich neben den für Männer und Frauen getrennten Toiletten extra Einrichtungen für Menschen, die divers sind, also weder klar zu den Männern noch zu den Frauen zählen. Auch hier könnten passende Möglichkeiten für alle Gruppen in unserer Gesellschaft geschaffen werden.

Rechtsregelungen können immer nur den formalen Rahmen bieten. Geschlechtlichkeit ist aber nicht nur auf die äußerlichen körperlichen Anzeichen bezogen.

Es geht auch um seelische Einstellungen, um persönliches Verhalten. Letztlich kann nur der betreffende Mensch für sich selbst entscheiden, zu welchem Geschlecht er sich einordnet, wie er sich selbst sieht, wie er persönlich fühlt und lebt.

Die Erkenntnis, zu welchem Geschlecht sich der Einzelne zugehörig zählt, ist und bleibt eine **höchstpersönliche Angelegenheit**:

- Im Zusammenhang mit **Straftaten** wird diese Eigenentscheidung als sexuelles Selbstbestimmungsrecht bezeichnet. Im Strafrecht geht es um die Bestrafung von Tätern, die in dieses Recht unbefugt eingreifen.
- In anderen Rechtsbereichen geht es um die **Unterstützung der selbstgewählten** geschlechtlichen **Lebensform.**

2.2 Geschlechtsumwandlung

Die laute öffentliche Diskussion nach der Enttabuisierung dieses Themas führt zum Nachdenken über Geschlechtlichkeit und die „wirkliche" Geschlechtszugehörigkeit. Getrieben von unreflektierten Einlassungen in sozialen Medien meinen immer mehr Mädchen und Jungen im falschen Körper geboren zu sein. Insofern kann man durchaus sagen, dass das wichtige gesellschaftliche Thema **Transgender** zum Zeitgeist gehört. Genauso wie die Idee der **Selbstachtsamkeit**, die die Reflexion über das „Ich" priorisiert. Die Anzahl junger Menschen, die mit Hormonbehandlungen oder operativen Eingriffen ihr Geschlecht verändern wollen, ist in den vergangenen Jahren erheblich angestiegen. Allein in der Stadt München hat sich die Diagnose „Genderdysphorie" – Betroffene leiden unter ihrem Geburtsgeschlecht – seit 2013 verfünffacht (Korte 2019). In vielen Fällen liegt der Grund für derartige Befindlichkeiten auch in der Suche nach mehr Aufmerksamkeit. Das Thema Transgender hat sich zu einem **„In"-Thema** entwickelt. Wer von sich auch nur behauptet, „trans" zu sein, wird interessiert bestaunt. Es besteht die Gefahr, dass der pubertierende Protest gegen die Eltern sich nicht mehr nur in Haarlänge oder Kleidung, sondern in einer persönlichkeitsverändernden geschlechtlichen Zuordnung äußert. Wie viele transsexuelle Menschen in unserem Staat leben, ist nicht statistisch festgehalten. Aktuelle Schätzungen liegen bei 0,35 % der Geburten. Weltweit wird Brasilien als das Land mit den höchsten Transgender-Anteilen ausgewiesen.

Für diejenigen Personen, die sich einer Geschlechtsumwandlung unterziehen, regelt das **Transsexuellengesetz** i. d. F. v. 20.07.2017 **(TSG)** – Gesetz über die Änderung der Vornamen und die Feststellung der Geschlechtszugehörigkeit in besonderen Fällen – die formalen Veränderungen in Bezug auf ihre Person.

So können sie gemäß **§ 1 Abs. 1 Ziff. 1** und **2 TSG** eine Änderung ihres Vornamens vornehmen:

> „... wenn sie (diese Person) sich aufgrund ihrer sexuellen Prägung nicht mehr dem in ihrem Geburtseintrag angegebenen Geschlecht, sondern dem anderen Geschlecht als zugehörig empfindet und seit mindestens drei Jahren unter dem Zwang steht, ihren Vorstellungen entsprechend zu leben."

Die betreffende Person muss außerdem deutlich machen, dass

> „mit hoher Wahrscheinlichkeit anzunehmen ist, dass sich ihr Zugehörigkeitsempfinden zum anderen Geschlecht nicht mehr ändern wird."

Das TSG eröffnet den Betroffenen zudem die Möglichkeit einen Feststellungsantrag zu stellen, „dass sie als dem anderen Geschlecht zugehörig anzusehen ist", **§ 8 Abs. 1 TSG.**
Voraussetzung dafür, dass diesem Antrag entsprochen wird, ist, zusätzlich zu den bereits genannten Gründen nach **§ 8 Abs. 1 Ziff. 3 und 4 TSG,** dass die betreffende Person

> „dauernd fortpflanzungsunfähig ist und sich einem ihre äußeren Geschlechtsmerkmale verändernden operativen Eingriff unterzogen hat, durch den eine deutliche Annäherung an das Erscheinungsbild des anderen Geschlechts erreicht worden ist ...".

Die nach den Regelungen des TSG formal erfolgreich durchgeführte Umwandlung des Geschlechts führt wiederum zu weiteren formalen Veränderungsnotwendigkeiten urkundlicher Art. So muss auch der Reisepass entsprechend angepasst werden. Dies lässt sich wiederum aus **§ 4 Abs. 1 Satz 5 PaßG** ableiten, wonach einem „Passbewerber, dessen Vornamen auf Grund gerichtlicher Entscheidung gemäß § 1 TSG geändert wurden, auf Antrag ein Pass mit der Angabe des anderen, von dem Geburtseintrag abweichenden Geschlechts auszustellen (ist)."

Zusätzlich wird hier noch eine Besonderheit aus dem **PStG** aufgenommen. Dort wird mit **§ 45b Abs. 1 Satz 1** folgendes ermöglicht:

> „Personen mit Varianten der Geschlechtsentwicklung können gegenüber dem Standesamt erklären, dass die Angabe zu ihrem Geschlecht in einem deutschen Personeneintrag durch eine andere in § 22 Abs. 3 vorgesehene Bezeichnung ersetzt wird oder gestrichen werden soll."

§ 22 Abs. 3 PStG ermöglicht die Eintragung weiblich, männlich, divers oder ohne Angabe im Geburtenregister.
Hier knüpft **§ 4 Abs. 1 Satz 5 PaßG** an:

> „Passbewerbern, deren Angabe zum Geschlecht nach § 45b des Personenstandsgesetzes geändert wurde, kann auf Antrag ... auch ein Pass mit der Angabe des vorherigen Geschlechts ausgestellt werden, wenn die vorherige Angabe männlich oder weiblich war."

Inzwischen liegt ein Gesetzentwurf für wesentliche Neuregelungen vor. Dieses „**Gesetz über die Selbstbestimmung in Bezug auf den Geschlechtseintrag**", das sog. **Selbstbestimmungsgesetz**, das zum 1.11.2024 in Kraft treten soll, sieht vor allem eine Erleichterung der Änderung des Geschlechtseintrags vor. Danach sollen betroffene Menschen nur noch eine einfache Selbstauskunft beim Standesamt abgeben müssen, wenn sie ihren Vornamen oder den Geschlechtseintrag im Personenstandsregister ändern wollen. Bisher sind für eine solche Änderung der Einträge zwei psychologische Gutachten erforderlich, im Anschluss daran muss die Justiz im Einzelfall entscheiden. Für Minderjährige unter 14 Jahren soll im Konflikt eine Geschlechtsänderung nur von den Sorgeberechtigten beantragt werden können. Bei Jugendlichen ab 14 Jahren soll im Konflikt mit den Eltern das Familiengericht entscheiden.

Es gibt außerdem weitergehende gesetzgeberische Überlegungen, wonach sog. „**Homoheilungen**" unterbunden werden sollen; Homosexualität ist eine anerkannte Form sexueller Orientierung und keine Krankheit.
In anderen Ländern, z. B. in Russland, wird das sexuelle Selbstbestimmungsrecht nicht beachtet: 2023 wurde das Gesetz zum Verbot von Geschlechtsumwandlungen verabschiedet.

2.3 Intergeschlechtliche Kinder

Mit der Verabschiedung des **Gesetzes zum Schutz von Kindern mit Varianten der Geschlechtsentwicklung** im Jahre 2021 wurde **§ 1631e BGB** den Bestimmungen über die Ausübung der **elterlichen Sorge** hinzugefügt.
Dieser Paragraf enthält Regelungen zu **Behandlungen an intergeschlechtlichen Kindern,** also an Kindern mit Varianten der Geschlechtsentwicklung.
Es geht dabei um operative Eingriffe an den inneren oder äußeren Geschlechtsmerkmalen eines Kindes, die eine Angleichung des körperlichen Erscheinungsbildes des Kindes an das des männlichen oder des weiblichen Geschlechts zur Folge haben könnten.

Ziel der Regelung ist es:

- das Recht von Kindern auf geschlechtliche Selbstbestimmung zu schützen.,
- Kinder vor unnötigen Behandlungen an den Geschlechtsmerkmalen zu bewahren; insofern enthält das Gesetz ein Verbot zielgerichteter geschlechtsangleichender Behandlungen von Kindern mit Varianten der Geschlechtsentwicklung.

Eltern dürfen in einen operativen Eingriff **nur** dann **einwilligen**, **wenn** dieser Eingriff **nicht** bis zu einer späteren, selbstbestimmten Entscheidung des Kindes **aufgeschoben werden kann.**
Die Einwilligung in einen solchen Eingriff bedarf grundsätzlich der **Genehmigung durch das Familiengericht**.

Eine Ausnahmeregelung gilt für den Fall der Abwehr einer Lebens- oder Gesundheitsgefahr.

Zusammengefasst beinhaltet die sehr detaillierte, umfangreiche Regelung in **§ 1631e BGB**:

- **Behandlungen** von einwilligungsunfähigen Kindern sind **verboten**, wenn diese allein in der Absicht erfolgen sollen, das körperliche Erscheinungsbild des Kindes an das des männlichen oder weiblichen Geschlechts anzugleichen;
- **Operative** Eingriffe mit einer solchen Folge sind nur möglich, wenn sie **nicht** bis zu einer selbstbestimmten Entscheidung des Kindes **aufgeschoben** werden können;
- in der Regel ist eine **familiengerichtliche Genehmigung** dieser operativen Eingriffe erforderlich; dabei wird das Kindeswohl geprüft;
- es kann in einem **vereinfachten Verfahren** entschieden werden, wenn eine interdisziplinäre Kommission den Eingriff befürwortet hat.

2.4 Sterilisation

Sexuelle Selbstbestimmung beinhaltet auch die Freiheit der Entscheidung, die eigene Zeugungsfähigkeit oder Gebärfähigkeit zu beenden. Dies kann durch einen operativen Eingriff der **Sterilisation** erreicht werden.
Bei der **Sterilisation** eines **Mannes** (Vasektomie) werden die beiden Samenleiter im Hodensack durchtrennt und die losen Enden anschließend verschlossen. Dadurch können keine Spermien mehr in die Samenflüssigkeit gelangen. Der Eingriff hat keine Auswirkungen auf die Produktion von Hormonen und Spermien in den Hoden.

Bei der Sterilisation einer Frau werden beide Eileiter verschlossen oder durchtrennt. Dadurch können Eizelle und Spermien nicht mehr zusammenkommen. Eine Befruchtung ist somit nicht mehr möglich.

Soll ein solcher Eingriff bei einem **Kind** vorgenommen werden, stellt sich die Frage, wer in diesem Fall ein Entscheidungsrecht hat. In Bezug auf den Umgang mit dem Geschlecht eines Kindes geht es um die Frage der sexuellen Selbstbestimmung. Der Gesetzgeber hat dies mit der Regelung in **§ 1631c BGB** eindeutig gelöst. **§ 1631c BGB** definiert das umfassende **Verbot der Sterilisation eines Kindes:**

> „Die Eltern können nicht in eine Sterilisation des Kindes einwilligen. Auch das Kind selbst kann nicht in die Sterilisation einwilligen."

Mit Kind ist hier jede Person gemeint, die noch nicht volljährig, also noch nicht 18 Jahre alt ist, **§ 2 BGB.**
Dies leitet sich aus den Vorschriften zur **elterlichen Sorge** ab:
Nach **§ 1626 Abs. 1 BGB** haben die Eltern die elterliche Sorge **für ihr minderjähriges Kind**. Sie haben damit gemäß **§ 1629 BGB** auch da **gesetzliche Vertretungsrecht.** Das bedeutet, die Eltern sind zuständig für alle rechtsgeschäftlichen Entscheidungen, die für das Kind zu treffen sind. Darin enthalten ist auch ihre generelle Befugnis in Rechtsgeschäfte, die das minderjährigen Kindes selbständig ausführt, einzuwilligen und sie damit rechtswirksam zu machen, **§§ 106, 107 BGB.**

Zu dieser Grundregel bedeutet das Verbot der Sterilisation eine Ausnahme.

Die Formulierung in **§ 1631c BGB** ist **eindeutig** und lässt keine Interpretation zu. Der Gesetzgeber will hier sicherstellen, dass keine medizinische Veränderung, die die unwiderrufliche Unfruchtbarkeit eines Menschen zur Folge hat, vor Eintritt in das Erwachsenenalter vorgenommen werden kann.

Um mögliche Zweifel, ob die Entscheidung nicht einem Dritten übertragen werden könnte, von vornherein auszuschließen, nimmt **§ 1631c S. 3 BGB** zusätzlich Bezug auf das Vormundschaftsrecht: „§ 1809 findet keine Anwendung". Diese Formulierung bedeutet, dass für eine derartige Entscheidung auch keine Ersatzperson, also kein Pfleger im Sinne von **§ 1909 BGB**, bestellt werden darf.

2.5 Kastration

Ein weiterer Eingriff in die Sexualität, der zu einer Veränderung des geschlechtlichen Status und des Verhaltens führt, wird durch eine **Kastration** ermöglicht. Unter engen Grenzen und klaren Vorgaben wird diese Möglichkeit durch das **Gesetz über die freiwillige Kastration und andere Behandlungsmethoden** ermöglicht.
Nach **§ 1** dieses Gesetzes ist eine Kastration

> „... eine gegen die Auswirkungen eines abnormen Geschlechtstriebes gerichtete Behandlung, durch welche die Keimdrüsen eines Mannes absichtlich entfernt oder dauernd funktionsunfähig gemacht werden."

Zu den formalen Voraussetzungen für eine **straffreie Kastration** zählen,

- die Vornahme durch einen **Arzt**;
- die **Einwilligung** des Betroffenen;
- der Betroffene muss mindestens **25 Jahre** alt sein;
- der Eingriff muss nach den Erkenntnissen der **medizinischen Wissenschaft** vorgenommen werden;
- für den Betroffenen dürfen **keine körperlichen oder seelischen Nachteile** entstehen können.

Dabei werden an die **Einwilligung** des Betroffenen **erhöhte Anforderungen** gestellt:

- Er muss nach der Vorgabe in **§ 3 KastrG** vor dem Eingriff ausreichend über die Folgen aufgeklärt worden sein.
- Ist er nicht in der Lage, die Auswirkungen des Eingriffs zu übersehen, muss versucht werden, ihm die Hintergründe und Folgen auf seiner Verständnisebene näher zu bringen.
- Ist er total unfähig, den Zusammenhang zu verstehen, darf die Kastration nur durchgeführt werden, um „eine lebensbedrohende Krankheit des Betroffenen zu verhüten, zu heilen oder zu lindern".

Die **wichtigste Grundvoraussetzung** für jede Kastration ist in **§ 2 Abs. 1 Ziff. 2 KastrG** formuliert. Der Eingriff darf generell nur dann vorgenommen werden, wenn er

> „... nach den Erkenntnissen der medizinischen Wissenschaft angezeigt ist, um bei dem Betroffenen schwerwiegende Krankheiten, seelische Störungen oder Leiden, die mit seinem abnormen Geschlechtstrieb zusammenhängen, zu verhüten, zu heilen oder zu lindern".

In einem besonderen **Ausnahmefall** darf dieser schwerwiegende Eingriff ohne die weiteren Voraussetzungen vorgenommen werden, nämlich gemäß **§ 2 Abs. 2 KastrG** immer dann,

> „wenn bei dem Betroffenen ein abnormer Geschlechtstrieb gegeben ist, der nach seiner Persönlichkeit und bisherigen Lebensführung die Begehung rechtswidriger Taten im Sinne der §§ 176 bis 178, 211, 212, 223 bis 227 des Strafgesetzbuches erwarten läßt, und die Kastration nach den Erkenntnissen der medizinischen Wissenschaft angezeigt ist, um dieser Gefahr zu begegnen und damit dem Betroffenen bei seiner künftigen Lebensführung zu helfen."

§ 4 KastrG eröffnet zusätzlich die Möglichkeit, **andere Behandlungsformen** anzuwenden, mit der die Keimdrüsen **nicht auf Dauer funktionsunfähig** gemacht werden sollen, bei denen diese Folge aber auch nicht ausgeschlossen werden kann:

- Diese Behandlungsformen richten sich gegen die „Auswirkungen eines abnormen Geschlechtstriebes eines Mannes oder einer Frau".
- Diese Eingriffe dürfen im Zweifel auch bei jüngeren Personen vorgenommen werden.
- Bei Minderjährigen ist aber immer die Einwilligung des gesetzlichen Vertreters bzw. des Sorgeberechtigten notwendig.
  Dies widerspricht allerdings im Grundsatz der Regelung über die Sterilisation in **§ 1631c BGB**, wonach Eltern nicht in eine Sterilisation einwilligen dürfen und diese damit vor dem 18. Lebensjahr nicht möglich ist.

Die Erstellung eines **Gutachtens** und die Einbeziehung des **Betreuungsgerichts** unter bestimmten Voraussetzungen, **§§ 5 und 6 KastrG**, erhöhen die Anforderungen an einen derartigen weitreichenden Eingriff.

Verbotsregelungen, die mit der Geschlechtlichkeit eines Menschen, also mit seiner Sexualität zu tun haben, beinhaltet auch das **Embryonenschutzgesetz** (ESchG). Straftatbestände sind

- die bewusste künstlich beeinflusste Geschlechtswahl, **§ 3 ESchG**;
- die künstliche Befruchtung ohne Einwilligung des Samenspenders, **§ 4 ESchG**;
- die Übertragung eines Embryos an eine Frau ohne deren Einwilligung, **§ 4 ESchG**;
- die Befruchtung einer Eizelle mit dem Samen eines Mannes nach dessen Tod, **§ 4 ESchG**;
- die künstliche Veränderung menschlicher Keimbahnzellen, **§ 5 ESchG**;
- das Klonen von Menschen, **§ 6 ESchG**;
- eine Chimären- und Hybridbildung, **§ 7 ESchG**.

3 Rituale und Traditionen

3.1 Beschneidungen

Bei ihren Söhnen dürfen Eltern auch nicht erforderliche medizinische Maßnahmen vornehmen lassen. Diese Rechtsposition leitet sich aus ihrem elterlichen Entscheidungsrecht im Rahmen ihrer Personensorge ab (**§ 1626 Abs. 1 i. V. m. § 1629 BGB**). Es handelt sich dabei um den medizinischen Eingriff der sog. **Beschneidung (Zirkumzision).**

Der Eingriff in die „körperliche Unversehrtheit" eines männlichen Kindes darf nur unter bestimmten Vorgaben vorgenommen werden. Insofern sind die Eltern in ihrer Entscheidung nicht völlig frei, das elterliche Entscheidungsrecht wird an dieser Stelle eingeschränkt.

Eine **Beschneidung** bedeutet:

- Es werden **nicht mehr rückgängig zu machende Veränderungen** am **männlichen Geschlechtsteil** im Kindesalter vorgenommen;
- der betroffene Junge kann darauf keinen Einfluss nehmen.

Mit dieser Rechtsbestimmung im Bürgerlichen Gesetzbuch wird den **Wünschen** von **Religionsgemeinschaften** entsprochen, die sich hier auf ihre durch **Art. 4 GG** grundrechtlich geschützte Religionsfreiheit und das damit verbundene Religionsausübungsrecht stützen.

Den **Eltern** obliegt hier **die alleinige Entscheidungsmacht**.
§ 1631d Abs. 1 BGB formuliert dazu:

> „Die Personensorge umfasst auch das Recht, in eine medizinisch nicht erforderliche Beschneidung des nicht einsichts- und urteilsfähigen männlichen Kindes einzuwilligen ..."

Erforderlich ist allerdings, so die fortführende einschränkende Formulierung, dass diese Beschneidung „nach den Regeln der ärztlichen Kunst durchgeführt werden soll" (**§ 1631d Abs. 1 Satz 1 BGB).** Damit entsteht der Eindruck, dass der Eingriff von einem Arzt durchgeführt werden soll.

§ 1631d Abs. 2 BGB macht aber eine **weitere Einschränkung**:

> „In den ersten sechs Monaten nach der Geburt des Kindes dürfen auch von einer Religionsgemeinschaft dazu vorgesehene Personen Beschneidungen ge-

mäß Abs. 1 durchführen, wenn sie dafür besonders ausgebildet und, ohne Arzt zu sein, für die Durchführung der Beschneidung vergleichbar befähigt sind."

Hier wird zur Einschränkung in **§ 1631d Abs. 1 BGB**: „... nach den Regeln der ärztlichen Kunst ..." letztlich der **Normalfall in der Praxis der Religionsgemeinschaften** erlaubt. Mit dieser Regelung wird den religiösen Bräuchen muslimischer und jüdischer Mitbürger entsprochen. Im Judentum symbolisiert die Beschneidung den Bund mit Gott. Das Kind soll an seinem achten Lebenstag beschnitten werden; dies gründet sich auf eine Anweisung in der Thora.

Formal enthält **§ 1631d Abs. 1 S. 2 BGB** eine klare **Begrenzung**. Diese Regelung „gilt nicht, wenn durch die Beschneidung auch unter Berücksichtigung ihres Zwecks das **Kindeswohl gefährdet** ist."

Diese Regelung ist weiterhin umstritten, denn sie stellt immer noch die Religionsfreiheit der Eltern über das Recht des Kindes auf körperliche Unversehrtheit. Insbesondere wird ein Verstoß gegen **Art. 3 Abs. 1 UN-KRK**, (Vorrang des Kindeswohls) angenommen (z. B. Wissenschaftliche Dienste des Bundestags 2018).

Für eine **Beschneidung von Mädchen** (Verstümmelung der weiblichen Genitalien) so, wie sie in einer größeren Anzahl afrikanischer Länder bei 90 % der weiblichen Kinder vorgenommen wird, gibt es nach unserer Rechtsordnung keinerlei Ausnahmeregelungen. Die weibliche Genitalverstümmelung verstößt gegen **Art. 24 Abs. 3 UN-KRK** und deren Folterverbot gemäß **Art. 37 Ziff. a UN-KRK:**

„Die Vertragsstaaten treffen alle wirksamen und geeigneten Maßnahmen, um überlieferte Bräuche, die für die Gesundheit der Kinder schädlich sind, abzuschaffen."

Da sich im Kreis der Unterzeichnerstaaten auch die Staaten Afrikas und des Nahen Ostens finden, in denen diese archaische Tradition weiter praktiziert wird, ergibt sich offenkundig für die UN-KRK eine nur geringe Durchsetzungskraft gegen tradierte regionale Überzeugungen.

In Deutschland wurde im Zusammenhang mit den Straftatbeständen über die Körperverletzung, die in den **§§ 223 ff. StGB** im Einzelnen geregelt sind, **§ 226a StGB** hinzugefügt:

„(1) Wer die äußeren Genitalien einer weiblichen Person verstümmelt, wird mit Freiheitsstrafe nicht unter einem Jahr bestraft.
(2) In minder schweren Fällen ist auf Freiheitsstrafe von sechs Monaten bis zu fünf Jahren zu erkennen."

Diese Taten werden allerdings selten im Inland begangen. Vielmehr verbringen immer wieder in unser Land Geflüchtete ihre weiblichen Kinder zur Durchführung der Beschneidung im Rahmen einer „Urlaubsreise" in das Herkunftsland. Damit entziehen sich die Täter, also diejenigen Personen, die den Eingriff vornehmen, letztlich dem Zugriff der deutschen Justiz.
Die Eltern sind in diesen Fällen allerdings strafrechtlich erreichbar. Die Tat richtet sich ja in derartigen Fällen „... gegen eine Person ..., die zur Zeit der Tat ihren Wohnsitz oder gewöhnlichen Aufenthalt im Inland hat" (**§ 5 Ziff. 9a Unterpunkt b StGB**).

Damit ist eine Strafverfolgung der Eltern im Inland wegen Beihilfe oder Anstiftung zu einer **„Verstümmelung weiblicher Genitalien"** nach **§ 226a StGB** möglich.

Durch **Art. 38** in Verbindung mit **Art. 12 Abs. 5 der Istanbul-Konvention** (dem Übereinkommen des Europarats zur Verhütung und Bekämpfung von Gewalt gegen Frauen und häuslicher Gewalt) ist eine gerichtliche Relativierung der Tat, etwa durch die Anerkennung eines Verbotsirrtums ausgeschlossen. Der „minderschwere" Fall in **§ 226a Abs. 2 StGB** sollte danach faktisch ausgeschlossen sein. Ganz im Gegenteil sollte gemäß **§ 46 StGB strafschärfend** berücksichtigt werden, dass sich die **Tat gegen ein Kind** richtet.
Bereits seit 2011 ist in **Art. 38 Istanbul-Konvention** das Thema **Verstümmelung weiblicher Genitalien** behandelt worden:

> „Die Vertragsparteien treffen die erforderlichen gesetzgeberischen oder sonstigen Maßnahmen, um sicherzustellen, dass folgendes vorsätzliches Verhalten unter Strafe gestellt wird:
> a) Entfernung, Infibulation oder Durchführung jeder sonstigen Verstümmelung der gesamten großen oder kleinen Schamlippen oder Klitoris einer Frau oder eines Teiles davon;
> b) ein Verhalten, durch das eine Frau dazu genötigt oder gebracht wird, sich einer der unter Buchstabe a aufgeführten Handlungen zu unterziehen;
> c) ein Verhalten, durch das ein Mädchen dazu verleitet, genötigt oder dazu gebracht wird, sich einer der unter Buchstabe a aufgeführten Handlungen zu unterziehen."

3.2 „Ehrenmorde" (Femizide)

Mit der bereits angesprochenen Istanbul-Konvention des Europarats **„zur Verhütung und Bekämpfung von Gewalt gegen Frauen und häuslicher Gewalt"** wurde ebenfalls das Problem der **„Ehrenmorde"** thematisiert. Dort wird in der **Präambel,** in der die Zielsetzung dieses Vertrags dargestellt wird, unter anderen Erwägungsgründen ausgeführt:

> „In Anerkennung der Tatsache, dass Gewalt gegen Frauen der Ausdruck historisch gewachsener ungleicher Machtverhältnisse zwischen Frauen und Männern ist, die zur Beherrschung und Diskriminierung der Frau durch den Mann und zur Verhinderung der vollständigen Gleichstellung der Frau geführt haben;
> in Anerkennung der Tatsache, dass Gewalt gegen Frauen als geschlechtsspezifische Gewalt strukturellen Charakter hat, sowie der Tatsache, dass Gewalt gegen Frauen einer der entscheidenden sozialen Mechanismen ist, durch den Frauen in eine untergeordnete Position gegenüber Männern gezwungen werden;
> mit großer Sorge feststellend, dass Frauen und Mädchen häufig schweren Formen von Gewalt wie häuslicher Gewalt, sexueller Belästigung, Vergewaltigung, Zwangsverheiratung, im Namen der sogenannten ‚Ehre' begangener Verbrechen und Genitalverstümmelung ausgesetzt sind, die eine schwere Verletzung der Menschenrechte von Frauen und Mädchen sowie ein Haupthindernis für das Erreichen der Gleichstellung von Frauen und Männern darstellen; ..."

Damit wird anerkannt, dass Gewalt gegen Frauen ein strukturelles gesellschaftliches Problem ist. Strikt geächtet werden daher Femizide in all ihren Ausprägungen, insbesondere Genitalverstümmelungen an Mädchen, Ehrenmorde und Zwangsverheiratungen (genauer dazu: Schönke/Schröder 2019, Anm. 5 zu § 177 StGB).

Fazit:
Als **Femizid** bezeichnete man ursprünglich die vorsätzliche Tötung von Frauen, weil sie Frauen sind. Femizide sind vor dem Hintergrund geschlechtsspezifischer Macht und Hierarchieverhältnisse zu sehen und werden besonders **häufig durch männliche Partner** oder Ex-Partner und männliche **Verwandte** ausgeübt.
Gründe für derartige „**Ehrenmorde**" liegen

- in der Partnerwahl, die als eine Familienangelegenheit gilt;
- in der angeblichen Untreue oder im Trennungsgedanken der Frau in einer „legitimen" Partnerschaft;
- in einem zu „westlichen" Lebensstil;
- oder in einer erlittenen Vergewaltigung einer Frau, die in der Familie als Schande angesehen werden kann.

Verhält sich eine Frau nicht nach den Regeln der patriarchalischen Strukturen ihres Elternhauses, beschmutzt sie nach Auffassung der Täter dessen „Ehre".
Die Zahl der Femizide in Deutschland ist erschreckend hoch: Allein 2020 starben 139 Frauen durch die Hand ihrer Partner, Ex-Partner oder männlicher Verwandter.

In **Art 12 Abs. 1** der **Istanbul-Konvention** verpflichten sich die Vertragsstaaten

> „die erforderlichen Maßnahmen (zu treffen), um Veränderungen von sozialen und kulturellen Verhaltensmustern von Frauen und Männern mit dem Ziel zu bewirken, Vorurteile, Bräuche, Traditionen und alle sonstigen Vorgehensweisen, die auf der Vorstellung der Unterlegenheit der Frau oder auf Rollenzuweisungen für Frauen und Männer beruhen, zu beseitigen".

Grundlegend wichtig ist auch **Art. 12 Abs. 5** der Istanbul-Konvention:

> „Die Vertragsparteien stellen sicher, dass Kultur, Bräuche, Religion, Tradition oder die sogenannte ‚Ehre' nicht als Rechtfertigung für in den Geltungsbereich dieses Übereinkommens fallende Gewalttaten angesehen werden."

Die in einigen Mitgliedsstaaten des Europarats immer noch verbreite Praxis der Justiz, Täter von **Femiziden** wegen der **„Familienehre"** zu exkulpieren, wird damit klar unzulässig. Das stärkt auch die Zivilgesellschaft und verhindert dort Missverständnisse bei der Kultursensibilität. Die Rechtsordnung duldet keine Gewalt gegen andere Personen, die von den Tätern mit Traditionen oder auch der „Ehre" gerechtfertigt werden soll. Auch die Berufung auf die Religionsfreiheit ist unzulässig.

4 Ehe

Das Grundgesetz stellt **in Art. 6 Abs. 1 GG** „Ehe und Familie … unter den besonderen Schutz der staatlichen Ordnung". **Ehe und Familie** sind nach dieser Formulierung zwei verschiedene Institutionen. Die Ehe wird an erster Stelle genannt, weil sie „üblicherweise" die Grundlage, der erste Schritt zur Familiengründung bedeutet. Erst findet die Hochzeit statt, dann kommen irgendwann Kinder zur Welt und damit beginnt Familie.
Hat man diesen Ablauf vor Augen wird klar, dass mit einer Ehe selbstverständlich immer die dauerhafte rechtlich sanktionierte Beziehung zwischen einem Mann und einer Frau gemeint sein muss. Es ist unter diesen Voraussetzungen nicht notwendig, diese offenkundige Selbstverständlichkeit ausdrücklich zu definieren. Für jeden Betrachter ist das klar, was sich aus der menschlichen Natur ableitet: Nur zwei Personen verschiedenen Geschlechts können auf natürlichem Wege gemeinsam „Nachwuchs produzieren". Durch die Geburt ihres Kindes wird die Ehe zur Familie. Genau so ist bisher die Formulierung von **Art. 6 Abs. 1 GG** zu verstehen.

An dieser Stelle setzt die Frage nach der Gleichbehandlung verschiedener sexueller Orientierungen an. **Gleichgeschlechtliche Paare** leben wie ein **„Ehepaar"** zusammen und wollen auch rechtlich wie ein Ehepaar behandelt werden. Der Gesetzgeber hat diesen Wünschen und Forderungen gleichgeschlechtlicher Paare bereits **2001** mit der Verabschiedung des **Gesetzes über die Eingetragene Lebenspartnerschaft (LPartG)** entsprochen. Ab diesem Zeitpunkt konnten diese Paare ihr Zusammenleben, ihre Gemeinsamkeit rechtlich wie ein Ehepaar abgesichert formalisieren. Sie wurden mit dieser Formalisierung allerdings nicht zu einem Ehepaar, sondern zu sog. „eingetragenen Lebenspartnern". Die rechtlichen Folgewirkungen dieser offiziellen Verpartnerung nach dem LPartG orientierten sich allerdings an den rechtlichen Ehewirkungen und wurden in den Folgejahren immer weiter an diese Regelungen in den **§§ 1353 ff. BGB** angepasst. Die Begründung dazu leitete sich aus dem bereits dargelegten Verständnis der in Art. 6 Abs. 1 GG benutzten und gewollten Formulierungen und Wortwahl ab. Die Vertreter der Gruppen von Schwulen und Lesben ließen aber nicht locker; ihnen war diese Rechtsposition zu wenig. Sie kämpften über Jahre dafür, für gleichgeschlechtliche Paare eine vollständige Gleichstellung im Sinne von Art. 3 Abs. 2 GG zu erhalten; sie wollten, dass diese Paare so wie verschiedengeschlechtliche Paare auch nach den Regelungen des bürgerlichen Rechts heiraten können. Im Jahre **2017** wurde ihnen mit dem **„Gesetz zur Einführung des Rechts auf Eheschließung für Personen gleichen Geschlechts"** entsprochen. Die eherechtlichen Regelungen im 4. Buch (Familienrecht) des BGB wurden nur mit einer kleinen, aber entscheidenden Nuance verändert. Nicht bei den Bestimmungen zu den Voraussetzungen (Titel 2: Eingehung der Ehe) für eine Eheschließung, also in den **§§ 1303 ff. BGB,** wurde eine Veränderung vorgenommen. Rechtstechnisch einfacher, wenn auch strukturell-systematisch unpassender unter Titel 5: Wirkungen der Ehe im Allgemeinen wurde **§ 1353 Abs. 1 BGB** leicht umformuliert. Bis zu diesem Zeitpunkt lautete die Formulierung: „Die Ehe wird auf Lebenszeit geschlossen". Die neue, aktuelle Fassung heißt: „Die Ehe wird von zwei Personen verschiedenen oder gleichen Geschlechts auf Lebenszeit geschlossen."

Die immer wieder aufkommende Diskussion zu diesem Thema ist damit an einen Endpunkt gekommen. Gleichgeschlechtliche können so wie Verschiedengeschlechtliche auch zu einem Ehepaar im Sinne des bürgerlichen Rechts werden. Die Eheschließung erfolgt unter den gleichen Voraussetzungen und es gibt keinerlei Unterschiede in den rechtlichen Auswirkungen und den Bezeichnungen für diese Paare.
Das bisherige Lebenspartnerschaftsgesetz hat sich damit überholt. Neue „Lebens-Verpartnerungen" sind nicht mehr möglich; Paaren, die eine eingetragene Lebenspartnerschaft eingegangen waren, wurde die Möglichkeit zum Übergang in die Rechtsform als Ehepaar geschaffen. Die Regelungen des bisherigen **LPartG** gelten nunmehr nur noch für die **„Alt-Paare"**, die keine rechtliche Veränderung vorgenommen haben.

4.1 Ehemündigkeit, Ehefähigkeit

Im Jahre **2017** wurden mit der Veränderung der Regelung zur **Ehemündigkeit** in **§ 1303 BGB** eine wesentliche Änderung zum Schutz von Kindern vorgenommen. Mit dem **Gesetz zur Bekämpfung von Kinderehen** sollen Minderjährige in Deutschland vor zu früher Heirat geschützt werden. Außerdem gelten nun klarere Regeln für den Umgang mit Ehen, die von Minderjährigen nach ausländischem Recht geschlossen wurden. Das Alter für die Ehemündigkeit wird im Interesse des Kindeswohls auf 18 Jahre festgelegt. Eheschließungen sind also nur noch möglich, wenn beide Heiratswillige volljährig sind. Bis zu diesem Zeitpunkt konnte das Familiengericht Minderjährige ab dem 16. Geburtstag vom Alterserfordernis der Ehemündigkeit befreien. Diese Möglichkeit ist entfallen.

Das BVerfG hat aber am 01.02.2023 (Az.: 1 BvL 7/18) **Art. 13 Abs. 3 Nr. 1 EG BGB** wegen Verstoßes gegen **Art. 6 Abs. 1 GG** für verfassungswidrig erklärt und die Fortgeltung bis zu einer Neuregelung des Gesetzgebers, spätestens bis zum 30.06.2024 angeordnet.
Dabei hat das BVerfG die gesetzliche Altersgrenze des 16. Geburtstags als zulässig bestätigt, aber festgestellt, dass die betroffenen Partner dadurch unangemessen in ihrer Ehefreiheit beeinträchtigt werden, dass

> „der Gesetzgeber – mit einer Ausnahme zum Familienasyl (vgl. § 26 Abs. 1 Satz 2 AsylG) – keine besonderen Regelungen zu den Folgen der inländischen Unwirksamkeit der Ehe getroffen und zugunsten bei Heirat minderjährige Ehepartner keine Möglichkeit eröffnet hat, nach Erreichen der Volljährigkeit die Ehe auch inländisch als wirksame Ehe zu führen" (Rn.167).

Geschäftsunfähige können nach **§ 1304 BGB** nicht heiraten, sie sind **nicht ehefähig.** Geschäftsunfähig ist nach **§ 104 Ziff. 2 BGB** derjenige,

> „wer sich in einem die freie Willensbestimmung ausschließenden Zustand krankhafter Störung der Geistigkeit befindet, ...".

Das trifft keinesfalls auf alle **Menschen mit geistigen Behinderungen** zu. Die betroffenen Menschen stoßen in Blick auf ihre Paarbeziehungen und ihr sexuelles Verhalten und Ausleben von Sexualität aber generell an besondere Grenzen. Es wird in Frage gestellt, ob Menschen dieser Personengruppen überhaupt Sexualpartner, und wenn ja, ob sie sich Sexualpartner selbst auswählen „dürfen". Es muss auch gefragt werden, ob sie selbst in der Lage sind, eine Entscheidung zur Eheschließung zu treffen. Das Eherecht sieht in diesem Zusammenhang keine weiteren Einschränkungen vor. Die Entscheidung über die Eingehung einer Ehe ist eine Entscheidung höchstpersönlicher Natur, sie kann deshalb auch nicht durch einen rechtlichen Betreuer vorgenommen werden.

Sexualität ist als Teil der Selbstentfaltung grundrechtlich geschützt; sie steht allen Menschen mit und ohne Behinderungen diskriminierungsfrei zu. Im privaten und auch im fachlichen Bereich wird bei geistiger Behinderung oftmals in Hinblick auf die Ausübung von Sexualität gegengesteuert. Dadurch wird indirekt bewirkt, dass kaum soziale und sexuelle Kontakte stattfinden (können).
Einer solchen Zurückhaltung und Bevormundung steht die **UN-Behindertenrechtskonvention (UN-BRK)** entgegen. Dort haben sich die Vertragsstaaten in **Art. 3 UN-BRK** als Grundsatz darauf geeinigt, Menschen mit Beeinträchtigungen:

> „c) die volle und wirksame Teilhabe an der Gesellschaft und Einbeziehung in die Gesellschaft;
> d) die Achtung vor der Unterschiedlichkeit von Menschen mit Behinderungen und die Akzeptanz dieser Menschen als Teil der menschlichen Vielfalt und der Menschheit; ..."

zu ermöglichen und gemäß **Art. 26 UN-BRK** wirksame Maßnahmen zu treffen um

> „... die volle Einbeziehung in alle Aspekte des Lebens und die volle Teilhabe an allen Aspekten des Lebens zu erreichen und zu bewahren."

Damit werden eine Unterdrückung und Verhinderung sexueller Aktivitäten grundsätzlich unzulässig. Für die betreuenden Fachkräfte wird es deshalb oftmals vor allem um die professionelle Gestaltung von Sexualkontakten ihrer Klienten gehen.
Unterstützungsmöglichkeiten dazu bieten die verschiedenen Angebote von Sexualhilfe und **Sexualassistenz**. Für eine **Kostenerstattung** der Sexualassistenz gibt es bisher **keine Rechtsgrundlage**, jedenfalls nicht über das Eingliederungshilferecht des **SGB IX.**
Das erscheint nicht überzeugend, denn **Leistungen zur sozialen Teilhabe** beschränken sich nicht darauf, Kontakte zur Außenwelt zu knüpfen oder Hilfsmittel zur Bewältigung des täglichen Lebens bereitzustellen. Sie sollten auch das seelische Befinden der betroffenen Person zu verbessern helfen. Sexuelle Bedürfnisse zählen zu den grundlegenden menschlichen Bedürfnissen. Selbstbestimmte Sexualität ist daher die Voraussetzung für eine wirksame und gleichberechtigte Teilhabe.

In diesen Fragen wird sich in den kommenden Jahren einiges weiter entwickeln. So hat aktuell in einem Fall der gesetzlichen Unfallversicherung das SozG Hannover entschieden, dass die Berufsgenossenschaft die Kosten der Sozialassistenz bei einem Opfer eines Arbeitsunfalls übernehmen muss (SozG Hannover vom 11.07.2022, Az.: S 58 U 134/18).

4.2 Zwangsheirat

Die Rechtsordnung stuft den Bereich der Sexualität als einen höchstpersönlichen Rechtsbereich ein. Dies lässt sich auch daraus entnehmen, dass eine **Eheschließung** immer eine **eigenständige höchstpersönliche Entscheidung** ist. Die Regelungen zur Ehefähigkeit, **§§ 1303, 1304 BGB,** lassen keinerlei Mitwirkungsrechte durch Dritte wie zum Beispiel einen Bevollmächtigten oder einen rechtlichen Betreuer nach **§§ 1814 ff. BGB** zu.

§ 1304 BGB konstatiert ganz klar, dass nur derjenige der im Sinne von **§ 104 Ziff. 2 BGB geschäftsunfähig** ist, also „wer sich in einem die freie Willensentscheidung ausschließenden Zustand krankhafter Störung der Geistestätigkeit befindet" eine **Ehe nicht eingehen** kann.

Die betroffenen Menschen können demzufolge in keine Eheschließung einwilligen.
Es ist nicht vorgesehen, dass ein anderer diese Entscheidung für sie übernehmen kann. Dies würde der Form einer **Zwangsheirat** entsprechen. Zu einer derartigen Form einer Eheschließung kann es rechtlich also nicht kommen.

Wird eine **Eheschließung** durch **Drohung** oder mit **Gewalt** erzwungen, legt das Strafgesetzbuch strafrechtliche Konsequenzen fest.

Im achtzehnten Abschnitt des **StGB „Straftaten gegen die persönliche Freiheit"** findet sich neben den Straftatbeständen zum Menschenhandel, Zwangsarbeit, Zwangsprostitution, Menschenraub, Kinderhandel, Nachstellung u.a. seit 2011 auch die Vorschrift zur **Zwangsheirat**, **§ 237 StGB:**

> „(1) Wer einen Menschen rechtswidrig mit Gewalt oder durch Drohung mit einem empfindlichen Übel zur Eingehung der Ehe nötigt, wird mit Freiheitsstrafe von sechs Monaten bis zu fünf Jahren bestraft. Rechtswidrig ist die Tat, wenn die Anwendung der Gewalt oder die Androhung des Übels zu dem angestrebten Zweck als verwerflich anzusehen ist.
> (2) Ebenso wird bestraft, wer zur Begehung einer Tat nach Absatz 1 den Menschen durch Gewalt, Drohung mit einem empfindlichen Übel oder durch List in ein Gebiet außerhalb des räumlichen Geltungsbereiches dieses Gesetzes verbringt oder veranlasst, sich dorthin zu begeben, oder davon abhält, von dort zurückzukehren."

Nicht jede Gewaltanwendung oder Drohung, die zu einer Zwangsheirat führt, ist demnach automatisch mit Strafe belegt; nur dann, wenn diese Vorgehensweise „... zu dem angestrebten Zweck als verwerflich anzusehen ist", ist das der Fall. Daraus lässt sich ableiten, dass nur solche Zwangsverheiratungen gemeint sind, die zur geschlechtlichen Gemeinsamkeit gegen den eigenen Willen führen.

Das, was nach der deutschen Rechtsordnung nach alledem nicht möglich ist, kommt aber in anderen Kulturen und anderen Ländern vor. Es ist Aufgabe unserer Einrichtungen der Jugendhilfe hier aufmerksam Unterstützung zu geben, präventiv aufzuklären und helfend einzugreifen.

4.3 Zölibat

Das Gegenteil von einer Zwangsverheiratung ist das **Zölibat, die Ehelosigkeit**, die die römisch-katholische Kirche ihren Priestern vorschreibt. Diese Rechtsvorschrift gilt seit dem 12. Jahrhundert, zuvor wurde die Ehelosigkeit zwar als Ideal eingestuft, aber nicht zur Pflicht gemacht.
Im katholischen Kirchenrecht heißt es:

> „Die Kleriker sind gehalten, vollkommene und immerwährende Enthaltsamkeit um des Himmelreichs willen zu leben, deshalb sind sie zum Zölibat verpflichtet, das eine besondere Gabe Gottes ist."

Begründet wird das Zölibat mit der Wertschätzung von Keuschheit und Jungfräulichkeit sowie der Dienstfunktion von Geistlichen. Sie sollen sich nicht durch Weltliches von ihrem Auftrag ablenken lassen. Während Familienväter sich um Frau und Kinder sorgen müssten, könne der unverheiratete Priester sich voll und ganz Gott und den Menschen in seiner Gemeinde widmen.

4.4 Doppelehe (Bigamie)

Sexualität ist ein Teil jeder Partnerbeziehung; die Rechtsordnungen gehen allerdings sehr unterschiedlich damit um.

Das bürgerliche Recht verbietet in **§ 1306 BGB** die sog. **Doppelehe**:

> „Eine Ehe darf nicht geschlossen werden, wenn zwischen einer der Personen, die die Ehe miteinander eingehen wollen, und einer dritten Person eine Ehe ... besteht."

Dieser formalen, letztlich moralisch geprägten Vorschrift wird zugleich ein **Straftatbestand** zur Seite gestellt. Wer sich nicht an diese Vorgabe hält, sondern sich trotzdem doppelt verheiratet, dem droht eine Freiheitsstrafe bis zu drei Jahren oder eine Geldstrafe, **§ 172 Abs. 1 StGB.** Diese Strafe trifft beide Partner, die Teil einer Doppelehe sind, **§ 172 Abs. 2 StGB**.

4.5 Polyamorie

Zu unterscheiden ist eine weitere Gestaltung der sexuellen Beziehungen, die „**Polyamorie**". Dabei haben Menschen zeitlich parallel **sexuelle Beziehungen zu mehreren anderen Personen**, egal welchen Geschlechts. Diese rechtlich zulässige Form der sexuellen Entfaltung ist nicht mit der strafbaren „Bigamie" zu verwechseln, die eine unzulässige Doppelehe meint.

4.6 Inzest

Als einen weiteren Eingriff in das sexuelle Selbstbestimmungsrecht sind auch die strafrechtlichen Bestimmungen zum **Beischlaf zwischen Verwandten (Inzest)** zu verstehen. Geschlechtsverkehr zwischen Eltern und ihren Kindern wird gemäß **§ 173 StGB** mit Freiheitsstrafe bis zu 3 Jahren oder mit Geldstrafe bestraft. Kinder, die mit ihren Eltern Geschlechtsverkehr haben, können mit Freiheitsstrafe bis zu 2 Jahren oder mit Geldstrafe bestraft werden, das Gleiche gilt für Geschwister untereinander. Wenn die betreffenden Personen unter 18 Jahre alt sind, werden sie nicht nach dieser Regelung bestraft.

§ 173 StGB ist ein Straftatbestand, der rechtssystematisch nicht zu den Straftaten gegen die sexuelle Selbstbestimmung zählt, sondern in den Abschnitt des StGB eingebettet ist, bei dem es um die **Straftaten gegen den Personenstand, die Ehe und die Familie** geht.
Damit wird auch die Schutzrichtung klar: Die Familie soll nicht durch ein „unnormales" geschlechtliches Verhalten, gemeint ist der Geschlechtsverkehr (Beischlaf) zwischen allen Familienmitgliedern untereinander, aus ihrem eigentlichen natürlichen Familiengefüge gerissen werden.
Hintergrund für diese Regelung ist aber auch die begründete Befürchtung, dass mögliche Inzest-Kinder genetische Probleme aufweisen könnten.

5 Eltern

Mit den Regelungen in Hinblick auf die „Ehe für alle“ ist die immer wieder aufflammende Diskussion der Frage, ob die Ehe eine **Verpflichtung zur Geschlechtsgemeinschaft** mit dem Ziel der Familiengründung beinhaltet und ob dies letztendlich die Verpflichtung zum Geschlechtsverkehr innerhalb der Ehe bedeutet, indirekt beendet worden. Von Natur aus können gleichgeschlechtliche Paare ohne Hilfe von außen keine gemeinsamen Kinder bekommen. Insofern können sie auch nach einer Eheschließung nicht aus Gründen der Familiengründung zum Geschlechtsverkehr verpflichtet sein. Diese nicht verpflichtende Rechtsposition muss dann aber gleichermaßen für verschiedengeschlechtliche Ehepaare gelten. Dies kann man auch aus der Entscheidung des BVerfG zur Neuregelung des Lebenspartnerschaftsgesetzes im Jahr 2002 ableiten (BVerfGE 105, 313-354). Das BVerfG betont immer wieder, dass es den Ehegatten freisteht, wie sie ihre Gemeinschaft leben und ausgestalten.

Da zu einer freiheitlichen Lebensgestaltung auf der Grundlage von **Artt. 2** u. **3 GG** auch die Ausübung der Sexualität zählt, lässt sich auch daraus die **Ablehnung** einer **Pflicht zum Geschlechtsverkehr in der Ehe** ableiten.
Im Grundgesetz wird das Verhältnis der **Eltern** zu ihren Kindern als ein natürliches Recht bezeichnet, **Art. 6 Abs. 2 GG**. Das klingt auf den ersten Blick selbstverständlich; übersehen wird dabei aber, dass nicht immer von vornherein klar erkennbar ist, wer die Eltern des betreffenden Kindes sind. Meint man den Vater und die Mutter, aus deren Erbgut das Kind entstanden ist, also die **biologischen Eltern**? Wie weiß man, wer diese Personen wirklich sind? Ist das entscheidende Kriterium, dass die beiden Personen – in diesem Fall müssten es verschieden geschlechtliche Personen sein – miteinander Geschlechtsverkehr hatten? Die Frau, die zur Mutter wird, könnte im Zeitraum der Empfängnis auch mit mehreren Männern Geschlechtsverkehr gehabt haben, wer ist dann der Vater? Oder wie verhält es sich in den Fällen von **Leihmutterschaft**, von **Samenspenden** oder anderen sich immer weiter entwickelnden Möglichkeiten der Gentechnik? Die Rechtsordnung in unserem Land hat dazu ihre Antworten gefunden – in anderen Staaten wird manches anders gehandhabt.

5.1 Leihmutter, Ersatzmutter

Das **Abstammungsrecht** – es ist Teil des Familienrechts im Bürgerlichen Gesetzbuch – definiert in **§ 1591 BGB** wer im Rechtssinne **Mutter eines Kindes** ist, nämlich „die Frau, die es geboren hat“.

Diese rechtliche Festlegung beinhaltet eine Entscheidung gegen die Anerkennung jeder möglichen Form einer Leihmutterschaft.
Auch in den Fällen, in denen eine Frau das sich entwickelnde Kind, das Embryo, für eine andere Frau austrägt, gilt die Frau, die das Kind zur Welt bringt als die rechtliche Mutter dieses Kindes.
Die Frage, welcher biologische Anteil der beiden Frauen der für das Kind wesentlichere ist, kann nicht rechtlich geklärt werden; dies ist letztlich eine ethische Entscheidung.

Das **Embryonenschutzgesetz – ESchG – verbietet** folgerichtig jede Form von **Leih- oder Ersatzmutterschaft** und stellt sie gleichzeitig unter **Strafe.** Die Strafbarkeit betrifft allerdings nicht die Mutter selbst, sondern sie bezieht sich auf die in diesem Zusammenhang tätig werdenden Ärzte und Vermittler.
In **§ 1 Abs. 1 ESchG** wird die missbräuchliche Anwendung von Fortpflanzungstechniken mit Freiheitsstrafe bis zu drei Jahren oder mit Geldstrafe bestraft.
Es werden sieben verschiedene Varianten im Einzelnen genau beschrieben. Im Endeffekt wird **jede künstliche Variante einer Fortpflanzung unter Strafe gestellt**. Bestraft wird der Täter, also diejenige Person, die den künstlichen Eingriff vornimmt. Nicht bestraft werden

> „… die Frau, von der die Eizelle oder der Embryo stammt, sowie die Frau, auf die die Eizelle übertragen wird oder der Embryo übertragen werden soll, und … die Ersatzmutter sowie die Person, die das Kind auf Dauer bei sich aufnehmen will", **§ 1 Abs. 3 Nrn. 1 und 2 ESchG.**

Die Wunscheltern selbst, also diejenigen, die ihr erwünschtes Kind von einer anderen Frau austragen lassen, machen sich also nicht strafbar.

Eine Definition zur **Ersatzmutter** findet sich auch in **§ 13a Adoptionsvermittlungsgesetz – AdVermG:**

> „Ersatzmutter ist eine Frau, die auf Grund einer Vereinbarung bereit ist,
> 1. sich einer künstlichen oder natürlichen Befruchtung zu unterziehen oder
> 2. einen nicht von ihr stammenden Embryo auf sich übertragen zu lassen oder sonst auszutragen und das Kind nach der Geburt Dritten zur Annahme als Kind oder zur sonstigen Aufnahme auf Dauer zu überlassen."

Eine **Vermittlung** von Ersatzmüttern dieser Art ist nach den **§§ 13b–d AdVermG** ebenfalls **verboten.**

Diese Regelungen verdeutlichen: Die Freiheit der sexuellen Selbstbestimmung stößt hier an die Eckpunkte der Menschenwürde in **Art. 1 GG**. Der Gesetzgeber lässt deshalb nicht alle Wünsche und Veränderungspraktiken beim Vorgang der

Entstehung eines Menschen zu. Die Diskussion zu diesen Fragen hört nicht auf; der Ethikrat der Bundesrepublik Deutschland ist mit in der Verantwortung, den richtigen Weg unter Abwägung aller Rechtspositionen zu zeigen.
In der Ukraine etwa ist Leihmutterschaft im Sinne des **§ 13a AdVermG** zulässig. Nach Beginn des Krieges gegen die Ukraine im Jahr 2022 konnten einige Hundert von Leihmüttern ausgetragene Kinder nicht mehr an die „bestellenden“ Eltern aus vielen Staaten, auch aus Deutschland, übergeben werden.

5.2 Abtreibung

Als staatlichen Eingriff in den freien Umgang mit der eigenen Sexualität muss man auch die Strafbestimmungen zum **Schwangerschaftsabbruch**, geregelt in den **§§ 218 ff. StGB** sowie im **Schwangerschaftskonfliktgesetz – SchKG**, einordnen.
Nach unserer Rechtsordnung bleibt es einer werdenden Mutter nicht freigestellt nach eigenem Gutdünken mit Ihrer Schwangerschaft umzugehen. Es geht hier um den Konflikt der Rechtsposition der Mutter nach **Artt. 2 Abs. 1 und 3 GG** und dem Recht auf Leben für das werdende Kind nach **Art. 2 Abs. 1 GG.** Aus diesem Grund sind die Bestimmungen über den Schwangerschaftsabbruch im Strafgesetzbuch unter dem Abschnitt mit der Überschrift **„Straftaten gegen das Leben“** zu finden. Nach den Paragrafen über Mord und Totschlag folgen als nächstes die detaillierten Strafbestimmungen für den Fall einer Abtreibung.

Folgerichtig lautet zunächst die **Grundbestimmung** in **§ 218 Abs. 1 StGB:**

> „Wer eine Schwangerschaft abbricht, wird mit Freiheitsstrafe bis zu drei Jahren oder mit Geldstrafe bestraft.“

Angesprochen ist hier die Person, die den Schwangerschaftsabbruch bei der schwangeren Frau durchführt, nicht die Frau selbst, die diesen Vorgang mit sich geschehen lässt. Ist sie selbst die Täterin, was bedeutet, dass sie den Abbruch selber durchführt, dann wird sie nach **§ 218 Abs. 3 StGB** ebenfalls als Täterin behandelt, allerdings – wegen ihrer persönlichen Betroffenheit – lautet hier die Strafandrohung nur auf „Freiheitsstrafe bis zu einem Jahr oder Geldstrafe“. Die Rechtsordnung grenzt in den nachfolgenden Regelungen genau ein, welche Voraussetzungen vorliegen müssen, damit der Abbruch einer Schwangerschaft nicht unter Strafe gestellt wird. Es wird festgelegt, dass ein Schwangerschaftsabbruch nur innerhalb einer bestimmten Zeitspanne und nur von einem Arzt vorgenommen werden darf. Die Schwangere muss mit diesem Eingriff einverstanden sein und sie muss sich vorher nach den Vorgaben in **§ 219 StGB** in Verbindung mit den Regelungen im **SchKG** beraten lassen.

„Mein Bauch gehört mir“ war der Schlachtruf der Frauen in den 1970er Jahren, die sich damals vehement für eine Liberalisierung des Abtreibungsrechts stark machten.

Das „**Gesetz zur Vermeidung und Bewältigung von Schwangerschaftskonflikten – Schwangerschaftskonfliktgesetz**“ stammt von 1992. Die Diskussion zur Veränderung einzelner Strafrechtsbestimmungen in den letzten Jahren drehte sich um die Frage des Werbeverbots für Abtreibungs-Ärzte, **§ 219a StGB.** Diese Vorschrift wurde mit Wirkung ab 19.07.2022 aufgehoben.

5.3 Vaterschaft

Die Klärung der Vaterschaft ist wesentlich komplizierter als die Frage der Mutterschaft. Um sicher zu sein, wer nun der biologische Vater eines Kindes ist, müsste sich jeder „Anwärter“ auf eine Vaterschaft einer genetischen Feststellung unterziehen. Denn dies ist letztlich der einzige Weg, mit dem die wirkliche Vaterschaft geklärt werden könnte.

Der Gesetzgeber hat sich gegen diesen Weg entschieden und unterscheidet deshalb ganz klar zwischen der biologischen, der rechtlichen und auch der sozialen Vaterschaft:

- **Biologischer Vater** ist der Erzeuger der männlichen Keimzellen für die Zeugung des Kindes.
- **Sozialer Vater** ist der Mann, der tatsächlich umfassend Sorge und Verantwortung für das Kind übernimmt.
- **Rechtlicher Vater** ist derjenige, der rechtlich die Verantwortung für das Kind hat.

Zur Klärung dieser Frage bietet das Gesetz mit den Regelungen im BGB **drei Varianten** an, die sich an der grundrechtlichen Ausgangslage des **Art. 6 Abs. 1 GG** orientieren: „Ehe und Familie stehen unter dem besonderen Schutz der staatlichen Ordnung.“

1. Variante:

- **§ 1592 Ziff. 1 BGB** bezieht auf dieser Grundlage die rechtliche Zuordnung des Vaters allein auf die Ehe. Der **Ehemann** ist **immer Vater** des Kindes, das während des Bestehens dieser Ehe geboren wird.
  Es spielt bei dieser Form der Vaterschaft keine Rolle, ob dieser Ehemann tatsächlich der biologische-genetische Vater ist.

- Der Ehemann hat aber die Möglichkeit, diese Vaterschaft durch **Anfechtung** zu beseitigen, **§ 1599 BGB.**
- Das Kind wird dem Ehemann auch dann zugerechnet, wenn er bei der Geburt des Kindes bereits verstorben war, **§ 1593 BGB.**

2. Variante:

- Sind die Eltern bei der Geburt des Kindes **nicht miteinander verheiratet** besteht nach **§ 1592 Ziff. 2 BGB** für den **Vater** die Möglichkeit, das Kind als sein Kind anzuerkennen.
  Dabei kommt es nicht darauf an, ob der anerkennende Mann tatsächlich der biologische Vater des Kindes ist. Dies wird nicht überprüft, sondern die **Anerkennung** wird dann wirksam, wenn alle förmlich vorgesehenen Voraussetzungen vorliegen, **§ 1598 BGB**.
- Eine Anerkennungserklärung kann allerdings nur dann Wirksamkeit entfalten, wenn kein anderer Mann (noch) der rechtliche Vater des Kindes ist, **§ 1594 Abs. 2 BGB**.

3. Variante:

- Nur in den Fällen, in denen nach einer der beiden ersten Varianten noch keine Vaterschaft für das Kind begründet wurde, erfolgt nach **§ 1592 Ziff. 3 BGB** eine **Feststellung der Vaterschaft** durch das Familiengericht, **§ 1600d BGB** und **§§ 169 ff. FamFG**.
- Der **Antrag** für eine Vaterschaftsfeststellung kann von der Mutter oder dem Kind ausgehen oder eben von dem Mann, der sich für den Vater hält.
- Nach der Grundregelung in **§ 1600d Abs. 2 BGB** wird zunächst vermutet, dass der Mann, der „der Mutter während der Empfängniszeit beigewohnt hat" (also derjenige, der mit ihr Geschlechtsverkehr hatte), der Vater des Kindes ist. Nach **§ 1600d Abs. 3 BGB** gilt als Empfängniszeit der Zeitraum vom „300. bis zum 181. Tag vor der Geburt …".

Aus alledem kann abgeleitet werden: Zu einer **DNA-Analyse** oder einem Blutgruppengutachten kommt es **nur in Zweifelsfällen**,

- wenn der Zeitpunkt des Geschlechtsverkehrs nicht eindeutig festzustellen ist oder
- wenn die Mutter während der Empfängniszeit mit mehreren Männern Geschlechtsverkehr hatte.

Nachdem das Familiengericht eine Vaterschaft gerichtlich festgestellt hat, ist eine Anfechtung der Vaterschaft nicht mehr möglich. Gegen die Entscheidung des Gerichts kann mit den üblichen Rechtsmitteln (Berufung, Revision) vorgegangen werden.

Unabhängig von einer möglichen Vaterschaftsfeststellungsklage haben alle Beteiligten (Vater, Mutter, Kind) untereinander einen Anspruch auf **Klärung der genetischen Abstammung.**
Hier gelten die besonderen Regelungen des **§ 1598a BGB**: Ein **Abstammungsgutachten** nach **§ 1598a BGB** entfaltet **keine unmittelbare Wirkung**. Es dient lediglich der **Information** der Betroffenen.

Dem **biologischen Vater** hat der Gesetzgeber nur über ein besonderes **Anfechtungsrecht** die Möglichkeit zur Einflussnahme gegeben. Nach **§ 1600 Abs. 1 Ziff. 2 BGB** ist dies dann möglich, wenn „der Mann … an Eides statt versichert, der Mutter des Kindes während der Empfängniszeit beigewohnt zu haben".

Diese Anfechtung setzt nach **§ 1600 Abs. 2 BGB** allerdings zusätzlich voraus,

> „dass zwischen dem Kind und seinem Vater im Sinne von Absatz 1 Nr. 1 (Ehemann oder Vaterschaft durch Anerkennung) keine sozial-familiäre Beziehung besteht oder im Zeitpunkt seines Todes bestanden hat und dass der Anfechtende leiblicher Vater des Kindes ist."

Die Einzelheiten dazu werden in **§ 1600 Abs. 3 BGB** definiert.

Über **§ 1686a BGB** werden dem biologischen oder **leiblichen Vater Umgangs- und Auskunftsrechte** an dem Kind, für das die Vaterschaft eines anderen Mannes besteht eingeräumt, wenn er ein „ernsthaftes Interesse an dem Kind gezeigt hat".

Für den **sozialen Vater** oder auch die **soziale Mutter** eröffnet **§ 1687b BGB** die Möglichkeit zur „Mitentscheidung in Angelegenheiten des täglichen Lebens des Kindes".
Diese Regelung bezieht sich nur auf den „Ehegatten eines alleinsorgeberechtigten Elternteils, der nicht Elternteil des Kindes ist".

5.4 Zwei Mütter, zwei Väter

In Bezug auf eine Eheschließung gleichgeschlechtlicher Paare nach **§ 1353 BGB** stellt sich rechtlich die Frage, ob ein Kind, das während der bestehenden Ehe von zwei weiblichen Ehepartnern zur Welt kommt, damit automatisch zwei Mütter, aber keinen Vater hat?

Die Antwort auf diese Frage lässt sich aus den Bestimmungen zum Abstammungsrecht begründen:

- Nach **§ 1591 BGB ist Mutter** eines Kindes immer diejenige Frau, die das Kind geboren hat.
- Die **Vaterschaft** wird nach § **1592 BGB** bestimmt. **Ziff. 1** dieser Vorschrift bestimmt, dass bei verheirateten Paaren bei Geburt eines Kindes der Ehemann automatisch der Vater dieses Kindes ist.
- Dieser Paragraf passt nicht, da bei zwei miteinander verheirateten Frauen keiner der Ehepartner männlich ist. Das heißt, es bleibt bei der ursprünglichen Regelung: Die Frau, die das Kind zur Welt bringt, ist seine Mutter. Da **§ 1592 Ziff. 1 BGB** nicht greifen kann, wird derjenige Mann zum Vater des Kindes, der die Vaterschaft anerkennt oder der als Vater festgestellt wird, **§ 1592 Ziff. 2** und **3 BGB.** Das Kind hat rechtlich also nicht deshalb zwei Mütter, weil seine rechtliche Mutter mit einer Frau verheiratet ist.

Eine vergleichbare Situation kann bei einer gültigen Ehe zwischen zwei Männern nicht eintreten, da keiner der beiden im Sinne von **§ 1591 BGB** biologisch Mutter werden kann.
Rechtsfragen ergeben sich bei Geschlechtsumwandlungen. Ein **Trans-Mann** kann biologisch schwanger werden.
Das Berliner Kammergericht hat am 30.10.2014 (AZ: 1 W 48/14) entschieden, dass ein transsexueller Mann, der früher eine Frau war, weiter die Mutter seines Kindes bleibt und als solche auch im Geburtenregister eingetragen bleibt. Das Transsexuellengesetz halte auch nach einer Geschlechtsumwandlung daran fest, dass der Status der biologischen Mutter oder des leiblichen Vaters des Kindes unberührt bleibt. Dadurch würden auch die Grundrechte des Kindes nicht eingeschränkt.

6 Sexarbeit

Bis vor knapp 25 Jahren war Sexarbeit unter der Bezeichnung **Prostitution „sittenwidrig"**, u. a. mit der Folge der Nichtigkeit der Entgeltvereinbarung, **§ 138 Abs. 1 BGB:**

> „Ein Rechtsgeschäft, dass gegen die guten Sitten verstößt, ist nichtig."

Das hieß im Ergebnis, eine Prostituierte konnte den mit ihrer sexuellen Dienstleistung erarbeiteten Lohn rechtlich nicht mit Erfolg einfordern.

Diese rechtliche Einordnung, die Prostituierte systematisch der Willkür der Kunden aussetzte, beruhte auf einer grundlegenden Gerichtsentscheidung des **Reichsgerichts** aus dem Jahr **1901** (RGZ 48, S. 114, 124): Danach wurde der Begriff der „guten Sitten" in § 138 BGB als „das Anstandsgefühl aller billig und

gerecht Denkenden" definiert. Dieses sog. „gesunde Volksempfinden" hat in der Rechtsprechung das 20. Jahrhundert überdauert.
Das Bundesverwaltungsgericht hat noch 1965 (BVerwGE 22, 286, 289) die Prostitution als „gemeinschaftsschädlich" eingestuft.
Erstmals im Jahr 2000 urteilte ein Verwaltungsgericht (Berlin), dass Prostitution heute nicht mehr als sittenwidrig anzusehen ist (VG Berlin vom 01.12.2000, Az. 35 A 570.99).
Der Europäische Gerichtshof hat der Doppelmoral „aller billig und gerecht Denkender" dann 2001 höchstrichterlich ein Ende gemacht, indem er die Prostitution als selbstständige Erwerbstätigkeit anerkannt hat (EuGH vom 20.11.2001, Az. Rs. C-268/99).

6.1 Rechtsgrundlagen

Was wir heute als **Sexarbeit** bezeichnen, ist weiterhin das, was Prostitution seit jeher meint:
Sexarbeit bedeutet das Vornehmen sexueller Handlungen gegen ein vorher vereinbartes Entgelt, **§ 1 Satz 1 Prostitutionsgesetz – ProstG.**

Mit diesem **Gesetz zur Regelung der Rechtsverhältnisse der Prostituierten,** das am 01.01.2002 in Kraft getreten ist, wurde in nur drei Paragrafen klargestellt, dass Prostitution nicht mehr als sittenwidrig eingestuft wird:
Sexarbeit/Prostitution ist also seitdem **legal**.
Die Erwerbstätigkeit der Prostitutierten, die Sexarbeit, unterliegt genauen arbeitsrechtlichen Regelungen, die vor allem dem Schutz der Dienstleister, also den Prostituierten, dienen sollen.
Ziel des ProstG ist es, die Verbesserung der Situation für Sexarbeiterinnen durch die Stärkung ihres Selbstbestimmungsrechts und die Gewährleistung eines besseren Schutzes vor Ausbeutung, vor Zuhälterei, vor Gewalt und vor Menschenhandel zu erreichen. Außerdem sollen die ordnungsrechtlichen Instrumente zur Überwachung des Prostitutionsgewerbes verbessert werden und gefährliche Erscheinungsformen dieses Gewerbes ausgeschlossen werden.

Sexarbeit ist vielschichtig, sie tritt in sehr unterschiedlichen Erscheinungsformen auf. Sexarbeit ist kein Beruf wie jeder andere, denn es wird nicht nur die Arbeitskraft gegen Entgelt eingesetzt, sondern der Körper selbst, und trotzdem ist es für die Handelnden meist eine Erwerbstätigkeit. Die in der Prostitution Tätigen kommen unausweichlich in sehr engen körperlichen Kontakt mit ihren Kunden. Das macht es für sie sehr schwierig, sich trotzdem gegen diese abzugrenzen, um die eigenen Rechte zu wahren und achtsam mit der eigenen sexuellen Selbstbestimmung umgehen zu können.

Die **Dienstleistung nach dem ProstG** besteht in der sexuellen Handlung an oder vor mindestens einer anderen anwesenden Person oder im entsprechenden Zusagen einer solchen Handlung gegen ein Entgelt. Vorführungen mit rein darstellerischem Charakter, z. B. ein Tabledance, werden davon nicht erfasst. Im Rahmen dieses Arbeitsverhältnisses entstehen entsprechende Rechtsansprüche zwischen den Prostituierten und deren Kunden. Üblicherweise wird vorab festgelegt, wie und auf welche Weise die Erbringung von sexuellen Dienstleistungen erfolgen soll.
Das ProstG stellt klar, dass Prostituierte – so wie andere Dienstleister auch – durch das Erbringen der vereinbarten sexuellen Dienstleistung einen Anspruch auf die vereinbarte Gegenleistung erwerben.
Die Regelung dazu in **§ 1 Satz 1 ProstG** lautet:

> „Sind sexuelle Handlungen gegen ein vorher vereinbartes Entgelt vorgenommen worden, so begründet diese Vereinbarung eine rechtswirksame Forderung."

Auf der Grundlage dieser gesetzlichen Formulierung können Prostituierte ihrer Berufstätigkeit als Sexarbeiter ungehindert und rechtlich abgesichert nachgehen. Die Regelungen sind so gefasst, dass sie als Handelnde nicht in eine Abhängigkeit vom Vertragspartner geraten können.
Mit diesem ersten Satz dieser Bestimmung wird festgelegt, dass die Vereinbarung über ein Entgelt für eine sexuelle Handlung dann eine Forderung begründet, wenn diese sexuelle Handlung „vorgenommen wurde"; der Vertragspartner, der Kunde, wird dann zahlungspflichtig.

Für die Fälle, in denen nicht selbständig, sondern unter Abhängigkeit gearbeitet wird, geht **§ 1 Satz 2 ProstG** noch weiter:

> „Das Gleiche gilt, wenn sich eine Person, insbesondere im Rahmen eines Beschäftigungsverhältnisses, für die Erbringung derartiger Handlungen gegen ein vorher vereinbartes Entgelt für eine bestimmte Zeitdauer bereithält."

Danach müssen die Betreiber der Einrichtung, für die die Prostituierten tätig sind, das vereinbarte Entgelt bezahlen unabhängig davon, ob Kundschaft da war, also unabhängig davon, ob die sexuelle Handlung, also die Sexarbeit, tatsächlich durchgeführt wurde. Dies ist daraus abzulesen, dass sich die Prostituierte „… bereithält". In dieser Formulierung liegt der entscheidende Schritt weg von der stigmatisierenden Sittenwidrigkeit hin zu einem gegenseitigen Vertrag.

6.2 Schutzrechte

Der Schutz und die Unterstützung für Prostituierte müssen sich an ihrer besonderen Situation orientieren. Prostituierte leiden häufig unter Gewalterfahrungen und gesundheitlichen Problemen und sind oft von unzumutbaren Arbeitsbedingungen und Ausbeutung betroffen. Die Lebensrealität der Prostituierten bewegt sich vielfach in Graubereichen, in denen die Motivation zur Prostitution, die Lebenslagen und Biografien ebenso wie der Kontext und die Erscheinungsformen differieren. Gleichgültig in welcher Position sich Prostituierte befinden, sie werden nach wie vor offen oder „hinter vorgehaltener Hand" stigmatisiert und diskriminiert. Dabei ist ihre Dienstleistung von beträchtlicher gesellschaftlicher Bedeutung, z. B. auch bei der Verwirklichung des Rechts auf sexuelle Selbstbestimmung von Menschen mit Behinderungen.

Ursprünglich gab es nur das ProstG. Mit dem weitergehenden, 2017 in Kraft getretenen **Gesetz zur Regulierung des Prostitutionsgewerbes sowie zum Schutz von in der Prostitution tätigen Personen – ProstSchG** soll nunmehr die gesamte Lebenssituation von Sexarbeiterinnen in den Schutzbereich mit einbezogen werden.

Wesentliche Kernelemente dieses Gesetzes sind:

- die neu geschaffene Anmeldepflicht;
- die verbindliche gesundheitliche Beratung beim Gesundheitsamt;
- die Einführung einer Erlaubnispflicht für den Betrieb eines Prostitutionsgewerbes.

Die **Anmeldung** als Prostituierte ist **mit** einem **Informations- und Beratungsgespräch** verknüpft. Dies muss persönlich erfolgen, und zwar bei der zuständigen Behörde des Ortes, wo man künftig tätig sein will. Diese ausdrücklich vorgeschriebene persönliche Kontaktaufnahme mit der zuständigen Behörde soll einen verlässlichen Zugang für die Prostituierten zu Grundinformationen über die eigenen Rechte und Pflichten gewährleisten.
Prostituierte können sich für ihre Tätigkeit eine **Alias-Bescheinigung** ausstellen lassen, sie müssen also nicht unter ihrem Namen arbeiten.
Die Anmeldung dient auch dazu, mögliche Formen von **Zwangsprostitution zu verhindern** oder zumindest einzudämmen. Der jeweilige Behördenvertreter ist angehalten auf die verborgenen Signale besonders zu achten.
Zusätzlich gilt eine **Kondompflicht,** bei deren Zuwiderhandlungen hohe Bußgelder angedroht sind. Mit dieser Regelung ist auch die Kundschaft der Prostituierten mit in die Regelungen des **ProstSchG** einbezogen worden.

Außerdem enthält das Gesetz **hohe Anforderungen an den Betrieb einer „Prostitutionsstätte“**. Die einzelnen Regelungen sind sehr detailliert und dienen zum einen dem Schutz der Prostituierten; sie dienen aber auch dem Schutz der Allgemeinheit, also dem jeweiligen gesellschaftlichen Umfeld:

- Arbeitsräume dürfen von außen nicht einsehbar sein;
- sie müssen über ein Notrufsystem verfügen;
- sie müssen jederzeit von innen geöffnet werden können;
- sie dürfen nicht gleichzeitig für sexuelle Dienstleistungen und als Schlaf- oder Wohnräume genutzt werden.

Die Einzelheiten dazu finden sich in **§ 18 ProstSchG**.

Prostituierte sind wie andere Arbeitnehmer verpflichtet, eine **Krankenversicherung** abzuschließen und **Steuern** zu zahlen. Generell arbeiten Prostituierte auch dann, wenn sie in einem Beschäftigungsverhältnis stehen, **in eigener Verantwortung.** Sie legen gemeinsam mit den Kunden fest, welche sexuellen Handlungen zu erbringen sind. Die Betreiber der jeweiligen Einrichtung haben dabei kein Mitspracherecht.
Vereinbarungen zwischen den Betreibern und Prostituierten müssen immer schriftlich erfolgen.
Das Gesetz legt auch fest, dass Leistung und Gegenleistung in einem angemessenen Verhältnis stehen müssen. Den Prostituierten steht dafür ein Einsichtsrecht in das Betriebskonzept zu.
Die Erteilung der Erlaubnis für den **Betrieb eines Prostitutionsgewerbes** ist an die Erfüllung bestimmter **Mindestanforderungen** und an die persönliche Zuverlässigkeit des Betreibenden gebunden. Betreibende erhalten strenge Auflagen. Bei Verstößen drohen hohe Bußgelder.

6.3 Straftatbestände

Das Strafgesetzbuch beinhaltet mit den **§§ 180a und 181a StGB** Tatbestände, die die Betreiber von Prostitutionseinrichtungen in die Verantwortung nehmen. Unter der Überschrift „**Ausbeutung von Prostituierten**“ werden diejenigen Betreiber bestraft, die Prostituierte in ihrem Betrieb in **persönlicher** oder **wirtschaftlicher Abhängigkeit halten, § 180a StGB**. Zusätzlich meint **§ 181a StGB** mit „**Zuhälterei**“ diejenigen Personen, die Prostituierte auf besondere Weise ausbeuten, indem sie von ihnen finanziell oder persönlich in ein Abhängigkeitsverhältnis gebracht werden. Diese Straftat wird mit Freiheitsstrafe von sechs Monaten bis zu fünf Jahren bestraft.

Handelt es sich um Verhaltensweisen, mit denen nach ähnlichen Abhängigkeitsmustern Personen aus einem Drittland außerhalb der EU die Prostitution als Zukunftschance in Deutschland aufgedrängt wird, werden diese handelnden Personen wegen **Menschenhandels nach § 232 StGB** bestraft.
Als eine noch schwerere Straftat wird die in **§ 232a StGB geregelte Zwangsprostitution** geahndet, bei der es nicht nur um wirtschaftliche Ausbeutung, sondern zusätzlich um sexuelle Ausbeutung geht.
Für die Bundesländer besteht die **Möglichkeit zu Sonderregelungen**. Die Kommunen können zudem über die sogenannten Sperrgebietsverordnungen Bereiche festlegen, in denen Sexarbeit nicht erlaubt ist.

Verstöße gegen derartige Festlegungen werden nach **§ 184f StGB** bestraft:

> „Wer einem aufgrund einer Rechtsverordnung erlassenen Verbot, der Prostitution an bestimmen Orten überhaupt oder nur zu bestimmten Tageszeiten nachzugehen, beharrlich zuwiderhandelt, wird mit Freiheitsstrafe bis zu sechs Monaten oder mit Geldstrafe bis zu einhundertachtzig Tagessätzen bestraft."

Eine **Verschärfung** dieser Bestrafung ist zusätzlich möglich, wenn **Kinder oder Jugendliche,** z. B. durch die Nähe einer Schule, besonders „sittlich gefährdet" werden, **§ 184g StGB.**

In diesem Zusammenhang ist zudem die sog. **„Loverboy-Methode"** zu erwähnen: Meist junge Männer täuschen eine Liebesbeziehung zu jungen Frauen vor, um damit eine emotionale Abhängigkeit zu erreichen. Ihr Ziel ist es, die Frauen in die Prostitution zu bringen, um sich selbst dann an diesen Einkünften bereichern zu können.

Diese Vorgehensweise ist **strafrechtlich nicht** von Relevanz, da es sich letztlich nur um eine Art Anbahnungsstrategie handelt. Mehr als 20 % der Opfer von Menschenhandel zum Zweck der sexuellen Ausbeutung haben nach den Daten im Jahr 2022 angegeben, Opfer dieser Loverboy-Strategie geworden zu sein (BKA 2022, S. 9 ff.).

Insgesamt gesehen bieten die gesetzlichen Regelungen eine breite Palette von Schutzmaßnahmen für Sexarbeiter. Wie viele Personen davon letztlich betroffen sind, wie viele Personen diesen Beruf wirklich ausüben, ist nach wie vor nicht gesichert feststellbar. Ende 2020 waren rund 24.900 Personen als Prostituierte gemeldet. Die Dunkelziffer ist nicht qualifiziert abschätzbar.

6.4 Aktuelle Entwicklung

Die CDU/CSU-Fraktion im Deutschen Bundestag ist zu der Einschätzung gelangt, dass die Regelungen des Prostitutionsschutzgesetzes die soziale Situation der Sexarbeiterinnnen und Sexarbeiter nicht verbessert haben. Sie hat dazu am 7.11.2023 ein Positionspapier vorgelegt, das als Neuregelung ein strafbewehrtes Sexkaufverbot vorsieht, wie es in einigen europäischen Ländern bereits praktiziert wird.

Die Vorlage ist auf Kritik des „Bündnis der Fachberatungsstellen für Sexarbeiterinnen und Sexarbeiter" (bufaS e.V.) gestoßen. Dort wird beanstandet, dass durch ein solches Verbot den Sexarbeitenden die Existenzgrundlage entzogen werde.

Gesetzgeberische Konsequenzen sind konkret aber erst dann zu erwarten, wenn die im Prostitutionsschutzgesetz vorgesehene Evaluation abgeschlossen und ausgewertet ist. Das wird wohl nicht vor Ende 2025 der Fall sein.

C Straftaten gegen die sexuelle Selbstbestimmung

Der dreizehnte Abschnitt des Strafgesetzbuchs trägt die Überschrift: **Straftaten gegen die sexuelle Selbstbestimmung**.

Dieser Abschnitt umfasst aktuell die **§§ 174–184l StGB**. Diese Regelungen beinhalten den Kernbereich des Sexualstrafrechts.
In den vergangenen Jahren gesellschaftlicher Entwicklungen wurden schrittweise immer wieder Änderungen vorgenommen, um möglichst alle Formen von Angriffen gegen die sexuelle Selbstbestimmung mit diesen Straftatbeständen erfassen zu können.

Zu den Sexualdelikten, die unabhängig vom Alter der Opfer betraft werden, zählen in erster Linie Straftaten, die verbunden sind mit dem Missbrauch widerstandsunfähiger Personen und mit dem Missbrauch aus einer besonderen beruflichen Stellung heraus.
Weitere Straftaten ergeben sich aus der besonderen Schutzbedürftigkeit von minderjährigen Personen.

Die wichtigsten Varianten dieser Strafbestimmungen werden im Nachfolgenden erläutert.

Auch ein sehr differenziertes Strafrecht kann nicht alle Lebenssituationen sinnvoll lösen. Es ergeben sich immer wieder Situationen, in denen es schwer ist, ein bestimmtes Tatverhalten als Straftat einzuordnen. Die nachfolgenden Beispiele sollen dies veranschaulichen.

Beispiele:

- Eine männliche Lehrkraft an einer Schule für geistig Behinderte – 27 Jahre alt und überdurchschnittlich intelligent – leidet abnorm unter Kontaktscheue und Versagensängsten. In einer Behindertengruppe, die er betreute, befand sich B, ein fast 15 Jahre altes, körperlich voll entwickeltes Mädchen. Es litt an einer geistigen Behinderung und damit einhergehend an einer autistischen Erkrankung. Sie lebte in extremer Selbstbezogenheit und hatte in ihrer affektiven Entwicklung nur den Stand eines einjährigen Kindes erreicht. Der Lehrer verliebte sich in das Mädchen, weil er in ihr einen psychisch verwandten Menschen sah. Er wollte ihr durch eine Therapie helfen. Die Eltern lehnten jedoch ab. Der Lehrer entführte daher das Mädchen, um die Therapie durchzuführen und bei einem Erfolg der Therapie die Zustimmung der Eltern für ein Zusammenleben zu erhalten. Das Mädchen war aufgrund ihres psychischen Zustandes nicht in der Lage, sich zu widersetzen. Der Lehrer reiste mit dem Mädchen 14 Tage bis zu seiner Festnahme im PKW umher. In dieser Zeit unternahm der Lehrer kontinuierlich Therapieversuche und es kam zu sexuellen Handlungen, auch mehrfach zum Geschlechtsverkehr, den das Mädchen als angenehm empfand.

- Eine Frau schenkte einem 16-jährigen Jungen zunächst 2 Gramm Haschisch. Später löste sie heimlich eine oder mehrere Oxazepam-Tabletten in einer Bierdose auf, aus der der Jugendliche trank. Die Frau hatte die Absicht, den Jungen in einen Zustand der Widerstandsunfähigkeit zu versetzen, um dann mit ihm geschlechtlich verkehren zu können. Sie führte mit dem „völlig weggetretenen" willenlosen Jungen mindestens einmal den Geschlechtsverkehr bis zum Samenerguss aus.
- Eine Justizvollzugsbeamtin (Leiterin der Arbeitstherapiegruppe) hat sich sexuell mit einem Gefangenen eingelassen. Zwischen der Beamtin und dem Gefangenen entwickelte sich – bevor es zu den sexuellen Handlungen kam – eine Liebesbeziehung. Der Gefangene hatte als Zeuge in dem Prozess gegen die Beamtin ausgesagt, dass sie „Partnerin" einer Liebesbeziehung und nicht übergeordnete Justizvollzugsbeamtin gewesen sei. Im Vordergrund habe die menschliche Nähe gestanden.
- Ein Oberarzt nahm an Patientinnen, die stationär in einer Klinik behandelt wurden, im Rahmen von neurologischen Untersuchungen und von Therapien sexuelle Handlungen vor, insbesondere täuschte er Untersuchungshandlungen an den Brüsten und im Genitalbereich vor, die teils mit einer Stimmgabel, teils mit den Fingern durchgeführt wurden. Einer Patientin griff er bei einer Therapiesitzung in die Schamhaare.
- Ein Mediziner, der als Pfleger in einer Krankeneinrichtung arbeitete, lernte eine Krankenschwester kennen. Nach einem Gespräch über sexuelle, intime Dinge erklärte er der Krankenschwester, dass sie ein sexuelles Problem habe. Er könne ihr helfen, er sei selbst Arzt und habe Erfahrungen mit solchen Therapien. Die Krankenschwester entschloss sich zu der angebotenen Therapie. Die Therapie bestand darin, dass der Angeklagte sexuelle Handlungen mit der Krankenschwester vornahm. Zunächst küsste und streichelte er die Zeugin, massierte sie und ließ sich massieren und drang mit seinem Finger in ihre Scheide ein, um sie zum Höhepunkt zu bringen. Die Krankenschwester wollte dies alles nicht, der Angeklagte setzte sich aber mit seiner Autorität und Dominanz durch. Im Weiteren nahm er an dem Opfer eine Intimrasur vor und bei einem „therapeutischen" Treffen kam es zum Geschlechtsverkehr.

1 Sexuelle Übergriffe, sexuelle Nötigung, Vergewaltigung

Die Vorschrift des **§ 177 StGB** ist die Grundnorm für Straftaten ohne weitere Altersbeschränkung. Es geht darin um:

Sexuelle Übergriffe, sexuelle Nötigung und Vergewaltigung

Mit dieser Regelung werden drei verschiedene Varianten von Eingriffen in das sexuelle Selbstbestimmungsrecht mit Strafe belegt.

§ 177 StGB wurde in den vergangenen 20 Jahren auf der Grundlage des völkerrechtlichen Auftrags zur Umsetzung der **Istanbul-Konvention** immer wieder ergänzt und umgestaltet. Die letzte Neufassung der Vorschrift nach der Ratifizierung der Istanbul-Konvention durch den Bundestag im Jahr 2016 hat die Rechtslage gegenüber dem Zustand davor erheblich verändert. Die jetzt gültige Formulierung knüpft an die folgenden Artikel der Istanbul–Konvention an.

Art. 36: Sexuelle Gewalt, einschließlich Vergewaltigung
„(1) Die Vertragsparteien treffen die erforderlichen gesetzgeberischen oder sonstigen Maßnahmen, um sicherzustellen, dass folgendes vorsätzliches Verhalten unter Strafe gestellt wird:

a) nicht einverständliches, sexuell bestimmtes vaginales, anales oder orales Eindringen in den Körper einer anderen Person mit einem Körperteil oder Gegenstand;
b) sonstige nicht einverständliche sexuell bestimmte Handlungen mit einer anderen Person;
c) Veranlassung einer Person zur Durchführung nicht einverständlicher sexuell bestimmter Handlungen mit einer dritten Person.

(2) Das Einverständnis muss freiwillig als Ergebnis des freien Willens der Person, der im Zusammenhang der jeweiligen Begleitumstände beurteilt wird, erteilt werden.
(3) Die Vertragsparteien treffen die erforderlichen gesetzgeberischen oder sonstigen Maßnahmen, um sicherzustellen, dass Absatz 1 auch auf Handlungen anwendbar ist, die gegenüber früheren oder derzeitigen Eheleuten oder Partnerinnen oder Partnern im Sinne des internen Rechts begangen wurden.“

Art. 40: Sexuelle Belästigung
„Die Vertragsparteien treffen die erforderlichen gesetzgeberischen oder sonstigen Maßnahmen, um sicherzustellen, dass jede Form von ungewolltem sexuell bestimmtem verbalem, nonverbalem oder körperlichem Verhalten mit dem Zweck oder der Folge, die Würde einer Person zu verletzen, insbesondere wenn dadurch ein Umfeld der Einschüchterung, Feindseligkeit, Erniedrigung,

> Entwürdigung oder Beleidigung geschaffen wird, strafrechtlichen oder sonstigen rechtlichen Sanktionen unterliegt."

Diese Vorgaben in **Art. 36** und **Art. 40** der Istanbul-Konvention werden in **§ 177 StGB** aufgenommen. Denn **§ 177 Abs. 1 StGB** bezieht sich auf jede Form einer **sexuellen Handlung:**

> „Wer gegen den erkennbaren Willen einer anderen Person sexuelle Handlungen an dieser Person vornimmt oder von ihr vornehmen lässt oder diese Person zur Vornahme oder Duldung sexueller Handlungen an oder von einem Dritten bestimmt, wird mit Freiheitsstrafe von sechs Monaten bis zu fünf Jahren bestraft."

Diese Norm schützt nach der Vorstellung des Gesetzgebers „die sexuelle Selbstbestimmung einer jeden Person, gleich welchen Geschlechts und Alters, über Zeitpunkt, Partner und Form eines sexuellen Geschehens frei zu entscheiden" (BT-Drs. 18/9097, S. 21 f.).

§ 177 StGB ist insgesamt **geschlechtsneutral** formuliert.
Die Verwendung des Begriffs „andere Person" verdeutlicht, dass jegliche Sexualhandlungen auch an Männern als sexueller Übergriff, sexuelle Nötigung oder Vergewaltigung bestraft werden können.

1.1 Sexueller Übergriff

Der Begriff des „**sexuellen Übergriffs**" wurde neu eingeführt:

- Eine sexuelle Handlung ist immer dann ein Übergriff, wenn sie „gegen den erkennbaren Willen" des Opfers geschieht.
- Mit diesem neuen Begriff der **„Erkennbarkeit"** wird allerdings der Vorgabe in **Art. 36 Abs. 2 Istanbul-Konvention** nur begrenzt entsprochen. Die Formulierung in diesem Artikel verlangt wohl mehr, nämlich ein **freiwilliges Einverständnis des Opfers**.
- Nach dem Gesetzeswortlaut in **§ 177 Abs. 1 StGB** muss der entgegenstehende Wille des Opfers nur „aus Sicht eines objektiven Dritten nach außen erkennbar sein" (Schönke/Schröder 2019, Anm. 11 zu § 177).

> „Da sexuelle Handlungen als sozialadäquate Verhaltensweisen nicht per se den Tatbestand verwirklichen, soll dem Täter nicht das Risiko eines nur inneren entgegenstehenden Willens auferlegt werden. Dadurch wollte der Gesetzgeber eine Überpönalisierung vermeiden und dem verfassungsrechtlich verankerten Schuldprinzip Rechnung tragen. Vielmehr wird dem

Opfer zugemutet, den ablehnenden Willen ausdrücklich oder konkludent (z. B. durch Abwehren des Täters oder Weinen) nach außen erkennbar zum Ausdruck zu bringen" (Schönke/Schröder 2019, Anm. 19 zu § 177).

Die Strafbarkeit nach **§ 177 Abs. 1 StGB** erfordert **keine Nötigung** des Opfers:

- Einbezogen ist daher auch das unfreiwillige „**Posing**", das Fotografieren von sexuell relevanten (pornografischen) Körperhaltungen.
- Das gleiche gilt für das sog. „**Stealthing**", das heimlich geschehende Abstreifen des Kondoms während des Sexualakts (OLG Schleswig-Holstein vom 19.03.2021, Az. 2 OLG 4 Ss 13/21; BGH vom 13.12.2022, Az. StR 372/22).

1.2 Sexuelle Nötigung

Da in **§ 177 Abs. 1 StGB** der entgegenstehende Wille des Opfers das entscheidende Kriterium ist, das die sexuelle Handlung strafbar macht, ergeben sich Probleme, wenn das Opfer sich in einem physischen und/oder psychischen Zustand oder in einer Situation befindet, in der eine freie Entscheidung nicht oder nur eingeschränkt möglich ist.

Für diese Fälle der **Willensbehinderung und der sexuellen Nötigung** formuliert **§ 177 Abs. 2 StGB:**

„Ebenso wird bestraft, wer sexuelle Handlungen an einer anderen Person vornimmt oder von ihr vornehmen lässt oder diese Person zur Vornahme oder Duldung sexueller Handlungen an oder von einem Dritten bestimmt, wenn

1. der Täter ausnutzt, dass die Person nicht in der Lage ist, einen entgegenstehenden Willen zu bilden oder zu äußern,
2. der Täter ausnutzt, dass die Person auf Grund ihres körperlichen oder psychischen Zustands in der Bildung oder Äußerung des Willens erheblich eingeschränkt ist, es sei denn, er hat sich der Zustimmung dieser Person versichert,
3. der Täter ein Überraschungsmoment ausnutzt,
4. der Täter eine Lage ausnutzt, in der dem Opfer bei Widerstand ein empfindliches Übel droht, oder
5. der Täter die Person zur Vornahme oder Duldung der sexuellen Handlung durch Drohung mit einem empfindlichen Übel genötigt hat."

Der Fall des **§ 177 Abs. 2 Ziff. 1 StGB** meint die Fälle, in denen eine Person zum Zeitpunkt des sexuellen Übergriffs **objektiv unfähig** ist zur Bildung eines affirmativen oder ablehnenden Willens. Gemeint sind hier vorübergehende Zustände wie:

Beispiele:

Bewusstlosigkeit, Narkose oder Schlaf (BT-Drs. 18/9097, S. 23).

Entscheidend ist dabei die Unfähigkeit, den „ablehnenden Willen zu bilden" (BGH, NStZ-RR 17, 240). Eine solche **Unfähigkeit zur Willensbildung** seitens des Opfers wird kraft Gesetzes gemäß **§ 177 Abs. 2 Ziff. 3 StGB** auch pauschal unterstellt, „wenn der Täter ein Überraschungsmoment ausnutzt".

Im Ausgangsfall dieser **sexuellen Nötigung** in **§ 177 Abs. 2 Ziff. 2 StGB**

- ist eine **physische Gewaltanwendung** für die Nötigung **nicht erforderlich**.
- Das zur Nötigung erforderliche Übel muss sich auch **nicht gegen das Opfer selbst** richten, es reicht auch die Androhung **gegen Andere** insbesondere Angehörige oder Freunde. (BGH NStZ 1994, 31; NStZ-RR 1998, 270).
- Da es um das **Selbsterleben des Übels beim Opfer** geht, ist sogar die Suiziddrohung des nahestehenden Täters eine Nötigung (BGH, NStZ 1982, 286).

In den Fällen, in denen Druck bzw. Nötigung seitens des Täters die freie Willensbildung des Opfers ausschließt, gilt **§ 177 Abs. 2 Ziff. 5 StGB**:

„Auf Freiheitsstrafe nicht unter einem Jahr ist zu erkennen, wenn der Täter
1. gegenüber dem Opfer Gewalt anwendet,
2. dem Opfer mit gegenwärtiger Gefahr für Leib oder Leben droht, oder
3. eine Lage ausnutzt, in der das Opfer der Einwirkung des Täters schutzlos ausgeliefert ist."

Wenn der Täter eine sexuelle Nötigung allerdings mit Gewalt erzwingt, ist das **strafverschärfend** nach **§ 177 Abs. 5 Ziff. 1 StGB**.
Gewalt liegt dann vor:

- wenn der Täter eine nicht ganz unerhebliche, gegen den Körper des Opfers gerichtete Kraft entfaltet, die vom Opfer nicht nur als seelischer, sondern auch als körperlicher Zwang empfunden wird (Tröndle/Fischer 2007, Anm. 6 zu § 177 StGB), und
- das heimliche Beibringen von Rauschmitteln bedeutet Gewaltanwendung (BT-Drs. 18/9097, S. 27; genauer Schönke/Schröder 2019, Anm. 71 ff. zu § 177 StGB).

Die Gerichte fordern überwiegend **körperliche Kraftentfaltung** und **körperliche Zwangswirkung**, um ein Verhalten als Gewalt zu bewerten. Das kommt recht deutlich in einer Entscheidung des **Bundesgerichtshofes** zum Ausdruck:

> „Ein Geschlechtsverkehr allein gegen den Willen der Frau und aufgrund von nur deren Angstempfinden ist keine Vergewaltigung im Rechtssinne. ... Um Missverständnissen vorzubeugen: Der Senat ist nicht der Auffassung, dass eine eingesperrte Frau, die den Geschlechtsverkehr widerstandslos über sich ergehen lässt, nicht vergewaltigt worden sein kann. Der Tatrichter muss aber feststellen, dass die Freiheitsberaubung als Gewalt und/oder die ausweglose Situation etwa durch einen körperlich Überlegenen, mit entsprechendem Auftreten oder Gebärden im Sinne einer konkludenten Drohung mit gegenwärtiger Gefahr für Leib oder Leben als Mittel zur Durchführung des Geschlechtsverkehrs eingesetzt werden!" (BGH, NStZ 1995, 229, 230).

Nicht ausreichend sind:

- Psychische und verbale Einwirkungen auf das Opfer; das Verbringen an einen abgelegenen Ort oder das Einsperren in einen Raum reichen in aller Regel nicht für die Bestrafung wegen Vergewaltigung (Sick 1995).
  Hinzutreten müssen noch Gewalttätigkeiten oder ein nachhaltiges Einwirken auf das körperliche Wohlbefinden des Opfers.
- Wenn die Gewalt sich gegen Sachen oder gegen Dritte richtet, um sexuelle Handlungen zu erzwingen.
  Allerdings hat der **BGH** es in einem Fall **doch für ausreichend** gehalten, wenn sich die Gewalt gegen Dritte wendet:
  Eine Mutter kam ihrem sechs Jahre alten Sohn zu Hilfe, an dem sein Stiefvater sexuelle Handlungen vornahm. Der schlug seiner Ehefrau so stark ins Gesicht, dass sie einen Nasenbeinbruch erlitt. Die Körperverletzung erfolgte, weil sich der Ehemann bei seinen sexuellen Handlungen nicht unterbrechen lassen wollte. Das war nach Auffassung des BGH eine sexuelle Nötigung durch Gewalt.

  > „Die Gewalt braucht sich, um den Tatbestand der sexuellen Nötigung zu erfüllen, nicht unmittelbar gegen die sexuell zu missbrauchende Person selbst zu richten; es genügt vielmehr, dass der Täter sie mit dem Ziel, das Opfer sexuell zu missbrauchen, unmittelbar gegen einen Dritten ausübt, der ihm zum Schutz des Opfers entgegentritt, um die Ausführung der Tat zu verhindern" (BGHSt 42, 378, 379).
- Für die Frage, ob tatsächlich Gewalt angewendet wurde, ist es nicht erforderlich, dass das Opfer Widerstand leistet.

Die Gerichtsentscheidungen zur Frage, wann **Gewalt** vorliegt, sind zahlreich.

Beispiele:

- Wenn das Opfer zu einer abgelegenen Stelle gefahren wird (BGH, NStZ 1990, 335);
- Wenn dem Opfer die Beine auseinandergedrückt werden (BGH, NStZ 2003, 424);
- Bei Fesselung des Opfers (BGH, NStZ 2001, 420);
- Einsperren in einem umschlossenen Raum, wenn das dazu dient, das Opfer am Verlassen des Raumes zu hindern und es gefügig zu machen, um so die sexuellen Handlungen zu ermöglichen; an der erforderlichen Verknüpfung der Gewalt mit der sexuellen Handlung kann es dagegen fehlen, wenn das Abschließen der Tür nur erfolgt, um ungestört zu sein und eine Entdeckung zu verhindern (BGH, StV 2003, 390);
- Das – mit einer nicht ganz unerheblichen Krafteinwirkung verbundene – Festhalten des Opfers ebenso wie die Überwindung von geringfügiger Gegenwehr (BGH, StV 2003, 390);
- Das Zuhalten des Mundes oder das Drücken eines Kissens in das Gesicht (BGH, NStZ 1999, 506);
- Im Einzelfall kann auch das Packen an der Hand, das auf das Bett Stoßen und das sich auf das Opfer Legen sowie der Einsatz überlegener Körperkraft Gewaltanwendung bedeuten (BGH, StV 2003, 390);
- Gewalt wird vom Bundesgerichtshof auch dann bejaht, wenn ein Stiefvater seine 10-jährige Stieftochter durch ein mehrere Stunden andauerndes Laufen durch den Wald gefügig macht (BGH, NStZ 1996, 276), oder wenn einer körperbehinderten Frau der Weg zum Rollstuhl versperrt wird (BGH, NStZ 1996, 31).

Ein besonderer Fall ist die **sexuelle Nötigung durch Drohung mit gegenwärtiger Gefahr für Leib und Leben,** die in **§ 177 Abs. 5 Ziff. 2 StGB** geregelt ist. Für diesen Straftatbestand ist nach der Rechtsprechung eine **gewisse Schwere des angedrohten Angriffs** auf Leib oder Leben erforderlich. Der Tatbestand der sexuellen Nötigung setzt also eine **qualifizierte Drohung** voraus. Es genügt daher nicht jede Drohung mit einer Körperverletzung.

Nicht ausreichend ist es:

Beispiele:

- Wenn nur **leichte Schläge** angedroht werden. Der BGH sah im folgenden Fall keine Drohung mit gegenwärtiger Gefahr für Leib und Leben:
  Ein Täter verlangte im Innenraum seines Wohnwagens von einer geistig behinderten Frau, sich Hose und Schlüpfer auszuziehen und drohte an, wenn sie nicht sofort folgsam sei, ihr eine zu knallen (BGH, StV 2001, 679).
- Wenn mit **Verboten** der unterschiedlichsten Art gedroht wird, wie beispielsweise mit Ausgeh- und Fernsehverboten, Heimunterbringung, Stubenarrest.
- Die **bloße Angst** einer Tochter vor ihrem Vater ist ebenfalls nicht hinreichend (BGH, NStZ 2005, 268).

Eine **Drohung** hat die Rechtsprechung im folgenden Fall **bejaht:**

Beispiel:

Ein Täter droht dem Opfer an, es zu vergewaltigen, wenn es mit ihm nicht Mund- oder Handverkehr ausübt (BGH, NStZ 2001, 264).

Bereits durchgeführte Gewalteinwirkungen sind dann als Drohung zu bewerten, wenn das Opfer angesichts der früheren Gewaltanwendung und der gegebenen Kräfteverhältnisse aus Furcht vor weiteren Gewalttätigkeiten von einer Gegenwehr absieht, sofern der Täter zumindest erkennt und billigt, dass das Opfer sein Verhalten als Drohung mit gegenwärtiger Gefahr für Leib und Leben empfindet (BGH, NStZ 2005, 268). Allerdings kann Gewalt und die Ausnutzung der Angst vor Gewalt in der Regel dann nicht gleichgesetzt werden, wenn zwischen der Gewaltanwendung und dem späteren Geschlechtsverkehr Wochen oder sogar Monate liegen.

In **§ 177 Abs. 5 Ziff. 3 StGB** wird der besondere Fall der **sexuellen Nötigung durch Ausnutzen einer schutzlosen Lage** behandelt:

> „3. eine Lage ausnutzt, in der das Opfer der Einwirkung des Täters schutzlos ausgeliefert ist."

Der Gesetzgeber hat damit den Tatbestand der sexuellen Nötigung um ein weiteres Nötigungsmittel – die **schutzlose Lage** – ergänzt:

Ziel war es, Strafbarkeitslücken zu schließen, die sich nach dem alten Recht ergaben, wenn das Opfer „nur deshalb auf Widerstand verzichtet, weil es sich in einer hilflosen Lage befindet und Widerstand gegen den überlegenen Täter aussichtslos erschien", oder weil das Opfer „vor Schrecken starr oder aus Angst vor der Anwendung von Gewalt durch den Täter dessen sexuelle Handlung über sich ergehen" lässt (BT-Drs. 13/7324, 6).
Einige Autoren sind der Auffassung, dass auch bei der „schutzlosen Lage" der Täter auf das Opfer durch ein Nötigungsmittel einwirken muss, um auf diese Weise den Sexualkontakt zu erzwingen (Schönke/Schröder 2019, Anm. 11 zu § 177 StGB).
Für andere ist diese Auslegung zu restriktiv. Ein Teil der Rechtsprechung ist der Meinung, dass es ausreichend ist, wenn die sexuelle Handlung gegen den erkennbaren Willen des Opfers durchgeführt wird.
§ 177 Abs. 1 Ziff. 3 StGB setzt eine über die sexuelle Nötigung hinausgehende Nötigungshandlung nicht voraus. „Die Nötigung erschöpft sich vielmehr in der Vornahme der sexuellen Handlung gegen den Willen des Opfers, wenn sich dieses in einer schutzlosen Lage befindet und der Täter dies zu der Tat ausnutzt" (BGH, StV 2005, 263, 265).

Beispiel:

Der Bundesgerichtshof verurteilte einen Großvater wegen sexueller Nötigung seiner Enkelin, weil er auf dem Parkplatz einer Raststätte sexuelle Handlungen in seinem LKW gegen den Willen des Kindes vorgenommen hatte. Der Großvater hatte seine Enkelin nicht genötigt, sondern „lediglich" die schutzlose Lage ausgenutzt.

Der BGH weist zu Recht bei seiner Interpretation auf die gesetzgeberischen Intentionen hin, nämlich den Opferschutz zu verbessern. Nach dieser Auslegung ist es für die Strafbarkeit ausreichend, wenn der entgegenstehende Wille des Opfers missachtet und die schutzlose Lage ausgenutzt wird (Oberlies 2002).

Eine **engere Auslegung** nimmt dagegen der 3. Strafsenat des BGH vor:
Erforderlich sei, dass die auf die sexuelle Handlung bezogene Beugung des Opferwillens durch die schutzlose Lage gefördert wird. „Dies setzt seitens des Opfers Kenntnis der schutzlosen Lage voraus, die es dem Täter gegenüber von Widerstand absehen lässt, weil es solchen aufgrund des Ausgeliefertseins für sinnlos erachtet" (BGH, StV 2005, 269).

Wie auch immer sich die Rechtsprechung in dieser Frage weiterentwickelt, Voraussetzung für die Strafbarkeit ist auf jeden Fall das Ausnutzen einer schutzlosen Lage.

Eine **schutzlose Lage** ist gegeben, wenn „die Schutz- und Verteidigungsmöglichkeiten des Opfers in einem solchen Maß verringert sind, dass es dem ungehemmten Einfluss des Täters preisgegeben ist“ (BGH, StV 2005, 269). Entscheidend ist es daher, dass das Opfer in einer solchen Situation dem Täter allein gegenübersteht und auf fremde Hilfe nicht rechnen kann (BGH, NStZ 2003, 424; vgl. auch BGH, StV 2005, 268).

Schutzlos ist die Lage auch bei:

- Einsamkeit;
- Fehlen von Fluchtmöglichkeiten oder
- Abwesenheit schutzbereiter Dritter (Folkers 2004, 54), zum Beispiel beim Aufenthalt in der Schlafkoje eines LKW auf einem belebten Autobahnparkplatz zur Nachtzeit (BGH, NStZ 2004, 440).

Dagegen ist eine **schutzlose Lage nicht** schon dadurch gegeben, dass sich der Täter mit dem Opfer alleine in der eigenen Familienwohnung befindet. Vielmehr müssen weitere Umstände hinzutreten, wie etwa das Verschließen einer Tür mit der Folge, dass das Opfer keine Fluchtmöglichkeiten mehr besitzt (BGH, StV 2005, 268; vgl. auch BGH, StV 2006, 15).

Nicht ausreichend für eine schutzlose Lage ist auch

- die generelle Angst vor dem Verlust des Arbeitsplatzes,
- die Angst, den Partner zu verlieren,
- die Angst, bestimmte Vorteile einbüßen zu müssen.

Soziale Abhängigkeiten sind generell nicht geeignet, eine schutzlose Lage entstehen zu lassen. Begründet wird dies damit, dass ja das Opfer das sexuelle Ansinnen zurückweisen und die sozialen Nachteile in Kauf nehmen kann (Folkers 2004, 54).
Das kann man allerdings auch anders sehen. So befindet sich eine alleinerziehende Mutter, die dringend auf einen Arbeitsplatz angewiesen ist und wegen ihrer Kinder sexuelle Handlungen durch einen Vorgesetzten geschehen lässt, durchaus in einer schutzlosen Lage.

1.3 Vergewaltigung

In **§ 177 Abs. 6 StGB** ist der Straftatbestand der **Vergewaltigung** geregelt:

„In besonders schweren Fällen ist auf Freiheitsstrafe nicht unter zwei Jahren zu erkennen. Ein besonders schwerer Fall liegt in der Regel vor, wenn
1. der Täter mit dem Opfer den Beischlaf vollzieht oder vollziehen lässt oder ähnliche sexuelle Handlungen an dem Opfer vornimmt oder von ihm vornehmen lässt, die dieses besonders erniedrigen, insbesondere wenn sie mit einem Eindringen in den Körper verbunden sind (Vergewaltigung), oder
2. die Tat von mehreren gemeinschaftlich begangen wird."

Die frühere Definition der Vergewaltigung, beschränkt auf die erfolgte vaginale Penetration, wurde damit ausgeweitet.

Der Begriff **Vergewaltigung** ist **umfassend** gemeint. Nicht nur der erzwungene Beischlaf zwischen Mann und Frau ist eine Vergewaltigung. Ähnliche Handlungen, die das Opfer „besonders erniedrigen, insbesondere wenn sie mit dem Eindringen in den Körper verbunden sind", können ebenfalls eine Vergewaltigung sein:

- Vergewaltigungen sind demnach alle sexuellen Handlungen, die das Opfer **„besonders erniedrigen"**, insbesondere Sexualpraktiken, die mit einem Eindringen in den Körper verbunden sind, wie z. B. Anal- und Oralverkehr.
- Der Tatbestand des **Beischlafs** in **§ 177 Abs. 6 Ziff. 1 StGB** ist nach ständiger Rechtsprechung mit dem Eindringen in den Scheidenvorhof erfüllt (BGH, NStZ-RR 2001, 199; sowie BGH, NStZ 2001, 246).
- Oralverkehr setzt das Eindringen des männlichen Gliedes in den Mund des Opfers voraus. Es ist nicht ausreichend, wenn das Opfer mit dem Mund am Glied des Täters manipuliert (BGH, StV 2000, 19).
- Das Gesetz beschränkt das Eindringen nicht auf nur auf das Eindringen mit Körpergliedern. Als Vergewaltigung kommt auch das Eindringen mit festen Gegenständen in Betracht.

Beispiel:

Ein erzwungener Zungenkuss unter Erwachsenen erfüllt dagegen nicht die Voraussetzungen des § 177 StGB. Er gehört nicht zu den besonders erniedrigenden sexualbezogenen Handlungen. Dies ist bei Kindern und Jugendlichen u. U. anders zu bewerten.

Sexuelle Übergriffe, sexuelle Nötigung und **Vergewaltigung** sind auch **in der Ehe strafbar**.
Das Recht auf sexuelle Selbstbestimmung ist unteilbar. Es wird durch die Eheschließung weder beseitigt noch auch nur eingeschränkt.
Eine Widerspruchs- bzw. Versöhnungsklausel ist in das Gesetz nicht aufgenommen worden.
Das Strafrecht folgte damit der gesellschaftlichen Entwicklung zur partnerschaftlichen Ehe und zur Gleichberechtigung der Geschlechter (Barabas/Erler 2002).

Beispiel:

Ein Ehemann, eifersüchtig und besitzergreifend, setzte immer, wenn er es wollte, den Geschlechtsverkehr durch, mitunter begleitet von verbalen und tätlichen Attacken. Nach seinem Auszug aus der gemeinsamen Wohnung drang der Ehemann zweimal in das Schlafzimmer seiner Ehefrau ein und führte gegen ihren Willen unter Gewaltanwendung den Geschlechtsverkehr durch.
Das LG hatte ihn wegen Körperverletzung zu 6 Monaten Gefängnis auf Bewährung verurteilt und vom Vorwurf der Vergewaltigung freigesprochen, weil der Ehemann möglicherweise irrtümlich angenommen habe, die Ehefrau sei mit den sexuellen Handlungen einverstanden gewesen. Dieser Irrtum könne, so das LG, nicht ausgeschlossen werden, weil die Ehefrau sich vorher immer seinen Wünschen gebeugt habe.
Eine derartige Rechtsprechung hätte zur Konsequenz, dass ein Mann, der jahrelang Sexualität in einer Ehe oder in einer längerfristigen Beziehung mit Gewalt erzwungen hat, gar nicht wegen eines Sexualdeliktes bestraft werden könnte. Das sah der BGH auch so und verurteilten den Ehemann wegen Vergewaltigung (BGH, NStZ 2002, 446).

In anderen Entscheidungen – bei so genanntem ambivalenten Verhalten des Opfers – milderte der BGH jedoch die Strafe für eine Vergewaltigung in der Ehe.

Beispiele:

- Ein solches ambivalentes Verhalten einer Ehefrau liegt vor, wenn sie selbst nach der ersten abgeurteilten Vergewaltigung mit dem Ehemann weiterhin auf engstem Raum zusammenlebt und sogar noch nach Einreichung der Scheidungsklage mit ihm einverständlich Geschlechtsverkehr ausübt (BGH, NStZ 2001, 248).

- Wenn der Täter (ein Türke, der seit 30 Jahren in Deutschland lebt) sowie das Opfer, seine Ehefrau, aus einem anderen Kulturkreis stammen und noch dem traditionellen Rollenverständnis verhaftet sind, bei dem von der Ehefrau Unterordnung und Gehorsam erwartet wird, dann konnte die Strafe ebenfalls gemildert werden. Der Täter hatte nach der Ansicht des BGH nämlich eine geringere Hemmschwelle zu überwinden (BGH, StV 2002, 20).

Neben dem kulturellen Hintergrund des Opfers wurden auch Unterscheidungen wegen des sozialen und professionellen Staus geduldet:

Beispiel:

Bei der **Vergewaltigung einer Prostituierten** hat der BGH ebenfalls Milderungsgründe für den Täter gesehen. Bei der Strafzumessung sei eine Differenzierung notwendig „zwischen Taten gegen Frauen, die sich dem Täter zu – ggf. entgeltlichen – sexuellen Handlungen anbieten, und Taten gegen Opfer, die dem Täter keinerlei Anlass zu der Annahme geben, sie wären zu sexuellem Kontakt bereit" (BGH, StV 2001, 453, 454).

Diese bisherige Position des BGH ist nicht mehr vertretbar. Auch in diesem Zusammenhang kann wieder auf die **Istanbul-Konvention** verwiesen werden. **Art. 12 Ziff. 5** lautet:

> „(5) Die Vertragsparteien stellen sicher, dass Kultur, Bräuche, Religion, Tradition oder die sogenannte ‚Ehre' nicht als Rechtfertigung für in den Geltungsbereich dieses Übereinkommens fallende Gewalttaten angesehen werden."

Aus diesen Regelungen ist klar abzuleiten, dass Differenzierungen zwischen

- der „unbescholtenen und sittsamen" Frau, die höchsten Schutz genießt, einerseits und andererseits der „untreuen Ehefrau", die ja freiwillig eine langjährige Beziehung eingegangen ist, oder
- der Frau aus einem anderen Kulturkreis, der Gehorsam gegenüber dem Ehemann fordert, oder
- der Prostituierten, von der Gehorsam gegenüber dem „Freier" gefordert wird,

als unzulässige Diskriminierungen überholt und nicht akzeptabel sind.

Fazit:
Vergewaltigung ist Vergewaltigung. Eine wertende Differenzierung des Täters nach dem sozialen Status des Opfers ist ohne Bedeutung.

2 Sexuelle Belästigung

Die **sexuelle Belästigung** ist vom sexuellen Übergriff gemäß § 177 StGB zu unterscheiden.

§ 184i StGB sanktioniert eine sexuelle Verhaltensweise, bei der es sich nicht um eine „sexuelle Handlung" gemäß der Definition des § 184h StGB handelt. Der Unterschied liegt darin, dass eine sexuelle Belästigung, die im natürlichen Sinne eine sexuelle Handlung ist, als solche nicht „von einiger Erheblichkeit" im Sinne von § 184h StGB ist.

§ 184i Abs. 1 StGB lautet:

> „(1) Wer eine andere Person in sexuell bestimmter Weise körperlich berührt und dadurch belästigt, wird mit Freiheitsstrafe bis zu zwei Jahren oder mit Geldstrafe bestraft, wenn nicht die Tat in anderen Vorschriften dieses Abschnitts mit schwererer Strafe bedroht ist."

Erforderlich für die Strafbarkeit wegen sexueller Belästigung ist also immer eine **körperliche Berührung:**

- Das kann auch bekleidet geschehen oder mittels eines Gegenstandes als Tatwerkzeug. „In sexuell bestimmter Weise erfolgt die Berührung, wenn sie bei objektiver Betrachtung im Gesamtkontext sexuell motiviert ist, d. h. nach ihrem äußeren Erscheinungsbild sexualbezogen ist" (Schönke/Schröder 2019, Anm. 5 zu § 184i StGB).
- Das schließt eine Berührung beliebiger Körperteile ein. Nach der Vorstellung des Gesetzgebers handelt es sich aber (nur) um die Berührungen sekundärer Geschlechtsmerkmale, was aber das Gesäß und den Kuss auf den Mund einschließen soll (BT-Drs. 18/9097, S. 30).

Die reine körperliche Berührung wie der Griff an Busen, Po oder zwischen die Beine reicht für die Strafbarkeit aber keineswegs aus. Vielmehr ist **zusätzlich** erforderlich, dass das Opfer **sexuell belästigt** ist:
Es muss sich also um eine unerwünschte Berührung handeln. Entscheidend ist das subjektive Empfinden des Opfers. Nach der Vorstellung des Gesetzgebers ist aber trotzdem auch objektiv ein „**nicht unerheblicher**" Eingriff in das Recht auf sexuelle Selbstbestimmung erforderlich (BT-Drs. 18/9097, S. 30).

Die ganze Regelung erscheint missglückt, insbesondere wenn es sich bei den Opfern um Kinder handelt. Das wird deutlich bei der einschlägigen Rechtsprechung des BGH zu dieser Norm. Danach setzt eine Belästigung voraus,

> „dass die Handlung das Opfer in seinem Empfinden nicht unerheblich beeinträchtigt. Dabei reicht nicht jede Form von subjektiv empfundener Beeinträchtigung als tatbestandsrelevante Belästigung aus. Insofern muss es sich angesichts des Schutzguts der im 13. Abschnitt verorteten Strafnorm und ihrer amtlichen Überschrift vielmehr gerade um eine ‚sexuelle Belästigung' handeln, bei welcher die sexuelle Selbstbestimmung des Opfers tangiert ist " (BGH vom 13.03.2018, Az. 4 StR 570/17; NStZ 2019, 22, 24).

Beispiel:

> „Gemessen daran ergibt sich aus dem festgestellten Sachverhalt nicht, dass sich das Mädchen durch das ‚Streicheln am Oberschenkel' bzw. das ‚intensive Streicheln' eines Arms in ihrer sexuellen Selbstbestimmung nicht unerheblich beeinträchtigt und damit sexuell belästigt gefühlt habe. Dass dies aus Sicht des Angeklagten ‚in sexuell bestimmter Weise' erfolgt ist, ändert nichts daran, dass Feststellungen zum subjektiven Empfinden des Kindes getroffen werden müssen, die aber fehlen. Es versteht sich insbesondere bei Berührungen des Arms, aber auch des Oberschenkels nicht von selbst, dass diese als erheblicher Eingriff in die sexuelle Selbstbestimmung empfunden werden. Zudem erscheint es fraglich, ob Streicheln am Arm – sofern man dies zusätzlich für erforderlich hält (vgl. BGH vom 13.05.2018, Az. 4 StR 570/17; NStZ 2019, 22, 24) – bei wertender Betrachtung objektiv geeignet ist, sexuell belästigend zu wirken ..." (BGH vom 06.05.2020, Az. 2 StR 543/19).

In diesem vom BGH entschiedenen Fall handelte es sich um Kinder zwischen 10 und 13 Jahren. Der vom Gericht eingenommene Standpunkt, dass die Anzeige der Eltern die sexuelle Belästigung der Kinder nicht indiziert, sondern festgestellt werden muss, ob sich die Kinder wirklich sexuell belästigt gefühlt haben, erscheint mit der Rolle der Eltern als Erziehungsberechtigte und Sorgeverpflichtete gemäß Art. 6 Abs. 2 GG und ihrer Rolle als gesetzlicher Vertreter des Kindes nur schwer vereinbar. Auch senkt es deutlich den Schutz der Kinder. Dies wiederum dürfte nicht im Sinne des Gesetzgebers sein.

Ein **besonders schwerer** Fall wird dann gesehen, wenn die Tat **von mehreren gemeinschaftlich** begangen wird, **§ 184i Abs. 2 StGB.**

Als spezielle Form der sexuellen Belästigung bestraft zusätzlich **§ 184j StGB „Straftaten aus Gruppen**“:

> „Wer eine Straftat dadurch fördert, dass er sich an einer Personengruppe beteiligt, die eine andere Person zur Begehung einer Straftat an ihr bedrängt, wird mit Freiheitsstrafe bis zu zwei Jahren oder mit Geldstrafe bestraft, wenn von einem Beteiligten der Gruppe eine Straftat nach den §§ 177 oder 184i begangen wird und die Tat nicht in anderen Vorschriften mit schwererer Strafe bedroht ist.“

Der Hintergrund für diese Regelung waren die Vorkommnisse in der Kölner Innenstadt und auf dem Vorplatz des Hauptbahnhofs in der Silvesternacht 2015, als in dem Gedränge der Feiernden aus Personengruppen heraus sexualisierte Gewalt und andere Straftaten ausgeübt wurden. In dieser Zusammenrottung von Tätern wird ein erhöhtes Gefährdungspotential gesehen, weil die Fluchtmöglichkeiten der Opfer beschnitten und die Gruppendynamik der Täter Exzesse begünstigt, indem diese sich gegenseitig anstacheln (BT-Drs. 18/9097, 31).

3 Stalking

Eine besondere Form einer sexuellen Belästigung ist eine Verhaltensweise, die im allgemeinen als „**Stalking**“ bezeichnet wird:

- Der Täter drängt sich dem Opfer in sozial unerwünschter (lästiger) Weise auf.
- Die Motivation des Täters ist dabei unerheblich.
- Entscheidend ist die Wahrnehmung der Belästigung durch das Opfer.

Schätzungen zu Folge gibt es in Deutschland jährlich ca. 800.000 Stalking-Opfer. Stalking kann unter mehreren strafrechtlichen Gesichtspunkten relevant sein:

- Hausfriedensbruch, § 123 StGB
- Beleidigung, § 185 StGB
- Üble Nachrede, § 186 StGB
- Körperverletzung, § 223 StGB
- Nötigung, § 240 StGB
- Bedrohung, § 241 StGB
- Sachbeschädigung, § 303 StGB
- Nachstellung, § 238 StGB

Der spezielle Vorgang des Stalkings ist unter dem Begriff „**Nachstellung**“ strafbar nach **§ 238 StGB.**

Diese Straftat ist nach der Systematik des StGB nicht unter den „Straftaten gegen die sexuelle Selbstbestimmung“ eingeordnet, sondern findet sich im Abschnitt **„Straftaten gegen die persönliche Freiheit“.**

§ 238 Abs. 1 StGB formuliert:

> „Mit Freiheitsstrafe bis zu drei Jahren oder mit Geldstrafe wird bestraft, wer einer anderen Person in einer Weise unbefugt nachstellt, die geeignet ist, deren Lebensgestaltung nicht unerheblich zu beeinträchtigen, ...“

In den nachfolgenden Ziffern wird näher differenziert, auf welche Weise eine solche Nachstellung erfolgen kann, was also im Einzelnen gemeint ist:

- Es geht nicht nur um die **physische Annäherung** (auch ohne Bedrohung der körperlichen Unversehrtheit), sondern auch um
- **digitale/telefonische** Kontaktaufnahme,
- sowie das **Ausspähen** der **digitalen Präsenz** des Opfers.
- Bereits das **Ausspähen von Zugangsdaten** ist strafbar, **§ 202c StGB.**

Es ist also nicht erforderlich, dass der Täter die Absicht hat, die Daten gegen das Opfer zu verwenden, das **reine Verschaffen der Daten reicht** aus.

Sanktioniert werden auch **Taten gegen Angehörige** und dem Opfer nahestehende Dritte.

Es handelt sich aber erst dann um eine **„Nachstellung“** im Sinne des Strafgesetzbuches, **wenn** die beanstandete Verhaltensweise **„wiederholt“** vorkommt. **§ 238 Abs. 1 StGB** listet konkret mögliche Vorgehensweisen auf, die als „Nachstellung“ gewertet werden, wenn nämlich der Täter

„1. die räumliche Nähe dieser Person aufsucht,
2. unter Verwendung von Telekommunikationsmitteln oder sonstigen Mitteln der Kommunikation oder über Dritte Kontakt zu dieser Person herzustellen versucht,
3. unter missbräuchlicher Verwendung von personenbezogenen Daten dieser Person
   a) Bestellungen von Waren oder Dienstleistungen für sie aufgibt oder
   b) Dritte veranlasst, Kontakt mit ihr aufzunehmen,
4. diese Person mit der Verletzung von Leben, körperlicher Unversehrtheit, Gesundheit oder Freiheit ihrer selbst, eines ihrer Angehörigen oder einer anderen ihr nahestehenden Person bedroht,

5. zulasten dieser Person, eines ihrer Angehörigen oder einer anderen ihr nahestehenden Person eine Tat nach § 202a, § 202b oder § 202c begeht, (Ausspähen und Abfangen von Daten)
6. eine Abbildung dieser Person, eines ihrer Angehörigen oder einer anderen ihr nahestehenden Person verbreitet oder der Öffentlichkeit zugänglich macht,
7. einen Inhalt (§ 11 Absatz 3), der geeignet ist, diese Person verächtlich zu machen oder in der öffentlichen Meinung herabzuwürdigen, unter Vortäuschung der Urheberschaft der Person verbreitet oder der Öffentlichkeit zugänglich macht oder
8. eine mit den Nummern 1 bis 7 vergleichbare Handlung vornimmt."

Ein erhöhter Strafrahmen gilt in „besonders schweren Fällen", nämlich z. B. dann, wenn es

- „zu einer Gesundheitsschädigung" (§ 238 Abs. 2 Ziff. 1 StGB) oder
- „Gefahr des Todes" (§ 238 Abs. 2 Ziff. 2 StGB) kommt.
  (Beides kann sich auf das Opfer, einen Angehörigen oder eine andere nahestehende Person beziehen.)
- Oder wenn der Täter „über einundzwanzig Jahre ist und das Opfer unter sechzehn Jahre ist" (§ 238 Abs. 2 Ziff. 7 StGB).

Gegen diese Einschränkung der Lebensgestaltung, sei es von fremden Dritten, sei es durch Täter aus dem persönlichen Umfeld des Opfers, ist neben den strafrechtlichen Sanktionen auch ein **zivilrechtlicher Schutz** möglich. Einzelheiten dazu finden sich im **Gesetz zum zivilrechtlichen Schutz vor Gewalttätern und Nachstellungen (Gewaltschutzgesetz – GewSchG).**
Die damit verbundenen Regelungen ermöglichen auch die Überbrückung des Zeitraums bis zu einer eventuellen strafrechtlichen Verurteilung des Täters.

Eine **Gewalt**anwendung kann sich nach den Regelungen in **§ 1 Abs. 1 S. 1 GewSchG** auf „den Körper, die Gesundheit, die Freiheit oder die sexuelle Selbstbestimmung" beziehen.

Besonders wichtig ist es, einen **Schutz gegen nahestehende Täter** zu erreichen. Physische und psychische Gewalt wird häufig von Personen im engen sozialen Umfeld ausgeübt. Die Opfer dieser Taten sind meist die Partner und Kinder.

- Die **Zielsetzung** des GewSchG liegt darin, Opfer häuslicher Gewalt vor weiteren Verletzungen und Nachstellungen zu schützen.
- Es geht um **„häusliche Gewalt"**, also um Gewaltanwendungen, die zuhause, im häuslichen Umfeld stattfinden.

Daraus ergeben sich auch die Zuständigkeiten:

- Für die Schutzanträge von Gewalt betroffener Personen ist das **Familiengericht** zuständig, **§ 210 FamFG.**
- Das **Jugendamt** soll gehört werden, wenn **Kinder** im Haushalt leben, **§ 213 FamFG.** Auf Antrag kann das Jugendamt auch formal beteiligt werden, **§ 212 FamFG.**

§ 1 Abs. 1 Satz 3 GewSchG legt genau fest, welche **Maßnahmen** das Familiengericht zum Schutz vor weiterer häuslicher Gewalt ergreifen kann:

> „Das Gericht kann insbesondere anordnen, dass es der Täter unterlässt
> 1. die Wohnung der verletzten Person zu betreten,
> 2. sich in einem bestimmten Umkreis der Wohnung der verletzten Person aufzuhalten,
> 3. zu bestimmende andere Orte aufzusuchen, an denen sich die verletzte Person regelmäßig aufhält,
> 4. Verbindung zur verletzten Person, auch unter Verwendung von Fernkommunikationsmitteln, aufzunehmen,
> 5. Zusammentreffen mit der verletzten Person herbeizuführen ..."

Für alle Anordnungen ist vorgesehen, dass sie nur für einen bestimmten Zeitraum gelten sollen. Diese Frist legt das Gericht fest.

Das Gewaltschutzgesetz sollte von Fachkräften in sozialen Berufen, die beispielsweise mit der Beratung von Opfern häuslicher Gewalt befasst sind, immer als eine vorrangige Handlungsoption beachtet werden. Ein möglicher Täter kann mit diesen Anordnungen ohne tiefgreifendere Maßnahmen, wie z. B. durch Inobhutnahme des kindlichen Opfers nach den Regelungen der **§§ 42 ff. SGB VIII** von dem Kind ferngehalten werden.

4 Bildaufnahmen

Um eine andere Form von Nachstellungen handelt es sich bei einem weiteren Straftatbestand, der dem Abschnitt der Straftaten der **„Verletzung des persönlichen Lebens- und Geheimbereichs"** zugeordnet ist. Hier geht es um **unbefugte Bildaufnahmen** aus einem geschützten Bereich.

Bereits das Mittelalter kannte den **Pranger**, bei dem, seitens der Obrigkeit angeordnet, Menschen in sehr unvorteilhaften Positionen dem Bedürfnis der anderen nach Rache oder Erniedrigung hilflos ausgesetzt wurden.

Die heutige Digitalisierung ermöglicht eine neue Form des Prangers oder quasi seine Privatisierung: Menschen verwenden die Möglichkeiten der Verbreitung von beliebigen Informationen durch jedermann zur Befriedigung ihrer Rachegefühle. Diese Vorgehensweise bezeichnet man als „**Revengeporn**": Mehr oder weniger intime Abbildungen des Opfers werden mit einem beliebig großen Kreis von Betrachtern geteilt. Dies ist ein hässliches Phänomen der Möglichkeiten des Internets, insbesondere der sozialen Netzwerke. Der Gesetzgeber hat reagiert und dieses Verhalten strafrechtlich sanktioniert.

Nach **§ 201a Abs. 1 StGB – Verletzung des höchstpersönlichen Lebensbereichs und von Persönlichkeitsrechten durch Bildaufnahmen** – wird bestraft,

- wer „unbefugt eine Bildaufnahme herstellt oder überträgt" oder einer dritten Person zugänglich macht
- „von einer Person, die sich in einer Wohnung oder einem gegen Einblick besonders geschützten Raum befindet"
- „die die Hilflosigkeit einer anderen Person zur Schau stellt".

Mit der Bildaufnahme muss zusätzlich der „höchstpersönliche Lebensbereich der abgebildeten Person verletzt" werden.
Wird mit diesen Bildaufnahmen die Nacktheit von „Personen unter achtzehn Jahren" gezeigt, führt dies zu einem höheren Strafmaß, gemäß § 201a Abs. 3 StGB.

5 Missbrauch Abhängiger

5.1 Menschen mit Behinderung

Bei Menschen mit einer physischen/geistigen **Behinderung** ist es schwierig herauszufinden, ob es sich bei sexuellen Handlungen um einen Eingriff in das sexuelle Selbstbestimmungsrecht handelt. Es sind Situationen denkbar, bei denen zwar die Willensbildung und die Äußerung des Willens ausgeschlossen sind, der beeinträchtigte Partner aber innerlich mit der sexuellen Handlung einverstanden ist. So hat der BGH zu § 179 StGB a. F. zutreffend ausgeführt, dass es nicht Zweck der Vorschrift ist,

> „Menschen, die an einer physischen oder psychischen Störung leiden, aufgrund welcher sie zu sexueller Selbstbestimmung außerstande sind, dadurch zu sexueller Enthaltsamkeit zu verurteilen, daß jeder geschlechtliche Kontakt zwischen ihnen und anderen unter Strafe gestellt wird." (BGHSt 32, 186 mit Verweis auf BT-Drs. VI/3521, S. 41, zitiert nach Schönke/Schröder 2019, Anm. 25 zu § 177 StGB).

Damit ist das Problem der Sexualität behinderter Personen nicht vollständig gelöst, denn es geht um ihr **Recht auf Sexualität**. Dabei stellt sich die Frage, ob Menschen mit Behinderungen im Einzelfall überhaupt in der Lage sind, in Sexualkontakte einzuwilligen. Wäre dies rechtlich so gut wie ausgeschlossen, dann würde jede sexuelle Handlung mit Menschen mit geistiger oder psychischer Behinderung ein hohes, nicht zu kalkulierendes Risiko beinhalten. In der Konsequenz bestünde die Gefahr, dass Menschen mit Behinderung pauschal zu sexueller Enthaltsamkeit gezwungen würden.
Wie dieses Problem zu lösen ist, wird unterschiedlich beurteilt. Man kann wohl sagen, dass ein **Missbrauch dann nicht** vorliegt, wenn zum Zeitpunkt der sexuellen Handlung eine über die Sexualität hinausgehende **Beziehung** bestanden hat. An die Qualität dieser Beziehung dürfen jedoch nicht zu hohe Anforderungen gestellt werden.

In diesen Zusammenhang gehört **§ 177 Abs. 2 Ziff. 2 StGB,** der jedoch in seiner Konkretisierung schwierig umzusetzen ist:

> „(wenn) der Täter ausnutzt, dass die Person auf Grund ihres körperlichen oder psychischen Zustands in der Bildung oder Äußerung des Willens erheblich eingeschränkt ist, es sei denn, er hat sich der Zustimmung dieser Person versichert".

Tatbestandsvoraussetzung ist in diesen Fall also, dass bei der betroffenen Person zum Zeitpunkt der sexuellen Handlung die „Bildung oder Äußerung des Willens erheblich eingeschränkt ist", und zwar „auf Grund ihres körperlichen oder psychischen Zustands":

- Das Wort **„psychisch"** soll in diesem Zusammenhang denselben Bedeutungsgehalt wie das Wort **„seelisch" in § 20 StGB** haben und nur Zustände erfassen, die mit medizinisch-psychologischen Kriterien zu erfassen sind (Schönke/Schröder 2019, Anm. 35 zu § 177 StGB). Ursache dafür können z. B. Suchtmittel jeder Art sein.
- Die **Erheblichkeit** stellt sich der Gesetzgeber so vor, dass diese „offensichtlich auf der Hand liegt und sich dem unbefangenen Beobachter ohne Weiteres aufdrängt" (BT-Drs. 18/9097, S.24)
- Als Beispiele für eine **eingeschränkte Willensbildung** nennt der Gesetzgeber stark verminderte Intelligenz oder erhebliche Trunkenheit (BT-Drs. 18/9097, S. 24).

Noch problematischer wird die Anwendung der Norm dadurch, dass bei einer **Zustimmung** des Opfers die **Strafbarkeit ausgeschlossen** ist, denn das Gesetz lässt diese Option zu „es sei denn, er hat sich der Zustimmung dieser Person versichert", **§ 177 Abs. 2, Ziff. 2, 2. Hlbs. StGB.**

Die gesetzgeberische Idee war es wohl, das Problem über die sog. **„Ja heißt Ja“-Option** zu lösen. Man unterstellt, dass Personen mit eingeschränkter Willensbildung zwar zustimmen können, dass sie aber nicht im Stande sind im Sinne von „Nein heißt Nein“ wie in **§ 177 Abs. 1 StGB** vorgesehen eine Ablehnung zu formulieren. Insofern war es die Zielsetzung des Gesetzgebers den Personen, bei denen die geistige oder psychische Behinderung ihre Willensbildung zwar einschränken, sie aber nicht ausschließen, ein selbstbestimmtes Erleben ihrer Sexualität zu ermöglichen. Dafür soll es ausreichen, dass ein „natürlicher Wille zur sexuellen Handlung“ vorliegt (BT-Drs. 18/9097, S. 24).

In Folge dieser Überlegungen wurde wegen der erhöhten Schutzbedürftigkeit der Betroffenen das Erfordernis einer positiven Zustimmung in den Tatbestand eingebaut. Der Bundestag hat dazu in der Gesetzesbegründung ausdrücklich auch die „**Höchstpersönlichkeit** der **sexuellen Bedürfnisse“** von Personen mit Behinderung hervorgehoben und darauf hingewiesen, dass deshalb der Wille von Angehörigen oder Betreuenden nicht entscheidend ist (BT-Drs. 18/9097, S. 25). Gleichzeitig wird in der Gesetzesbegründung aber gefordert, dass „kein vernünftiger Zweifel“ an der Zustimmung bleibt (BT-Drs. 18/9097, S. 24).

Das schafft wiederum für die Betreuenden das schwer zu lösende Problem, um Sexualität zu ermöglichen, sich angemessen distanziert zu verhalten, ohne dabei den betreuenden Schutz aufzugeben.

Der Grundsatz, an dem sich die Betreuenden orientieren müssen, muss sein, dass alle Menschen, ein Recht auf sexuelle Selbstentfaltung und Selbstbestimmung haben und eine geistige oder psychische Behinderung nicht kategorisch zum Ausschluss dieser Form der Selbstentfaltung führen darf, auch wenn das im Einzelfall zu erheblichen Entscheidungsproblemen führt. Im Vordergrund einer Entscheidung steht der „natürliche Wille“, der ausdrücklich zu respektieren ist.

Zusätzlich ist zu beachten, dass die Strafandrohung in besonderen Fällen nach **§ 177 Abs. 4 StGB** verschärft wird:

> „Auf Freiheitsstrafe nicht unter einem Jahr ist zu erkennen, wenn die Unfähigkeit, einen Willen zu bilden oder zu äußern, auf einer Krankheit oder Behinderung des Opfers beruht.“

Das bedeutet: Es wirkt sich für den Täter strafverschärfend aus, wenn die Unfähigkeit zur Willensbildung oder Willensäußerung des Opfers auf **Krankheit oder Behinderung** beruht.

Wenn zudem der **Täter seinerseits eine geistige oder psychische Behinderung** aufweist, könnte seine Bestrafung allerdings an seiner Schuldunfähigkeit entsprechend **§ 20 StGB** scheitern oder, nach **§ 16 Abs. 1 StGB**, an einem Irrtum über die Einwilligung des Opfers.

5.2 Gefangene

Mit **§ 174a StGB** wurde ein zusätzlicher besonderer Missbrauchstatbestand in Bezug auf spezielle Personengruppen geschaffen. **§ 174a Abs. 1 StGB** formuliert:

> „(1) Wer sexuelle Handlungen an einer gefangenen oder auf behördliche Anordnung verwahrten Person, die ihm zur Erziehung, Ausbildung, Beaufsichtigung oder Betreuung anvertraut ist, unter Mißbrauch seiner Stellung vornimmt oder an sich von der gefangenen oder verwahrten Person vornehmen läßt oder die gefangene oder verwahrte Person zur Vornahme oder Duldung sexueller Handlungen an oder von einer dritten Person bestimmt, wird mit Freiheitsstrafe von drei Monaten bis zu fünf Jahren bestraft."

§ 174a Abs. 1 StGB bestraft also ausdrücklich den sexuellen **Missbrauch von Gefangenen** und **behördlich Verwahrten**. Diese befinden sich als Gefangene in einem besonderen Gewaltverhältnis, was unvermeidlich Freiheitsbeschränkungen und Abhängigkeiten schafft. Die Vorschrift hat zum Ziel, die sexuelle Selbstbestimmung der Insassen zu schützen, aber die reibungslose Funktion der Institutionen sowie das Vertrauen der Allgemeinheit in die Integrität der professionellen Helfer zu gewährleisten (BT-Drs. VI/3521, S. 25, NStZ 11, 466).

Mit der im Jahre 2021 eingefügten Formulierung in **§ 174a Abs. 1 StGB** wird der Missbrauch der Machtstellung des Täters erweitert auf die Einbeziehung Dritter als aktiver oder passiver Akteure unter der Tatherrschaft des Aufsehers oder Betreuers:

- **Gefangene** i.S. dieser Vorschrift sind Personen, denen durch hoheitliche Zwangsgewalt die persönliche Freiheit entzogen ist. Dazu gehören in erster Linie Strafgefangene und Untersuchungshäftlinge.
- Wer als **behördlich in einer Anstalt verwahrt** gilt, ist teils unproblematisch, teils umstritten. Unter die Vorschrift fallen u. a. Sicherungsverwahrte nach § 66 StGB und Personen, die nach den §§ 63, 64 StGB in einem psychiatrischen Krankenhaus oder einer Entziehungsanstalt oder die nach § 71 Abs. 2 JGG einstweilen in einem Heim untergebracht sind. Ferner fallen unter diese Bestimmung u. a. die nach landesrechtlichen Unterbringungs- und sonstigen

Polizei- bzw. Ordnungsgesetzen Untergebrachten oder Verwahrten sowie gemäß § 62 AufenthG Ausländer in Abschiebehaft.

- Der Tatbestand zielt auf das **rechtliche Anstaltsverhältnis**. Als **Tatorte** kommen also auch Außenarbeitsbereiche und Transportfahrzeuge sowie Freigang und Hafturlaub in Betracht (BT-Drs. VI/3521, S. 25).

Streitig war es lange Zeit, ob **Kinder und Jugendliche**, die Leistungen der Jugendhilfe nach **§ 34 SGB VIII** in einem Heim in Anspruch nehmen, als in einer „Anstalt behördlich verwahrt gelten". Die Antwort kann nur lauten: Nein (so auch BGHSt 60, 235).
Jugendhilfe ist nicht mehr wie bis in die 1990er Jahre ein staatlicher Eingriff, sondern sie beinhaltet letztlich eine öffentliche Dienstleistung. Insofern können Empfänger von Jugendhilfeleistungen, also von „Hilfen zur Erziehung", rechtlich keinesfalls als behördlich Verwahrte eingestuft werden.

Beispiele:

- Aus diesem Grunde macht sich ein Heimleiter nicht nach § 174a StGB strafbar, wenn er mit einem erwachsenen Heimzögling das Bett teilt (BayOblG, NJW 1995, 1623).
- Allerdings hat in einem solchen Fall der Heimleiter die professionellen pädagogischen Standards grob missachtet. Er muss daher mit arbeitsvertraglichen Konsequenzen rechnen. Auch kann das Verhalten des Heimleiters u. U. auch schadensersatzrechtliche Folgen haben.
- Adäquate Reaktionen auf solche Verhaltensweisen in Heimen und anderen Einrichtungen der Jugendhilfe sind nicht strafrechtliche Sanktionen, sondern arbeitsrechtliche Maßnahmen und zivilrechtliche Schadensersatzansprüche.
- Das OLG Düsseldorf sprach einer Patientin ein Schmerzensgeld in Höhe von damals noch 10.000 DM zu, weil der Therapeut unverantwortlich und grob fehlerhaft, sei es aus eigenem Antrieb oder aus Verlangen der Patientin persönliche Beziehungen mit emotionalen Bindungen zu ihr aufgenommen hat (OLG Düsseldorf, NJW 1990, 1543).
- In Betracht kommt indessen eine Bestrafung nach § 174c StGB wegen sexuellen Missbrauchs unter Ausnutzung eines Beratungs-, Behandlungs- oder Betreuungsverhältnisses.

Eine weitere Voraussetzung für die Strafbarkeit in den Fällen des **§ 174a StGB** ist, dass der Täter seine **Stellung missbrauchen** muss.

Ein Missbrauch bei Gefangenen liegt dann vor, wenn der Täter die Gelegenheit, die seine Stellung bietet, unter Verletzung seiner Dienstpflichten bewusst zu sexuellen Kontakten benutzt.
Ein Missbrauch kann auch dann gegeben sein, wenn der Gefangene einverstanden ist oder gar selbst die Initiative ergriffen hat (Schönke/Schröder 2019, Anm. 6 zu § 174b StGB).
Das hier relevante Merkmal **„zur Betreuung anvertraut“** zielt auf alle zur Betreuung Tätigen z. B. auf „Krankenpfleger, Ärzte, Geistliche, Sozialarbeiter, u. U. auch freiwillige Mitarbeiter im Vollzug, auch wenn sie nur im Rahmen eines begrenzten Auftrags für die Anstalt tätig sind. Sie müssen demnach nicht Anstaltsbedienstete sein“ (Schönke/Schröder 2019, Anm. 6 zu § 174a StGB).

Aber es gilt eine Einschränkung: **Echte Liebesbeziehungen** sollen **nicht bestraft** werden!

Beispiele:

- Gefängnispsychologin und Gefangener (BGH, NStZ 99, 349; NStZ 11, 466; StV 15, 495).
- In einem Fall, in dem sich eine Justizvollzugsbeamtin in einen Gefangenen verliebte und es zu sexuellen Handlungen gekommen war, entwickelte der BGH Beurteilungsmassstäbe für derartige Situationen:

  > „Je ausgeprägter das Abhängigkeitsverhältnis ist, je mehr Befugnisse und Weisungsrecht dem Täter gegenüber dem Gefangenen zustehen, umso näher wird im Allgemeinen die Annahme tatbestandsmäßigen Verhaltens liegen, wenn es zu sexuellen Handlungen kommt. Umgekehrt sind, je geringer und schwächer die Befugnisse des Verantwortlichen gegenüber dem Gefangenen sind, je weniger deren Beziehung durch eine Über- und Unterordnungsverhältnis geprägt sind, umso eher sind Fälle denkbar, in denen die Stellung des Täters für die Mitwirkung des Gefangenen an den sexuellen Handlungen ohne Bedeutung ist oder ihre Bedeutung in den Hintergrund tritt, mit der Folge, dass die Annahme eines Missbrauches dieser Stellung ausscheidet. Gleiches kann...gelten, wenn die sexuellen Handlungen im Rahmen einer echten Liebesbeziehung zwischen der oder dem Gefangenen und der zur Betreuung eingesetzten Person stattfinden“ (BGH, NStZ 1999, 349).

  Aus diesen Gründen wurde die Justizvollzugsbeamtin freigesprochen.

- Ebenfalls freigesprochen wurde eine Krankenschwester, die in einer Justizvollzugsanstalt beschäftigt war und wegen sexuellen Missbrauchs von Gefangenen angeklagt wurde.
  Auch in diesem Fall entschied der BGH, dass sexuelle Handlungen zwischen Justizvollzugsbediensteten und Gefangenen nicht stets strafbar sind. Das sei schon mit dem Wortlaut der Vorschrift nicht vereinbar, die schließlich voraussetzt, dass der Gefangene dem Täter „anvertraut" ist und der Täter sexuelle Handlungen „unter Missbrauch" seiner Stellung vornimmt. Außerdem würde eine solche Auslegung dem Schutzzweck der Vorschrift nicht gerecht. Die Entstehungsgeschichte und die Systematik des Gesetzes zeigten, dass die Vorschrift neben dem Schutz des Allgemeininteresses an sachrichtiger und gleicher Behandlung von Gefangenen und verwahrten Personen auch die sexuelle Selbstbestimmung von Gefangenen bezweckt (BGH vom 15.06.2000, Az. 4 – StR 156/00; vgl. auch BGH, NStZ 1999, 29).

Nach diesen Urteilen kann also bei einer echten Liebesbeziehung ein „Missbrauch" i. S. des **§ 174a Abs. 1 StGB** nicht angenommen werden.
Derartige Beziehungen können aber arbeitsrechtlich bzw. beamtenrechtlich disziplinarische Konsequenzen haben.

5.3 Kranke und Hilfsbedürftige

§ 174a Abs. 2 StGB zielt auf die Bestrafung bei sexuellem **Missbrauch von kranken und hilfsbedürftigen Menschen in Einrichtungen**:

> „(2) Ebenso wird bestraft, wer eine Person, die in einer Einrichtung für kranke oder hilfsbedürftige Menschen aufgenommen und ihm zur Beaufsichtigung oder Betreuung anvertraut ist, dadurch mißbraucht, daß er unter Ausnutzung der Krankheit oder Hilfsbedürftigkeit dieser Person sexuelle Handlungen an ihr vornimmt oder an sich von ihr vornehmen läßt oder diese Person zur Vornahme oder Duldung sexueller Handlungen an oder von einer dritten Person bestimmt."

Mit dieser Vorschrift soll die Freiheit der Kranken und Hilfsbedürftigen geschützt werden, sich gegen sexuelle Ansinnen zu wehren (OLG Hamm, NJW 1977, 1500). Für die Erfüllung des Tatbestandes ist es erforderlich, dass gerade die aktuell spezielle Schwäche des Opfers ausgenutzt wird (Schönke/Schröder 2019, Anm. 1 zu § 174a StGB).

Zu den **Einrichtungen** zählen:

- Kliniken,
- psychiatrische Krankenhäuser,
- Pflegeheime,
- Heime für körperlich und geistig behinderte Menschen,
- Kurheime (BGH 19, 131).

§ 174a Abs. 2 StGB setzt nicht voraus, dass die Kranken und Hilfsbedürftigen in der Einrichtung stationär untergebracht sind. Es genügt, dass sie in der Einrichtung **„aufgenommen"** sind.
Damit erfasst der Tatbestand auch die ambulante und teilstationäre Aufnahme, Behandlung oder Betreuung geistig oder seelisch Kranker oder von Personen mit Behinderungen, nicht aber die einmalige Beratung. Auch Patienten in Tageskliniken sowie Personen in Behindertenwerkstätten werden geschützt. „Einrichtungen, die lediglich der Betreuung dienen (‚**betreutes Wohnen**'), werden dagegen **nicht** erfasst" (Schönke/Schröder 2019, Anm. 8 zu § 174a StGB).

Fazit:

- Der Täter muss die Krankheit und Hilfsbedürftigkeit des Opfers „**ausnutzen**", wenn es durch den Aufenthalt in einer Einrichtung in seiner Willenskraft geschwächt ist, um seine sexuellen Ziele durchzusetzen.
- Täter kann nur sein, wem das Opfer „**zur Betreuung oder zur Beaufsichtigung**" anvertraut ist.
  Das ist nicht jeder Beschäftigte der Einrichtung, aber Ärzte, Pflegepersonal (vgl. BGHSt 1, 122), Physiotherapeuten und Bademeister sowie Sozialarbeiter oder Sozialpädagogen, soweit sie eine Erziehungs-, Ausbildungs-, Beaufsichtigungs- oder Betreuungsstellung innehaben (Schönke/Schröder 2019, Anm. 13 zu § 174a StGB).

Beispiel:

Ein Oberarzt, der an Patientinnen, die stationär in einer Klinik behandelt wurden, im Rahmen von neurologischen Untersuchungen und Therapien sexuelle Handlungen vornahm, wurde vom BGH nach § 174a Abs. 2 StGB verurteilt. Das Gericht hat die Auffassung vertreten, dass das Merkmal „unter Ausnutzung der Krankheit oder Hilfsbedürftigkeit" bereits dann erfüllt ist, wenn ein stationär untergebrachter Patient durch den behandelnden Arzt getäuscht wird, dass eine Untersuchung erforderlich ist und dann im Rahmen dieser Untersuchung sexuelle Handlungen vorgenommen werden (BGH, NStZ 2004, 631).

- **Einverständliche Beziehungen** bleiben straffrei möglich.
  Krankheit und Hilfebedürftigkeit schließen nicht grundsätzlich aus, dass jemand in sexuelle Handlungen einwilligen kann. Es entfällt dann das Ausnutzen (Schönke/Schröder 2019, Anm. 10 zu § 174a StGB).

5.4 Ausnutzung einer Amtsstellung

Der besondere Tatbestand des **§ 174b StGB** will vor dem sexuellen **Missbrauch unter Ausnutzung einer Amtsstellung** schützen.
§ 174b Abs. 1 StGB lautet:

> „(1) Wer als Amtsträger, der zur Mitwirkung an einem Strafverfahren oder an einem Verfahren zur Anordnung einer freiheitsentziehenden Maßregel der Besserung und Sicherung oder einer behördlichen Verwahrung berufen ist, unter Missbrauch der durch das Verfahren begründeten Abhängigkeit sexuelle Handlungen an demjenigen, gegen den sich das Verfahren richtet, vornimmt oder an sich von dem anderen vornehmen lässt oder die Person zur Vornahme oder Duldung sexueller Handlungen an oder von einer dritten Person bestimmt, wird mit Freiheitsstrafe von drei Monaten bis zu fünf Jahren bestraft."

Diese Vorschrift hat ein doppeltes Ziel:

- Geschützt werden sollen die sexuelle Selbstbestimmung und
- das Vertrauen der Allgemeinheit in die Integrität staatlicher Machtausübung (Schönke/Schröder 2019, Anm. 1 zu § 174b StGB).

Eingeschlossen sind Verfahren nach dem JGG, nicht aber Bußgeldverfahren.

Nach **§ 174b StGB** ist es **nicht ausreichend**, wenn der Täter **lediglich seine Stellung missbraucht.** Die sich aus seiner Amtsstellung ergebenden Möglichkeiten zu sexuellen Übergriffen genügen nicht (BGH, NStZ 1995, 222). Der Täter muss – offen oder verdeckt – bei dem Betroffenen die Befürchtung wecken oder ausnutzen, er werde das Verfahren zu seinem Nachteil beeinflussen (Schönke/Schröder 2019, Anm. 7 zu § 174b StGB).

5.5 Beratungs-, Behandlungs- und Betreuungsverhältnisse

In **psychotherapeutischen** bzw. **beratenden Verhältnissen** kommt es immer wieder zu Grenzüberschreitungen der unterschiedlichsten Art. Therapeuten und Berater sind immer wieder versucht, das Machtgefälle zwischen ihnen und den Rat- und Hilfesuchenden auszunutzen.

Dieser Machtmissbrauch ist seit Beginn der 1990er Jahre Gegenstand empirischer Forschung. Im Jahre 1995 ging man von jährlich etwa 600 Fällen sexueller Übergriffe in therapeutischen Behandlungsverhältnissen aus (BR-Drs. 295/97, S. 8). Die Dunkelziffer ist bis heute naturgemäß sehr hoch.
In den Folgejahren wurde deshalb der strafrechtliche **Schutz geistig und seelisch behinderter** Menschen vor sexuellen Übergriffen im Rahmen von Beratungs-, Behandlungs- und Betreuungsverhältnissen durch **§ 174c StGB** weiter verbessert:

> „(1) Wer sexuelle Handlungen an einer Person, die ihm wegen einer geistigen oder seelischen Krankheit oder Behinderung einschließlich einer Suchtkrankheit oder wegen einer körperlichen Krankheit oder Behinderung zur Beratung, Behandlung oder Betreuung anvertraut ist, unter Mißbrauch des Beratungs-, Behandlungs- oder Betreuungsverhältnisses vornimmt oder an sich von ihr vornehmen läßt oder die Person zur Vornahme oder Duldung sexueller Handlungen an oder von einer dritten Person bestimmt", wird mit Freiheitsstrafe von drei Monaten bis zu fünf Jahren oder mit Geldstrafe bestraft.
> (2) Ebenso wird bestraft, wer sexuelle Handlungen an einer Person, die ihm zur psychotherapeutischen Behandlung anvertraut ist, unter Mißbrauch des Behandlungsverhältnisses vornimmt oder an sich von ihr vornehmen läßt oder diese Person zur Vornahme oder Duldung sexueller Handlungen an oder von einer dritten Person bestimmt."

Die hier verwendeten Begriffe bedürfen einer genauen Betrachtung:

- Der Begriff der **„geistigen"** Krankheiten ist medizinisch veraltet (Pschyrembel, Klinisches Wörterbuch, 2. A. 2012, Stichwort „Geisteskrankheit"). Es gilt der Begriff **„seelische Krankheiten"** (BT-Drs. 13/8267, S. 7).
  Angeborene oder erworbene Intelligenzdefizite werden aber als „geistige" Behinderungen betrachtet (BT-Drs. 11/4528, S. 116; BayObLG, FamRZ 1994, 318). „Seelische" Behinderungen sind alle anderen psychischen Beeinträchtigungen (BT-Drs. 11/4528, S. 116).
- Das geschützte Rechtsgut ist die **sexuelle Selbstbestimmung** von Personen, deren **Widerstandsfähigkeit** gegen sexuelle Übergriffe innerhalb beraterischer und therapeutischer Verfahren aufgrund ihrer geistigen, seelischen oder körperlichen Krankheiten **herabgesetzt** ist (vgl. BT-Drs. 13/8267, S. 6 f.; 15/350, S. 16).
  Ebenso wird mittelbar auch das Vertrauen in die Integrität von BeraterInnen bzw. BetreuerInnen geschützt.
- Der **Regelungsinhalt** von § 174c Abs. 1 StGB liegt im Schutz vor sexuellem Missbrauch für Personen – unabhängig vom Geschlecht und Alter –, die intellektuell, psychisch oder körperlich so beeinträchtigt sind, dass sie beraten, behandelt oder betreut werden müssen (Laubenthal 2000, 81).

Der Rahmen der in Betracht kommenden Obhutsverhältnisse ist weit gezogen, um einen größtmöglichen strafrechtlichen Schutz zu gewährleisten (vgl. BT-Drs. 13/8267, S. 7.) Die Begriffe Beratung, Behandlung sowie Betreuung überschneiden sich, eine **trennscharfe Abgrenzung** ist **nicht möglich** (Schönke/Schröder 2019, Anm. 5 zu § 174c StGB):

- **Beratung** ist jeder Rat gebende, professionelle Beistand, der sich auf die Krankheit oder Behinderung bezieht.
- Die **Behandlung** umfasst alle Maßnahmen der Diagnose, Therapie und Rehabilitation (BT-Drs. 13/8267, S. 11).
- Ein **Betreuungsverhältnis** liegt dann vor, wenn die Verantwortung für das leibliche oder geistig-sittliche Wohl des Kranken oder Behinderten mindesten in Teilbereichen übernommen wurde. Eine langdauernde Übernahme ist nicht erforderlich.
- Die Vorschrift bezieht sich auf **keine bestimmte Berufsgruppe**.
  Täter können all diejenigen sein, die aufgrund ihrer fachlichen Qualifikationen beraten, behandeln und betreuen (Laubenthal 2000, 82).

Beispiele:
ÄrztInnen, PsychiaterInnen, PsychotherapeutInnen, SonderpädagogInnen, SprachtherapeutInnen, HeilpraktikerInnen, das teilnehmende Hilfspersonal (LG Ravensburg NStZ-RR 2012, 45), sowie BetreuerInnen von Wohngruppen und Beratende in Sucht- und psychosozialen Beratungsstellen.
Zusätzlich sind entsprechende Handlungen durch Scharlatane, Außenseiter und Wunderheiler nach § 174c StGB zu bestrafen, sie können sich nicht darauf berufen, dass sie keinen professionellen Beruf ausüben (vgl. BT-Drs. 13/8267, S. 7).

Eine spezielle Regelung enthält **§ 174c Abs. 2 StGB**. Mit dieser Vorschrift wird ausdrücklich der Missbrauch in **psychotherapeutischen Behandlungsverhältnissen** unter Strafe gestellt:

- Die **psychotherapeutische** Behandlung beschränkt sich nicht nur auf die Psychotherapie im Sinne des Psychotherapeutengesetzes, sondern besteht auch in anderweitigen psychotherapeutischen Behandlungen.
  Es gilt daher ein weiter Psychotherapiebegriff, der auch die Beratung noch mitumfasst. Klienten bzw. Patienten von Institutsambulanzen und Beratungsstellen werden daher ebenfalls durch **§ 174c Abs. 2 StGB** geschützt.
- Zu den **Behandlungsverhältnissen** zählen wiederum nicht nur alle anerkannten Psychotherapieformen, sondern auch die „alternativen Therapien“, die beispielsweise von Weltanschauungsgemeinschaften angeboten werden.

Die besondere Schutzbedürftigkeit ergibt sich hier weniger aus der Beeinträchtigung des Patienten, die Anlass der Therapie ist, als vielmehr aus der Eigenart der psychotherapeutischen Behandlung, die den Patienten regelmäßig in eine tiefgreifende Abhängigkeit zum Therapeuten geraten lässt und dem Therapeuten eine große Machtstellung verleiht (vgl. BT-Drs. 13/8267, S. 7).
Ob eine Krankheit oder Behinderung tatsächlich vorliegt, ist nicht ausschlaggebend. Für die Strafbarkeit reicht es, wenn das Opfer subjektiv eine Behandlungs- oder Beratungsbedürftigkeit empfindet.

Nicht unter § 174c Abs. 2 StGB fallen jedoch **Veranstaltungen**, Kurse, Workshops, die mit psychologischen Methoden arbeiten, aber „nur" der Erlernung oder Erhaltung der sozialen Kompetenz dienen. Hierzu zählen Seminare oder Beratungen, in denen es um Berufs-, Ehe- oder Erziehungsfragen oder um Probleme wie Stressabbau, Führungsverhalten oder Konfliktbewältigung geht (Schönke/Schröder 2019, Anm. 8 zu § 174c StGB).

Bei den **Tätern** nach **§ 174c Abs. 2 StGB**, also z. B. Psychiater und psychologische Psychotherapeuten oder Kinder- und JugendlichenpsychotherapeutInnen, ist es vom Schutzzweck der Norm her gesehen jedoch nicht notwendig, dass der jeweilige Täter tatsächlich die entsprechende Qualifikation erworben hat. Es spielt auch keine Rolle, ob die Behandlung formal als Psychotherapie bezeichnet wird (Schönke/Schröder 2019, Anm. 8 zu § 174c StGB).

Zur Strafbarkeit nach **§ 174c StGB** ist es aber unabdingbar erforderlich, dass eine im Sinne des **§ 184h StGB erhebliche sexuelle Handlung** an dem Opfer vorgenommen wurde oder der Täter diese von dem Opfer an sich hat vornehmen lassen.
In Beratungs-, Behandlungs- oder Betreuungsverhältnissen oder in der Psychotherapie sind die Grenzen zwischen legitimen Behandlungsformen und den strafbaren „erheblichen sexuellen Handlungen" nicht einfach zu bestimmen. Die Übergänge sind hier fließend.

§ 184f StGB erfordert, dass für jede einzelne Norm des Sexualstrafrechts das **Rechtsgut** festzulegen ist. Dadurch kann es sein, dass ein und dieselbe Verhaltensweise einmal als sexuelle Handlung bestraft wird oder aber – wegen der nicht vorhandenen Erheblichkeit im Hinblick auf das geschützte Rechtsgut – straffrei bleibt.

Körperliche Kontakte im Rahmen einer psychosozialen Beratung, bei der Betreuung eines geistig oder psychisch Behinderten oder auch in der Psychotherapie können die Grenze der Erheblichkeitsschwelle überschreiten.

Eine weitere Voraussetzung für die Strafbarkeit nach **§ 174c StGB** ist, dass das Opfer dem Täter **„anvertraut"** ist:

Ein Anvertrautsein liegt dann vor, wenn Eltern ihre Kinder oder der Betreuer den Betreuten dem Täter die Aufsicht überlassen. Das Gleiche gilt, wenn sich ein Kranker oder ein geistig oder psychisch Behinderter aus eigener Entscheidung in ein Beratungs-, Behandlungs- oder Betreuungsverhältnis begibt.

Die Strafbarkeit hängt im Übrigen nicht davon ab, ob ein entsprechender Beratungs-, Behandlungs- oder Betreuungsvertrag rechtlich wirksam zustande gekommen ist. Es reicht für die Strafbarkeit, dass das Abhängigkeitsverhältnis faktisch besteht. Der Begriff ist weit zu verstehen und soll einen möglichst umfassenden Schutzbereich schaffen (BT-Drs. 13/8267, S. 7).

Für die Tatsache des Anvertrautseins spielt es auch keine Rolle, ob die Betreuung, Beratung oder Behandlung innerhalb einer Einrichtung, z. B. in einer Behindertenwerkstatt oder im beschützten Wohnen, in einer ambulanten Versorgung oder im häuslichen Rahmen stattfinden (Schönke/Schröder 2019, Anm. 5 zu § 174c StGB; für Kinder siehe Anm. 5a).

Immer wieder zu Schwierigkeiten führt die Beurteilung von **Fällen**, in denen sich **Therapeut und Klientin verlieben.** Es stellt sich also auch im Zusammenhang mit **§ 174c StGB** die Frage, ob sie sich strafbar gemacht haben, wenn es zwischen ihnen zu sexuellen Handlungen von einiger Erheblichkeit gekommen ist?

Der Einwand, dies sei keine oder jedenfalls nur eine eingeschränkte strafbare Handlung, da es sich um Liebe handele, verharmlost die hohe Manipulationsgefahr in derartigen Verhältnissen. All zu leicht können Machtgefälle instrumentalisiert werden, um eigene sexuelle Bedürfnisse zu befriedigen. Insofern kommt hier das Strafrecht trotzdem zur Anwendung, da Beratungs- und Therapieverhältnisse sich durch ein **erhebliches Machtgefälle** auszeichnen.

§ 174c StGB untersagt unmissverständlich alle sexuellen Kontakte, auch wenn die Beteiligten sich lieben. Die **Einwilligung** des Opfers ist rechtlich **unbeachtlich**, selbst wenn es den sexuellen Kontakt ausdrücklich bejaht.

Grundsätzlich ist ein vom Opfer erteiltes Einverständnis nach dem Schutzzweck der Vorschrift aufgrund der krankheitsbedingten Beeinträchtigung der Selbstbestimmung regelmäßig als unwirksam anzusehen (BGHSt 56, 229 ff.; 61, 215).

Der Gesetzgeber wollte Sexualität in derartigen Beratungs-, Behandlungs- oder Betreuungsverhältnissen konsequent unterbinden. Allenfalls bei weniger schweren Beeinträchtigungen sind Liebesbeziehungen denkbar, die aufgrund einer eigenverantwortlichen Entscheidung einen Missbrauch ausschließen (BGHSt 56, 233 f.; 61, 215 f.).

Eine Straftat nach **§ 174c StGB** kann auch dann vorliegen, wenn das therapeutische Verhältnis, die professionelle Beziehung beendet ist und es erst **anschließend** zu **sexuellen Handlungen** kommt. Wie lange die Phase der Abstinenz nach Beendigung einer Therapie bzw. einer Beratung zu dauern hat, ist nicht festgelegt. Die Strafbarkeit sexueller Handlungen nach der Beendigung einer Therapie würde allerdings eine Bestrafung auf Verdacht zur Folge haben können oder ein dauerndes Liebesverbot bedeuten. Insofern verliert das Abstinenzgebot mit dem Ende der Therapie seine Berechtigung. „Ist die Therapie regulär beendet worden, scheidet ein Missbrauch bei späteren sexuellen Kontakten aus" (LG Offenburg, NStZ-RR 05, 74).

Zur Strafbarkeit aus **§ 174c StGB** ist schließlich erforderlich, dass der Täter über die Vornahme der sexuellen Handlung hinaus das jeweilige Beratungs-, Behandlungs- und Betreuungsverhältnis **missbraucht**, d. h. das **spezifische Machtverhältnis zu seinen Gunsten ausnutzt**.

Der Täter missbraucht das Verhältnis, wenn er

- „die Gelegenheit, die seine durch das Beratungs-, Behandlungs- oder Betreuungsverhältnis begründete Vertrauensstellung bietet, unter Verletzung der damit verbundenen Pflichten bewusst zu sexuellen Kontakten mit den ihm anvertrauten Personen ausnutzt" (BT-Drs. 13/8267, S. 7).
- Da es sich um Klienten mit einer geistigen, seelischen oder körperlichen Krankheit oder Behinderung bzw. mit einer Suchtkrankheit handeln muss, können sexuelle Handlungen als solche schon missbräuchlich sein, wenn bewusst die Vertrauenssituation ausgenutzt wird (BGHSt 56, 32, 61).

Im Einzelnen ist schwer zu beantworten, welche Anforderungen an den Missbrauch des Beratungs-, Behandlungs- oder Betreuungsverhältnisses zu stellen sind. Klar ist aber, dass bei Drogenberatungen oder -behandlungen, Druck derjenige ausübt, der Leistungen ausdrücklich oder konkludent von sexuellen Handlungen abhängig macht oder droht oder behauptet, dass ohne Sexualität die Behandlung zwecklos sei (BGHSt 61, 216).

Wichtig ist, dass **§ 174c StGB ein Offizialdelikt** ist. Es bedarf also keines Strafantrages des Opfers, um ein Strafverfahren in Gang zu setzen. Es ist ausreichend, wenn die Strafverfolgungsbehörden (also die Polizei und die Staatsanwaltschaft) von einem derartigen sexuellen Missbrauch erfahren. Sie müssen dann ermitteln und gegebenenfalls Anklage erheben. Es kann also auch gegen den Willen des missbrauchten Opfers zu einem Strafverfahren kommen.

Mit § **174c StGB** wurde ein strafrechtlicher Schutzschild gegen sexuelle Übergriffe in Beratung, Behandlung, Betreuung sowie in der Psychotherapie errichtet. Das ethisch und professionell fundierte Abstinenzgebot wird damit auch strafrechtlich geschützt.

6 Missbrauchsdelikte bei Kindern und Jugendlichen

Das Strafgesetzbuch enthält spezielle Paragrafen, die sich auf den sexuellen Missbrauch von Kindern beziehen.

Nach den **§§ 176, 176a** bis **176d StGB** sind **Kinder unter 14 Jahren** vor allen sexuellen Handlungen **geschützt.** Kinder müssen davor geschützt werden „zum Objekt fremdbestimmter sexueller Handlungen zu werden" (vgl. BGH, NStZ-RR 17, 44). Diese Strafvorschriften sollen auch die ungestörte sexuelle Entwicklung von Kindern sichern (BGH, StV 2004, 479). Ihre Anwendung setzt nicht voraus, dass das Kind im Einzelfall geschädigt ist oder den Vorgang bemerkt hat. Ob es z. B. zu einer konkreten seelischen Schädigung des Kindes gekommen ist, könnte allenfalls in aufwändigen Untersuchungen mit der für ein Strafverfahren ausreichenden Sicherheit zuverlässig festgestellt werden, was die Opfer übermäßig belasten würde.

Die **§§ 176 und 176a StGB** sind daher nach den gesetzgeberischen Intentionen jeweils als abstrakte Gefährdungsdelikte ausgestaltet. Wegen der „Ungewissheit über die Schädlichkeit sexueller Übergriffe" (BT-Drs. VI/3521, S. 35) besteht daher die gesetzliche Vermutung, dass die unter Strafe gestellten Verhaltensweisen für ein Kind generell gefährlich sind; auf den konkreten Nachweis, dass das Kind im Einzelfall gefährdet ist, kommt es nicht an. Nach der Rechtsprechung hängt die Strafbarkeit daher nicht davon ab, ob das Kind die Bedeutung des Vorgangs versteht.

> „Nach ihrem äußeren Erscheinungsbild sexualbezogene Handlungen, die an einem Kind vorgenommen werden oder die das Kind an dem Täter oder einem Dritten vornimmt, sind sexuelle Handlungen auch dann, wenn das Kind die Sexualbezogenheit der Handlung nicht erkennt oder noch nicht erkennen kann" (BGH, JR 1981, 250, seitdem ständige Rspr.).

Vor diesem Hintergrund wird ein Täter nicht mit der Behauptung gehört, das Kind sei nicht geschädigt worden.

Und: Der strafrechtliche Schutz für Kinder bleibt auch bestehen, wenn ein Kind in die sexuelle Handlung einwilligt; die Einwilligung des Kindes ist juristisch unerheblich.
Nur diese Gesetzesinterpretation entspricht dem Ziel des Sexualstrafrechts, Kinder vor einer Beeinträchtigung ihrer sexuellen Selbstbestimmung und Gesamtentwicklung durch sexuelle Handlungen zu schützen.

Beispiele:

- Eine sexuelle Handlung kann auch an einem schlafenden Kind vorgenommen werden (BGH, NStZ 1992, 178 mit Anm. Molketin).
- Für die Erfüllung des Straftatbestandes spielt es auch keine Rolle, ob das Kind bereits sexuelle Erfahrungen gemacht hat oder
- ob die Initiative vom Kind ausgegangen ist (Schönke/Schröder 2019, Anm. 1a zu § 176 StGB).

Allerdings berücksichtigt die Rechtsprechung derartige Umstände bei der **Strafzumessung.**

Das Strafgesetzbuch regelt den Schutz der Kinder gegen sexuellen Missbrauch abgestuft:

- **§ 176 StGB** ist der Grundtatbestand.
- **§ 176b StGB** behandelt die besondere Form der sexuellen Misshandlung ohne Körperkontakt.
- **§ 176c StGB** enthält den schweren sexuellen Missbrauch von Kindern.
- **§ 176d StGB** bestraft den sexuellen Missbrauch von Kindern mit Todesfolge.

6.1 Straftaten gegen Kinder

§ 176 Abs. 1 StGB schützt die sexuelle Selbstbestimmung und ist so ein eigenständiges Delikt:

„(1) Mit Freiheitsstrafe nicht unter einem Jahr wird bestraft, wer
1. sexuelle Handlungen an einer Person unter vierzehn Jahren (Kind) vornimmt oder an sich von dem Kind vornehmen lässt,
2. ein Kind dazu bestimmt, dass es sexuelle Handlungen an einer dritten Person vornimmt oder von einer dritten Person an sich vornehmen lässt,
3. ein Kind für eine Tat nach Nummer 1 oder Nummer 2 anbietet oder nachzuweisen verspricht."

Diese Regelung wird durch folgende **Kriterien** geprägt:

- Das **Geschlecht** des **Täters** ist **beliebig**,
- das Geschlecht des **Opfers ebenfalls.**
- **Geschützt** werden Menschen bis zur **Vollendung des 14. Lebensjahrs** (BGH, NStZ-RR 10, 205).
- Strafbar ist aber nur eine Handlung mit **körperlicher Berührung** (BGH, NStZ 1996, 130).
- Es muss sich um eine sexuelle Handlung von „**einiger Erheblichkeit**" gemäß **§ 184h Ziff. 1 StGB** handeln.

Die Gerichte haben in vielen Entscheidungen konkretisiert, wann eine strafbare sexuelle Handlung i. S. v. **§ 176 Abs. 1 Ziff. 1 StGB** vorliegt.

Beispiele:

- Das sehr kräftige Waschen von Mädchen im Genitalbereich (BGH 1986, BGHR § 184f Nr. 1, Erheblichkeit 1);
- der Griff an die bedeckte Brust eines neunjährigen Mädchens (BGH 1992, BGHR § 184f Nr. 1, Erheblichkeit 6).

Keine sexuellen Handlungen sind nach **§ 184h Ziff. 1 StGB** solche Handlungen, „die keine Gefährdung der ungestörten sexuellen Entwicklung des Kindes begründen können" (Schönke/Schröder 2019, Anm. 3 zu § 176 StGB).

Nach der Rechtsprechung fallen folgende Situationen darunter.

Beispiele:

- Kuss auf die Wange (OLG Zweibrücken, NStZ 1998, 357).
- Das kurze und unbedeutende Berühren der Brust, des Gesäßes oder der Oberschenkel über der Kleidung (BGH, NStZ 1992, 432; 1999, 45; 2017, 527; NStZ-RR 2017, 278; StV 2018, 421).
- Das kurze Drücken entblößter Körperteile (BGH, NStZ-RR 17, 44).

§ 176 Abs. 1 Ziff. 2 StGB bezieht auch Handlungen des Kindes am Körper des Täters mit ein. Aber auch in diesen Fällen muss objektiv eine sexuelle Handlung von „einiger Erheblichkeit" gem. § 184h StGB vorliegen:

- Es kommt dabei nicht darauf an, dass das Kind den sexuellen Charakter der Handlung erkennt oder versteht.

- Die Initiative kann sogar vom Kind ausgehen, ohne dass dies die Strafbarkeit verhindern würde.
- Der Täter muss das Kind aktiv drängen, z. B. durch Anweisung oder Überredung. Mindestens muss er das Kind in seinem Tun bestärken (BGH, StV 14, 733; OLG Hamm vom 29.09.2016, Az. 4Ws 302/16).
  Das Opfer kann überredet, durch Geschenke, Drohungen, Täuschungen, aber auch durch das Wecken von Neugier dazu gebracht werden (BGH, StV 14, 733; OLG Hamm vom 29.09.2016, Az. 4Ws 302/16).
- Bei kleineren Kindern genügt das bloße Verursachen der sexuellen Handlung (BGHSt 41, 245).
- Nicht erforderlich ist es, dass der Täter besondere Hemmungen der Kinder überwinden muss (Schönke/Schröder 2019, Anm. 8 zu § 176 StGB).

Für die in **§ 176 Abs. 1 Ziff. 2 StGB** beschriebene Variante ist ein **dritter Beteiligter** erforderlich. Es ist dabei belanglos, ob sich der Dritte ebenfalls strafbar macht, weil hier nur die Bestimmungshandlung bestraft wird (BGH, NStZ 2005, 153). Der Dritte kann auch ein Kind sein, sogar ein schlafendes (BGHSt 45, 42), da es für die Verwirklichung des Tatbestandes auf die Einwilligung des Dritten nicht ankommt. Für den umgekehrten Fall der Duldung der Vornahme von sexuellen Handlungen an dem kindlichen Opfer gelten die gleichen Grundsätze.

§176a StGB behandelt den sexuellen **Missbrauch von Kindern ohne Körperkontakt** mit dem Kind:

- Nach dieser Vorschrift wird bestraft, wer z. B. exhibitionistische, autoerotische oder sexuelle Handlungen an einem Dritten in Gegenwart eines Kindes vornimmt.
- Der Tatbestand setzt keine räumliche Nähe voraus, auch eine visuelle Beobachtung via Internet genügt (BGH, NJW 2009, 1892).
- Sogar Telefonanrufe, also die nur akustische Wahrnehmung sind ausreichend (BGHSt 1960, S. 46).
- Die Verwirklichung des Tatbestandes ist schon gegeben, wenn Eltern im Beisein ihres Kindes Zärtlichkeiten „von einiger Erheblichkeit" austauschen. Die Vorschrift erfasst auch manche „sozialadäquate Verhaltensweisen" wie z. B. den „innigen Kuss" der Eltern vor den Augen eines Säuglings (OLG Hamm, StV 2005, 134).

Dies erscheint wenig sinnvoll. Die Rechtsprechung verlangt daher, dass nur bestraft werden kann, wer das kindliche Opfer in seine sexuelle Handlung einbezieht, und zwar in der Weise, dass gerade die Wahrnehmung durch das Kind für den Täter von Bedeutung ist (BGH, NJW 2005, 1133).

Aus diesem Grunde ist in den nachfolgenden Beispielen eine **Bestrafung nicht möglich.**

Beispiele:

- Der Täter onaniert vor einem Kind, aber die Tatsache, dass ein Kind zuschaut, hat für den Täter keine Bedeutung (OLG Stuttgart, NStZ 2002, 34);
- der Täter lässt vor dem Kind an sich sexuelle Handlungen durch einen Dritten vornehmen (BGH, NStZ 2010, 33);
- ein Mann, der seine Ehefrau in Gegenwart ihres Sohnes vergewaltigt hat, wurde vom Vorwurf der sexuellen Handlung vor einem Kind freigesprochen, weil die Wahrnehmung durch das Kind keine Bedeutung für den Täter hatte (BGH, NJW 2005, 1133);
- ein Mann, der ein Kind anspricht, es berührt und sich sodann im Beisein des Kindes an seine geschlossene Hose greift und für ca. zehn Sekunden an seinem Glied herumdrückt, um sich sexuell zu erregen (OLG Düsseldorf, ZfJ 1995, 520).

Umgekehrt sind nachfolgende Handlungen nach **§ 176a Abs. 1 Ziff. 2 StGB strafbar.**

Beispiele:

- Wenn ein Kind bestimmt wird, sexuelle Handlung an sich selbst vorzunehmen, z. B. vor dem Täter oder einem anderen zu onanieren;
- wenn ein 13-jähriges Mädchen aufgefordert wird, ihren Oberkörper zu entblößen, und sie dem Täter Gelegenheit bietet, diesen eine geraume Weile zu betrachten und sexualbezogene Fragen zu stellen (BGH, NStZ 1985, 24);
- wenn ein Täter pornografische Aufnahmen von einem schlafenden Kind macht (BGH, NJW 1992, 324);
- wenn ein Täter pornografische Aufnahmen von einem entblößten Geschlechtsteil bzw. von zwei nackten Jungen, einmal übereinander, einmal nebeneinander liegend und sich gegenseitig berührend, macht, um mit diesen Fotos andere sexuell zu erregen.

Nicht strafbar ist dagegen, wenn ein Kind dazu gebracht wird, nackt zu baden.

Mit den §§ **176a Abs. 1 Ziff. 3** u. **176b StGB** wurden weitere besondere Straftatbestände geschaffen:

- Mit **§ 176a Abs. 1 Ziff. 3 StGB** wird das Einwirken auf Kinder durch pornografische Schriften oder Reden bestraft: Der Täter wirkt auf ein Kind durch Vorzeigen pornografischer Abbildungen oder Darstellungen, durch Abspielen von Tonträgern pornografischen Inhalts oder durch entsprechende Reden ein.
- Eine Verschärfung der Straftat liegt darin, dass der Täter auf das Kind durch Schriften mit der Zielsetzung einwirkt, es zu sexuellen Handlungen zu bringen, die es an oder vor dem Täter oder einem Dritten vornehmen oder von dem Täter oder einem Dritten an sich vornehmen lassen soll, **§ 176b StGB.**

Beide Paragrafen nehmen auf den sehr weiten Schriftenbegriff des **§ 11 Abs. 3 StGB** Bezug. Unter Schriften fallen demzufolge alle Ton- und Bildträger und Datenspeicher. Zu den Datenspeichern gehören Inhalte auf Datenträgern (z. B. Festplatten, CD-R, DVD, USB-Stick).
Die Daten müssen nicht dauerhaft gespeichert sein, es genügt, dass die Daten nur vorübergehend bereitgehalten werden (BT-Drs. 13/7385, S. 36; BGHSt 47, 58). Einbezogen ist daher auch der Datenverkehr in Chatrooms, mittels E-Mail, SMS, WhatsApp oder ähnlichen Netzdienstleistern wie Threema oder Signal (BGH, NStZ-RR 15, 140, OLG Hamm, MMR 16, 425).
Wenig sinnvoll erscheint die gesetzgeberische Entscheidung (BT-Drs. 18/2601, S. 28), hiervon die Internet-Telefonie (VoIP) und das Life-Streaming von Daten auszunehmen, mit der Begründung, diese würden nicht in den Arbeitsspeicher gelangen.

Die besonderen Tatbestände in **§§ 176a Abs. 1 Ziff. 3** u. **176b StGB** sollen nach Auffassung des Gesetzgebers gerade diejenigen Täter erfassen, die sich „im Schutz der Anonymität des Internets als Kinder ausgeben" (BT-Drs. 15/350, S. 17) und Treffen herbeiführen wollen, um Kinder sexuell zu missbrauchen. Bestraft wird die Absicht, ein konkretes Kind zu sexuellen Handlungen zu bringen. Das Ziel dieser Regelung ist es also, **„Cyber-Grooming"** strafrechtlich zu fassen: Cyber-Grooming ist das gezielte Einwirken auf Kinder über das Internet mit dem Ziel der Anbahnung sexueller Kontakte.
Der Gesetzgeber fordert auch, dass der Täter „ein Interesse" an den sexuellen Handlungen haben muss (BT-Drs. 15/350, S. 18). Wenn mit diesem Interesse ein sexuelles Interesse gemeint sein soll, so würde das gerade die Täter mit rein kommerziellem Interesse ausschließen, die in dem Kind kein Sexualobjekt sehen, sondern eine Ware.

Außerdem werden nach **§ 176c StGB bestimmte Formen** des sexuellen Missbrauchs als **schwerer sexueller Missbrauch** qualifiziert und mit erhöhter Strafe belegt:

- So wird mit einem erhöhten Strafrahmen u. a. derjenige bestraft, der mit einem Kind den **Beischlaf** oder **ähnliche sexuelle Handlungen** vollzieht,
- oder der das Kind bei dem sexuellen Missbrauch **körperlich schwer misshandelt**.

Täter dieser Form des schweren sexuellen Missbrauchs kann nur eine Person **über 18 Jahre** sein. Ein 17 Jahre alter Jugendlicher, der mit einem 13-jährigen Mädchen sexuell verkehrt, kann nur wegen eines einfachen sexuellen Missbrauchs nach **§ 176 StGB** bestraft werden (BGH, StV 2005, 133).

Beispiele für das Vorliegen von **Beischlaf (Geschlechtsverkehr)**:

Beispiele:

- Wenn der Täter mit seinem Glied in den Scheidenvorhof eingedrungen ist.
- Dem Beischlaf gleichgestellt sind insbesondere die orale und anale Penetration hetero- oder homosexueller Art.
- Auch das kurze Eindringen mit dem Finger oder Gegenständen in das Geschlechtsteil wird als schwerer sexueller Missbrauch geahndet (BGH, NStZ 2005, 152).
  Der Täter drückte einem 12-jährigem Mädchen einen Finger in die Scheide. Der BGH verurteilte ihn wegen schweren sexuellen Missbrauchs im Sinne von § 176c StGB.

  > „An der **Beischlafähnlichkeit** solcher sexuellen Handlungen besteht nach der gesetzgeberischen Bewertung ... jedenfalls in den Fällen kein Zweifel, in denen die Tathandlung ... unter Einbeziehung des Geschlechtsteils geschieht" (BGH, StV 2000, 198, 199; vgl. auch BGH, NStZ 2005, 90).

- Der Zungenkuss eines Erwachsenen bei einem Kind kann unter Umständen zu einem Verbrechen nach § 176a Abs. 2 Ziff. 1 StGB werden (vgl. OLG Zweibrücken, NJW 1996, 330). Allerdings hat der BGH berechtigte Zweifel an der Beischlafsähnlichkeit dieser Handlung geäußert (BGH, StV 2000, 198).
- Obwohl ein Mann den Beischlaf mit einem Kinde vollzogen hatte, wurde der erhöhte Strafrahmen für unangemessen gehalten, weil das Mädchen zur Tatzeit 13 Jahre und vier Monate alt war und sie

  > „schon über sexuelle Erfahrungen [verfügte] und bereits Geschlechtsverkehr mit einem Jungen gehabt [hatte]. Sie war neugierig darauf, mit einem erwachsenen Mann zu schlafen" (BGH, StV 1989, 432).

Die Rechtsprechung hat auch bei „**Liebesverhältnissen**" entschieden, dass sie sich **strafmildernd** auswirken können.

Beispiele:

- Ein etwa 50-jähriger Mann hat mit seiner 13-jährigen Großnichte auf einer gemeinsamen Urlaubsreise neunmal einvernehmlich den Geschlechtsverkehr ausgeübt.
  Das Landgericht sah darin einen besonders schweren Fall:

  > „Dieser Qualifizierung (als besonders schwerer Fall) steht nicht entgegen, dass zwischen dem Angeklagten und der Mj. eine Art Liebesbeziehung bestanden haben mag, da diese den Umständen nach weder als echt noch als schutzwürdig und auf Dauer angelegt anzuerkennen gewesen wäre und bei der Mehrheit der rechtstreuen Bevölkerung auf Unverständnis gestoßen wäre" (zitiert nach BGH, StV 1994, 314).

  Der BGH hat das korrigiert. Er belehrte das Landgericht, dass es mit dieser Beurteilung einen unzulässigen Maßstab angelegt hätte. Unzweifelhaft sei es, dass auch bei Vorliegen eines schweren Falles, nämlich des Beischlafs mit einem unter 14 Jahre altem Mädchen, die Strafe gemildert werden könne (BGH, StV 1994, 314).
- In einem anderen, ähnlich gelagerten Fall wirkte sich diese Überlegung des BGH ebenfalls strafmildernd aus:

  > „Jedenfalls liebte der Angeklagte die Geschädigte; er übte im Rahmen der Beziehung einen positiven Einfluss auf das schwierige Verhalten des Mädchens aus. Es spricht viel dafür, dass die Geschädigte, die alle sexuellen Handlungen nicht etwa unter Drohungen oder gar nach Gewaltausübung, sondern einverständlich mit dem Angeklagten vornahm, auch ihrerseits eine emotionale Zuneigung gegenüber dem Angeklagten empfand und in ihm eine Bezugsperson sah, durch welche sich die Verhaltensstörungen und die Erziehungsschwierigkeiten besserten. ... Vor Beginn der sexuellen Kontakte kümmerte sich das Mädchen um den sich sehr verlassen fühlenden Angeklagten und besuchte ihn; man schrieb sich die ersten Liebesbriefe. Im Übrigen ist der strafmildernde Umstand der echten Liebesbeziehung aus der Sicht der Beteiligten zu beurteilen, zumal es sich hier nicht um ein flüchtiges Verhältnis handelte" (BGHSt 1989, 5).

In § **176d StGB** ist der sexuelle **Missbrauch eines Kindes mit Todesfolge** normiert (die Formulierung dieser Vorschrift ist **wortgleich mit § 178 StGB**, bei der es um den sexuellen Missbrauch mit Todesfolge geht, unabhängig vom Alter des Opfers):

- **Verursacht** der Täter eines sexuellen Kindermissbrauches **wenigstens leichtfertig** den Tod des Kindes, so wird er mindestens mit einer zehnjährigen Freiheitsstrafe bestraft.
- Der **Tod** des Kindes muss **nicht durch die sexuelle Handlung** als solche eingetreten sein, vielmehr ist es ausreichend, wenn der Tod durch die spezifische Gefahr des sexuellen Missbrauchs herbeigeführt wurde, so z. B., wenn der Täter das Kind zum Schweigen bringen will oder sich das Kind nach dem Missbrauch selbst tötet (vgl. BT-Drs. 13/7559, S. 13).

6.2 Straftaten gegen Jugendliche

Die wichtigste **Schutzaltersgrenze** für Minderjährige vor sexuellem Missbrauch ist der **14. Geburtstag:**

- Danach sollen Minderjährige über ihre Sexualität frei verfügen können.
- Der einvernehmliche Geschlechtsverkehr und andere sexuelle Handlungen sind danach im Prinzip weder für den Minderjährigen noch für einen älteren Geschlechtspartner strafbar.

In besonderen Lebenszusammenhängen benötigen aber die **Minderjährigen**, die **älter als 14 Jahre** sind noch einen **besonderen Schutzbereich**.

Es kommt immer wieder vor, dass Priester, Ausbilder, Lehrer, Betreuer, Erzieher oder andere „Autoritätspersonen", ihre Machtstellung gegenüber ihren Schutzbefohlenen ausnutzen und Kinder und Jugendliche sexuell missbrauchen (Fegert/Wolff 2002). Das Autoritätsgefälle wird instrumentalisiert, die Opfer zum Objekt der Sexualität der Täter. Die zerstörerische Kraft eines sexuellen Missbrauchs hinterlässt meist traumatisierte, verzweifelte Kinder, zerrissen von Schuldgefühlen und voller Scham (Burkett/Frank 1995) (s. auch Kap. D 1.3). Das Strafgesetzbuch sieht daher für einige besondere Lebenssachverhalte einen **erhöhten altersgemäßen Schutz** für Minderjährigen vor. Dieser ist in zwei Straftatbeständen geregelt:

- **§ 174 StGB** befasst sich mit dem sexuellen Missbrauch von Schutzbefohlenen
- **§ 182 StGB** hat den sexuellen Missbrauch von Jugendlichen zum Gegenstand.

In § 174 StGB ist neben der sexuellen Selbstbestimmung der **besondere Schutzzweck** die **ungestörte sexuelle Entwicklung von Kindern und Jugendlichen** (BT-Drs. VI/3521, S. 20; BGH, NStZ 2001, 194), die innerhalb bestimmter Unterordnungs- und Abhängigkeitsverhältnisse in erhöhtem Maße der Gefahr sexueller Übergriffe ausgesetzt sind.
Nach **§ 174 StGB** sollen bestimmte schutzwürdige Beziehungen „um ihrer sozialen Funktion willen von geschlechtlichen Einflüssen" (BGH, NStZ 2001, 194) freigehalten werden. (vgl. BGHSt 41, 139; NStZ 2003, 661; StV 14, 731; NStZ 2017, 155):
Strafbar ist, wer sexuelle Handlungen an einer Person vornimmt, die ihm zur Erziehung, zur Ausbildung oder zur Betreuung in der Lebensführung anvertraut ist.

Ein derartiges **Vertrauensverhältnis** setzt voraus,

- dass der Täter die Pflicht hat, die Lebensführung des Schutzbefohlenen zu überwachen und zu leiten (BGH, NStZ 1989, 21), oder
- dass ein Über- und Unterordnungsverhältnis besteht (BGH, JR 1986, 514), oder
- es sich jedenfalls um ein Verhältnis handelt, in dessen Rahmen der Täter wenigstens eine Mitverantwortung für das Wohl des Minderjährigen trägt.

Alle drei Tatbestände erfordern „ein den persönlichen, allgemein menschlichen Bereich erfassendes Abhängigkeitsverhältnis des Jugendlichen zu dem Betreuer im Sinne einer Unter- und Überordnung" (BGH, NStZ 1996, 495, 496).

Die Begriffe Erziehung, Betreuung in der Lebensführung (vgl. **§ 174 Abs. 1 Satz 1 Ziff. 1 StGB**) und Ausbildungs-, Dienst- oder Arbeitsverhältnis (vgl. **§ 174 Abs. 1 Satz 1 Ziff. 2 StGB**) überschneiden sich in der Praxis. Sie können nicht trennscharf abgegrenzt werden.

> „Ihre nähere Bestimmung hat sich zu orientieren am Schutzzweck der Vorschrift, minderjährige und daher regelmäßig noch nicht ausgereifte Menschen vor sexuellen Übergriffen durch Autoritätspersonen zu bewahren, denen sie durch Vertrauensbeweis überantwortet, gewissermaßen in die Hand und deshalb in die Hut gegeben sind" (BGH, JR 1986, 514, 515).
>
> **„Ein Anvertrauen zur Erziehung** liegt vor, wenn der Täter verpflichtet ist, die Lebensführung des Jugendlichen und damit auch dessen geistig-sittliche Entwicklung zu überwachen und zu leiten (BGH, NStZ 1989, 21; NStZ 2000, 353)" (Schönke/Schröder 2019, Anm. 6 zu § 174 StGB).

Beispiele:

- In erster Linie sind Kinder zur Erziehung den Eltern, den Adoptiveltern, sowie den Pflegeeltern (BGH, NStZ 1991, 81) anvertraut.
- Dem Lehrer zur Erziehung anvertraut sind die Schüler seiner Klasse. Zu den Erziehern gehört auch der Schulleiter, der für die Erziehung und Aufsicht aller Schüler verantwortlich ist (BGH, NStZ 2003, 661; BGHSt 13, 352).

Kein Erziehungsverhältnis besteht,

- wenn das Lehrer-Schüler-Verhältnis dadurch beendet wird, dass der Lehrer die Schule verlässt.
- Tennistraining oder Nachhilfe begründen ebenfalls kein Erziehungsverhältnis.

Voraussetzung ist nämlich,

> „dass ein Verhältnis besteht, kraft dessen einer Person das Recht und die Pflicht obliegen, die Lebensführung des Jugendlichen und damit dessen geistig-sittliche Entwicklung zu überwachen und zu leiten. ... Dies versteht sich bei einer Tätigkeit als Tennistrainer nicht von selbst" (BGH, NStZ 2003, 662).

Eine besondere Lage ergibt sich bei **eheähnlichen Lebensgemeinschaften**. Die häusliche Gemeinschaft als solche ist für die Annahme eines Erziehungsverhältnisses **allein nicht** ausreichend (BGHR 1995, StGB § 174 Abs.1).

> „Voraussetzung ist vielmehr, dass ein Verhältnis besteht, kraft dessen einer Person das Recht und die Pflicht obliegen, die Lebensführung des Jugendlichen und damit dessen geistig-sittliche Entwicklung zu überwachen und zu leiten. Diese Voraussetzung ist ohne Zweifel bei den Eltern oder denjenigen, denen kraft Gesetzes oder gerichtlicher Entscheidung das Personensorgerecht übertragen ist, gegeben. Ebenso kann sie aber auch bei Personen vorliegen, die im Einverständnis mit dem Personensorgeberechtigten die Erziehung ausüben, gleichgültig ob dieses Einverständnis ausdrücklich oder stillschweigend erteilt wird. ... Bei einer Hausgemeinschaft, in der die personensorgeberechtigte Mutter mit ihrem Kind und mit dem Stiefvater lebt, liegt es freilich nahe, dass dem Stiefvater wenigstens stillschweigend die (Mit-)Verantwortung für die Lebensführung des Jugendlichen übertragen wird. Hierzu müssen aber konkrete Anhaltspunkte festgestellt werden" (BGH, NStZ 1989, 21).

Die Entscheidung darüber, ob tatsächlich ein Erziehungsverhältnis gegeben ist, orientiert sich an der konkreten Situation. Generell spricht eine nur kurze Dauer des Zusammenlebens gegen ein Erziehungsverhältnis.

Beispiele:

- Ein Erziehungsverhältnis kann auch zwischen Großeltern und Enkel bestehen. Wenn allerdings dem Großvater die Jugendliche nur für einen Tag überlassen wird und der Großvater sich vom Familienleben abgekapselt und kein herzliches Verhältnis zu seinem Enkel gefunden hat, dann liegt kein Erziehungsverhältnis vor.
- Auch eine häusliche Gemeinschaft mit einer reinen Aufsichtstätigkeit über das Kind ist nicht geeignet, ein Erziehungsverhältnis zu begründen (BGHR 1995, StGB § 174 Abs. 1).
- Auch ein vierwöchiger Aufenthalt einer Jugendlichen in dem Haushalt des mit ihrer Mutter zusammenlebenden Täters begründet kein Erziehungsverhältnis (BGH, StV 1997, 520).
- Ein Erziehungsverhältnis ist auch bei Vorliegen einer häuslichen Gemeinschaft zu verneinen, wenn die sorgeberechtigte Mutter ihrem Lebensgefährten untersagt, sich weiter um das Kind zu kümmern (BGH, NStZ-RR 1999, 360).
- Bei Auszug der Mutter in ein Frauenhaus endet das Erziehungsverhältnis ebenfalls (BGH, NStZ-RR 2000, 353).
- Zur Erziehung können Kinder auch dem Erziehungsbeistand, dem Betreuungshelfer und denjenigen, die Hilfe zur Erziehung nach den §§ 27 ff. SGB VIII – in einer Tagesgruppe, der Vollzeitpflege, den Heimen, den sonstigen betreuten Wohnformen oder in der intensiven sozialpädagogischen Einzelbetreuung – leisten, anvertraut sein.
- Erzieherinnen in der Kita sind gemäß § 22 Abs. 2 Ziffer 3 SGB VIII beauftragt die Erziehung und Bildung in der Familie zu unterstützen und zu ergänzen. Ihnen sind die Kinder daher zur Erziehung anvertraut; sie kommen als Täter in Betracht.
- Geistlichen sind die Kinder anvertraut, wenn sie Konfirmandenunterricht geben, und zwar auch außerhalb der Unterrichtstätigkeit (Schönke/Schröder 2019, Anm. 7 zu § 174 StGB).
- Dem Priester dagegen nicht anvertraut sind Jugendliche einer Kirchengemeinde (BGHSt 33, 345).

Ein Betreuungsverhältnis liegt dann vor, wenn die Verantwortung für das körperliche und physische Wohl des Schutzbefohlenen übernommen wird.

Ein derartiges Betreuungsverhältnis besteht nach Lage des Einzelfalles in den nachfolgend genannten Fällen.

Beispiele:

- Trainer und Begleiter einer Schülermannschaft und einem Schüler, da insbesondere der Trainer erheblichen Einfluss auf die Mannschaftsaufstellung hat. „Das zwang die Jungen, den Anordnungen oder Anweisungen, die er als Trainer und Betreuer gab, nachzukommen, wenn sie nicht Gefahr laufen wollten, bei der Aufstellung der Mannschaften nicht oder nicht in der von ihnen gewünschten Weise berücksichtigt zu werden" (BGHSt 17, 191, 193);
- Ferienkind und dessen Betreuer (Schönke/Schröder 2019, Anm. 9 zu § 174 StGB).

Als **Täter** kommt **nicht** infrage:

Beispiele:

- der Leiter einer Jugendherberge;
- wer nur wirtschaftlich für den Jugendlichen zu sorgen hat.
- In einer Entscheidung des Bundesgerichtshofes aus dem Jahre 1995 (BGH, NStZ 1995, 495) ging es um ein 15-jähriges Mädchen, das aus einem Erziehungsheim entwichen war. Der Angeklagte bot dem Mädchen, dessen Alter und Herkunft er kannte, an, in seine Wohnung zu ziehen. Das Mädchen willigte im Hinblick auf die Unterkunft und eine in Aussicht gestellte Lehre ein. Der Angeklagte kümmerte sich in der Folgezeit um das Mädchen und bot ihm ein Zuhause. Zu Eltern und Jugendamt stellte er keinen Kontakt her. Zweimal entwich das Mädchen, danach unternahm sie keinen Ausreißversuch mehr, schon deswegen, weil es für sie angenehm war, kostenlose Unterkunft und Verpflegung zu haben. Der Angeklagte verkehrte mit dem Mädchen geschlechtlich, obwohl sie es nicht wollte.
  Die prozessentscheidende Frage war, ob es sich um ein Betreuungsverhältnis im Sinne des **§ 174 Abs. 1 StGB** handelte. Der Bundesgerichtshof entschied:

  > „Wenn ein Jugendlicher sich einem Erwachsenen zum Zwecke der eigenen materiellen Versorgung anschließt, liegt ein Betreuungsverhältnis nur dann vor, wenn zugleich ein den persönlichen, allgemein menschlichen Bereich erfassendes Abhängigkeitsverhältnis im Sinne einer Unter- und Überordnung gegeben ist. Gegen ein Betreuungsverhältnis spricht, wenn die Beteiligten nur eine bloße Zweckgemeinschaft gründen wollen und sie sich daher als gleichberechtigte Partner gegenüberstehen."

Zur Ausbildung anvertraut ist ein Jugendlicher, wenn ihm fachliche Fertigkeiten und Kenntnisse vermittelt werden; allerdings muss auch die Ausbildung im Rahmen eines gewissen **Über- und Unterordnungsverhältnisses** von allgemein geistiger Art erfolgen (Schönke/Schröder 2019, Anm. 8 zu § 174 StGB), denn in **§ 174 Abs. Ziff. 2 StGB** geht es um den „Missbrauch einer mit dem Ausbildungsverhältnis verbundenen Abhängigkeit".

Beispiele:

- Diese „Abhängigkeit" besteht beim **Lehrling** gegenüber dem Lehrherrn oder bei Volontär- und Praktikantenverhältnissen, selbst Anlernverhältnisse können unter diese Bestimmung fallen (Schönke/Schröder 2019, Anm. 8 zu § 174 StGB);
- ein **Fahrschüler** kann dem Fahrlehrer zur Ausbildung anvertraut sein; es kommt auf die Umstände des Einzelfalls an (BGHSt 21, 197).

Die generelle **Schutzaltersgrenze von 14 Jahren** ist bei bestimmten Abhängigkeiten, also im Falle der Erziehung, Ausbildung oder Betreuung in der Lebensführung **auf 16 Jahre** heraufgesetzt, **§ 174 Abs. 2 Satz 1 Ziff. 1** u. **Abs. 3 StGB**.

Diese Schutzaltersgrenze für Jugendliche wird nochmals **auf 18 Jahre erhöht**, wenn der Täter gerade diese Abhängigkeitsverhältnisse oder die mit einem Dienst- oder Arbeitsverhältnis verbundene Abhängigkeit missbraucht, **§ 174 Abs. 1 Satz 1 Ziff. 2 StGB.**

Die tätertauglichen Abhängigkeitsverhältnisse im beruflichen Bereich erfordern die allgemeine Weisungsbefugnis von Vorgesetzten:

> „Die gelegentliche Tätigkeit der ... als Babysitterin ... hat kein Arbeitsverhältnis ... begründet, da ein solches einer gewissen Dauer bedarf. Auch an einer Unterordnung ... fehlt es, denn diese erfordert eine Vorgesetztenstellung des Täters und eine über den Einzelfall hinausgehende Weisungsbefugnis ..., die bei einer unregelmäßigen Kinderverwahrung nicht gegeben ist, auch wenn es dabei zu gelegentlichen Weisungen kommt" (OLG Düsseldorf, ZfJ 2001, 30, 31).

Für den Missbrauch ist es **nicht erforderlich**, dass der Täter mit **Gewalt oder Drohung** mit einem empfindlichen Übel das Opfer zu einer sexuellen Handlung nötigt. Es muss sich keineswegs um eine strafrechtliche Nötigung handeln. Es sind Verhaltensweisen unterhalb der Nötigung ausreichend, um den Tatbestand des **§ 174 Abs. 1 Satz 1 Ziff. 2 StGB** zu erfüllen.

Beispiele für den Missbrauch eines Abhängigkeitsverhältnisses:

Beispiele:

- Die Beschimpfung von Schutzbefohlenen;
- die Zurücksetzung gegenüber anderen Kindern;
- übertriebene Verbote oder kleinliche Kontrollen (BGH, NStZ 1991, 81).
- Der Täter setzt offen oder versteckt seine Macht und Überlegenheit in einer für den Jugendlichen erkennbaren Weise ein, um sich diesen gefügig zu machen;
- der Täter erkennt seine Macht gegenüber dem Schutzbefohlenen und nutzt die auf ihr beruhende Abhängigkeit zu sexuellen Handlungen aus.

Beiden Teilen muss dabei der Zusammenhang zwischen dem „Abhängigkeitsverhältnis und den sexuellen Handlungen bewusst sein" (BGH, NStZ 1982, 329; vgl. auch BGH, NJW 1979, 2054; sowie BGH, NStZ 1997, 337).

Beispiele:

- Ein Restaurantbesitzer, der seine Stellung als Ausbilder bei jeder sich bietenden Gelegenheit zum Beispiel im Auto oder auf der Kegelbahn benutzt, sich einer 17-jährigen Auszubildenden sexuell zu nähern, und ihre Bitte, von ihr abzulassen, ständig missachtet (BGH, NStZ 1987, 21);
- ein Pflegevater, der seinen Pflegetöchtern weder mit Nachteilen droht noch Gewalt anwendet, aber sexuelle Handlungen an ihnen vornimmt.

  > „Beide Mädchen kamen aber bereits im Kindesalter in seinen Haushalt. Sie wurden von ihm auf Jahre aufgenommen; sie waren insofern ersichtlich seiner Macht und Überlegenheit ausgeliefert, der sie sich fügten. Die sexuellen Handlungen hingen unmittelbar mit Erziehungsfunktionen zusammen, die er ihnen gegenüber ausübte, indem er sie wusch und zur Körperpflege anhielt. Die Mädchen folgten dabei seinen Aufforderungen" (BGH, NStZ 1991, 81, 82).

- Der Tatbestand ist auch erfüllt, wenn der gemeinsame kulturelle Hintergrund von Täter und Opfer als Rechtfertigung angenommen wird. (s. a. Kap. B 3.2).

Nicht bestraft werden sexuelle Kontakte, bei denen das **Abhängigkeit**s- oder Unterordnungsverhältnis zwischen dem Erzieher, Ausbilder und dem Schutzbefohlenen **keine Rolle** spielt, vor allen Dingen nicht als Druckmittel verwendet wird. Derartige Beziehungen mögen zwar pädagogisch unerwünscht sein, weil sie Handlungsfreiheit und professionelle Kompetenz des Erziehers und des Ausbilders herabsetzen und Spannungen in der Gruppe der Auszubildenden erzeugen können. Sie sind aber nicht in der Weise sozialschädlich, dass sie bestraft werden müssen.

Beispiel:

Ein körperlich und geistig leicht retardiertes, sexuell noch nicht aufgeklärtes 17-jähriges Mädchen leidet an Kontaktschwierigkeiten, hatte in der Schule nur geringen Erfolg und ist aus der 5. Klasse der Hauptschule entlassen worden. Beim Umkleiden fragte sie ihren Stiefvater, wie es sei, wenn ein Junge und ein Mädchen Geschlechtsverkehr miteinander hätten. Sie stand zu diesem Zeitpunkt mit entblößtem Unterkörper nur wenige Meter von ihm entfernt. Der Stiefvater forderte sie auf zu ihm zu kommen, damit er es ihr zeigen könne. Dem kam das Mädchen nach. Der Stiefvater hatte im Folgenden häufiger mit seiner Stieftochter geschlechtlichen Verkehr.
Der BGH entschied, am Missbrauch fehle es im Regelfall bei einer sexuell motivierten Initiative des Schutzbefohlenen, wenn für beide Beteiligten ersichtlich sei, dass zwischen den sexuellen Handlungen und dem Abhängigkeitsverhältnis kein Zusammenhang bestehe (BGH, NJW 1979, 2054).

Zusätzlich zu den sonstigen Bestimmungen des **§ 174 StGB** stellt dieser Paragraf in **Abs. 1 Satz 1 Ziff. 3** sexuelle Handlungen zwischen einem noch nicht 18 Jahre alten leiblichen (ehelich oder nichtehelich) oder angenommenen Kind auch ohne Vorliegen eines Missbrauchs unter Strafe.

Grundgedanke von **§174 Abs. 1 Satz 1 Ziff. 3 StGB** ist es,

- die Beziehung zwischen Eltern und Kindern unabhängig vom Einzelfall – wegen der besonders intensiven Abhängigkeiten – von sexuellen Kontakten freizuhalten (BGH, NStZ 2001, 28).
- Geschütztes Rechtsgut ist die sexuelle Freiheit und die ungestörte sexuelle Entwicklung von Kindern und Jugendlichen. Um diese Freiheit zu gewährleisten, kommt es nicht darauf an, ob im Einzelfall tatsächlich ein Abhängigkeitsverhältnis besteht (BGH, NJW 1994, 1078).

Durch **§ 174 Abs. 2 StGB** wird der Missbrauch der Machtstellung des Täters bei Jugendlichen **zwischen 14 und 16 Jahren** zu einer besonders schweren Tat. Bei Jugendlichen in dieser Altersstufe können

> „der noch nicht abgeschlossene Reifeprozess und die noch fehlende sexuelle Autonomie dazu führen, dass ein sexueller Missbrauch durch Erwachsene nachteilige Folgen für die Entwicklung des Jugendlichen nach sich zieht, wenn dies auch nicht generell angenommen werden kann" (BGH, NJW 1996, 1294).

Eine weitere spezielle Regelung in Blick auf den **Sexueller Missbrauch von Jugendlichen** ist in **§ 182 StGB** enthalten. Nachdem im Jahre 1994 der Straftatbestand, der die Homosexualität zwischen erwachsenen Männern und Jugendlichen unter 18 Jahren verbot, aus dem Strafgesetz gestrichen wurde, wurde zugleich **§ 182 StGB**, der die Verführung von Mädchen unter 16 Jahren zum Beischlaf bestrafte, neu gefasst. Es entstand eine einheitliche Vorschrift, die Jugendliche vor sexuellem Missbrauch schützen soll.

Diese Vorschrift befasst sich mit dem sexuellen Missbrauch

- durch Personen über 18 Jahren.
- Die Tat bezieht sich auf Personen, die jünger als 18 Jahre sind.
- Täter ist, wer unter „Ausnutzung einer Zwangslage" oder
- „gegen Entgelt"
- sexuelle Handlungen vornimmt oder an sich vornehmen lässt.
- Ist der Täter über 21 Jahre alt und das Opfer jünger als 16 Jahre, dann kommt es für die Strafbarkeit entscheidend darauf an, ob er die fehlende Fähigkeit des Opfers zur sexuellen Selbstbestimmung ausnutzt.
- In diesem Falle wird die Tat normalerweise nur auf Antrag verfolgt, es sei denn, es besteht ein besonderes öffentlichen Interesse an der Strafverfolgung.

Von einer Zwangslage ist auszugehen bei:

- Drogenabhängigkeit und Obdachlosigkeit,
- jugendspezifischen Zwangslagen, wie z.B. der prekären Situation der aus Heimen entwichenen oder von zu Hause fortgelaufenen Jugendlichen (BT-Drs. 12/4584, S. 8).
- Es ist erforderlich, dass gravierende Umstände vorliegen (Schönke/Schröder 2019, Anm. 4 zu § 182 StGB).

Die Zwangslage muss ernst sein, sie braucht aber nicht existenzbedrohend sein. Eine Zwangslage wird ausgenutzt, wenn der Täter bewusst die besondere Gelegenheit ergreift, um sexuelle Handlungen vorzunehmen.

Beispiel:

Ein erwachsener Nachbar hatte einem 15-Jährigem pornografische Hefte gegeben, um dessen sexuelles Interesse zu wecken mit dem Ziel, dass es anschließend zu sexuellen Handlungen kommt.
Eine Verurteilung des Nachbarn durch das Landgericht wurde vom BGH aufgehoben, weil eine ernste persönliche oder wirtschaftliche Bedrängnis des Opfers nicht vorgelegen habe.

> „Als Zwangslage kommen nur bedrängende Umstände von Gewicht in Betracht, denen in spezifischer Weise die Gefahr anhaftet, sexuellen Übergriffen gegenüber einem Jugendlichen in einer Weise Vorschub zu leisten, dass sich der Jugendliche ihnen gegenüber nicht ohne weiteres entziehen kann. Nur unter dieser engeren Voraussetzung befindet sich der Jugendliche in einer Lage, in der es dadurch an seiner selbstbestimmten Entscheidung über die Aufnahme sexueller Kontakte fehlt oder fehlen kann, die für die Ausnutzung einer Zwangslage kennzeichnend ist" (BGH, StV 1997, 525).

Die Tat wird auch bestraft, wenn das Opfer zur sexuellen Handlung durch eine Gegenleistung, ein „Entgelt", gebracht wird, **§ 182 Abs. 2 StGB.**
Entgelt im Sinne des **§ 182 Abs. 1 Nr. 1 StGB** ist „jede in einem Vermögensvorteil bestehende Gegenleistung" **(§ 11 Abs. 1 Ziff. 9 StGB).**

Dies können **Vermögensvorteile jedweder Art** sein:

- Es kommt nicht auf Form und Höhe der Zuwendung an;
- es reicht jeder Vermögensvorteil, wie Reisen, Eintrittskarten, Kleider aus;
- selbst eine warme Mahlzeit genügt;
- strafbar ist schon die Vereinbarung über ein Entgelt oder ein in Aussicht Stellen (vgl. Tröndle/Fischer 2007, Anm. 10 zu § 182 StGB).

Für die Verwirklichung dieser Tatbestandsalternative ist es daher ausreichend, dass sich Täter und Opfer vor oder spätestens während des sexuellen Kontakts darüber einig sind, dass der Vermögensvorteil die Gegenleistung für das Sexualverhalten des Jugendlichen sein soll. Hierbei ist es unerheblich, ob die Vereinbarung rechtlich wirksam ist oder ob die Gegenleistung tatsächlich erbracht wird. Vielmehr genügt es, wenn der Jugendliche zur Duldung oder Vornahme der sexuellen Handlung durch die Entgeltvereinbarung wenigstens mitmotiviert wird, da er schon hierdurch die Erfahrung der Käuflichkeit sexueller Handlungen macht, die seine ungestörte sexuelle Entwicklung nachhaltig negativ beeinflussen kann:

„Es ist deshalb nicht zu beanstanden, dass das LG bereits das Angebot des Angeklagten, dem Jugendlichen eine gut dotierte Rolle in einem Pornofilm verschaffen zu wollen, als vermögenswerte Gegenleistung für das Dulden der sexuellen Handlungen angesehen hat" (BGH vom 01.07.2004, Az. 4 StR 5/04).

Zusammengefasst heißt das, bestraft werden nur diejenigen Täter, die **über 18 bzw. über 21 Jahre** alt sind **und**

- eine Zwangslage ausnutzen,
- Sexualität gegen Entgelt tauschen sowie
- die fehlende Fähigkeit des Opfers zur sexuellen Selbstbestimmung ausnutzen.

Beispiel:
Der einvernehmliche Geschlechtsverkehr des 19-Jährigen mit seiner 15-jährigen Freundin ist straffrei, weil keine Zwangslage besteht, die ausgenutzt wird und auch kein Entgelt zahlt wird.

6.3 Förderung sexueller Handlungen Minderjähriger

In **§ 180 StGB** wird die **Förderung sexueller Handlungen Minderjähriger** unter Strafe gestellt. Es geht also nicht um die Bestrafung von Minderjährigen, die sexuell handeln, sondern diese Vorschrift bestraft die Förderung fremder Sexualität.
§ 180 Abs. 1 StGB lautet:

„(1) Wer sexuellen Handlungen einer Person unter sechzehn Jahren an oder vor einem Dritten oder sexuellen Handlungen eines Dritten an einer Person unter sechzehn Jahren
1. durch seine Vermittlung oder
2. durch Gewähren oder Verschaffen von Gelegenheit
Vorschub leistet, wird mit Freiheitsstrafe bis zu drei Jahren oder mit Geldstrafe bestraft. Satz 1 Nr. 2 ist nicht anzuwenden, wenn der zur Sorge für die Person Berechtigte handelt; dies gilt nicht, wenn der Sorgeberechtigte durch das Vorschubleisten seine Erziehungspflicht gröblich verletzt."

Eine mögliche Strafbarkeit richtet sich also danach, ob Eltern, Pädagogen oder Sozialarbeiter mit ihrem Tun oder eben auch Unterlassen sexuelle Handlungen von Minderjährigen gefördert haben.

Noch zu Beginn der 50er Jahre des 20. Jahrhunderts hat der BGH die Strafbarkeit von Kuppelei mit dem Sittengesetz begründete. Das bedeutete, dass jede Form der Unterstützung der „Unzucht" strafbar war. Es konnte demnach z. B. derjenige bestraft werden, der einem erwachsenen Liebespaar Unterkunft gewährte, weil er dadurch die „Unzucht" förderte.
Die 1973 reformierte Strafvorschrift geht seitdem davon aus, dass die Förderung sexueller Handlungen für sich genommen kein strafrechtlich relevantes Unrecht darstellt. Das Strafrecht soll nur gegen solche Förderungshandlungen zur Anwendung kommen, durch die ein schutzwürdiges Rechtsgut verletzt wird.

> „Dabei ist dem Jugendschutz und der Festlegung eines bestimmten Schutzalters bei den einzelnen Jugendschutztatbeständen besondere Beachtung geschenkt worden. ... Der Gesetzgeber wollte hierdurch ‚die geschlechtliche Entwicklung junger Menschen vor Manipulationen Dritter abschirmen', nicht aber Minderjährige vor der Vornahme sexueller Handlungen durch den Täter schützen" (BGH, NJW 1986, 2442).

Es werden demzufolge nach **§ 180 Abs. 1 StGB** Förderungshandlungen dann bestraft, wenn sie sich auf den sexuellen Kontakt zwischen mindestens einer geschützten Person und mindestens einem Dritten beziehen; bestraft wird die **Förderung fremder Sexualität**. Diese Strafvorschrift ist dann erfüllt,

- wenn zu sexuellen Handlungen einer **Person unter 16** Jahren **an oder vor einem Dritten** oder
- sexuellen Handlungen **eines Dritten** an einer Person unter 16 Jahren **Vorschub geleistet** wird.
- Das Vorschubleisten entfällt nicht etwa deswegen, weil der Täter auch eigene sexuelle Ziele verfolgt.

Beispiel:

Nach einem Urteil des BGH wurde ein Mann nach § 180 Abs. 1 StGB verurteilt, der einem anderen Mann ein 15-jähriges Mädchen zugeführt hat, damit dieser sexuelle Handlungen an ihr vornehmen kann. Anschließend führte der Angeklagte selbst den Geschlechtsverkehr mit dem Mädchen durch (BGH, NStZ 2005, 687).

Ausreichend ist, dass Bedingungen geschaffen werden, die die Vornahme sexueller Handlungen ermöglichen oder erleichtern. Das Vorschubleisten muss zudem zu einer unmittelbaren Gefährdung der unter 16 Jahre alten Jugendlichen geführt haben. Das ist dann der Fall, wenn die zur sexuellen Handlung geeignete Situation nach Ort, Zeit und Opfer hinreichend konkretisiert ist.

Beispiel:

Ein Angeklagter hatte an einen Mieter zusätzlich ein zu seiner Wohnung gehörendes separat zugängliches Zimmer vermietet. Er wusste, dass sein Mieter pädophile Neigungen hatte und dass es in dem Zimmer zu sexuellen Handlungen mit Minderjährigen gekommen ist.
Das Kammergericht Berlin erkannte in diesem Fall auf Freispruch, weil **§ 180 Abs. 1 Ziff. 2 StGB** voraussetzt,

> „dass den sexuellen Handlungen durch Gewähren oder Verschaffen von Gelegenheit vorsätzlich Vorschub geleistet wurde. Dies ist durch das Vermieten des Zimmers nicht erfolgt. Ein Vorschubleisten in den genannten Begehungsformen ist tatbestandlich bei Bereitstellen äußerer Bedingungen, die unmittelbar zur Förderung, d. h. Ermöglichung oder Erleichterung der sexuellen Handlung geeignet sind, gegeben. ... Das Vorschubleisten setzt ... voraus, dass die geförderten sexuellen Handlungen nicht nur, wie hier, nach Ort, sondern auch nach Zeit und hinsichtlich des Opfers hinreichend konkretisiert sind. ... Danach reicht die etwaige Vorstellung, dass es irgendwann einmal zu sexuellen Kontakten mit derartigen Personen kommen könnte, nicht aus" (KG, NStZ 1998, 571).

Nach **§ 180 Abs. 1 Satz 1 Ziff. 1 StGB** kann ein Vorschub leisten durch „**Vermitteln**" erfolgen.

Beispiele:

- **Vermittlung** ist die tatsächliche Herstellung der persönlichen Beziehung zwischen dem Minderjährigen und einem Dritten im Sinne einer Partnervermittlung (vgl. BGHSt 1, 116; KG, NJW 77, 2225), etwa die Veranstaltung von Sex-Partys oder aber auch die Adressenvermittlung bzw. die Beschäftigung von Callgirls.
- Eine **Vermittlung** liegt auch dann vor, wenn ein Bruder seine 15-jährige Schwester dazu überredet, mit seinem Freund sexuelle Kontakte aufzunehmen (vgl. im Einzelnen Schönke/Schröder 2019, Anm. 8 zu § 180 StGB).
- **Keine Vermittlung** ist es, wenn ein noch nicht 16-jähriger Jugendlicher aufgefordert wird, sich einen Sexualpartner zu suchen, oder wenn Zeltlager, Reisen oder Jugenddiscos organisiert werden und es auf Initiative der Teilnehmer zu sexuellen Beziehungen kommt (BGHSt 9, 71).

Nach **§ 180 Abs. 1 Satz 1 Ziff. 2 StGB** kann der Tatbestand des Vorschubleistens auch **„durch Gewähren oder Verschaffen von Gelegenheiten“** zu sexuellen Kontakten zwischen dem Jugendlichen und einem Dritten erfüllt sein. Dabei kommt es für die Strafbarkeit nicht darauf an, ob günstige Voraussetzungen erst geschaffen werden, z. B. durch Überlassen von Räumen oder durch Beseitigen ungünstiger Bedingungen. Das wäre der Fall, wenn z. B. ein Pädagoge Personen wegschickt, von denen ein Einschreiten zu erwarten wäre (BGHSt 9, 76).
Das Gewähren oder Verschaffen von Gelegenheiten muss, um strafbar zu sein, einen **konkreten und unmittelbaren Bezug zur sexuellen Handlung** haben:

> „Für die konkrete Situation z. B. bei Ferienmaßnahmen ergibt sich etwa folgendes: Es ist nicht stets notwendig, Jungen und Mädchen in jeweils voneinander getrennten Schlafbereichen unterzubringen. Benutzen sie gemeinsame Schlafbereiche, muss eine Möglichkeit der Aufsicht bestehen (z. B. Betreuer übernachten mit im Schlafraum). Das bedeutet also, dass für Situationen, in denen es eher zu sexuellen Aktivitäten kommen kann (... wie z. B. gemeinsame Übernachtungen), eine erhöhte Kontrollmöglichkeit geschaffen werden muss.
> Hinreichend ist aber auch die getrennte Unterbringung in verschiedenen Zimmern. ... Auch die gemeinsame Benutzung sanitärer Einrichtungen, wie etwa Waschräume, Bäder, Sauna usw., ist nicht von vornherein ausgeschlossen. Abgesehen davon, dass eine Benutzung in einem zeitlich nacheinander gestaffelten Rhythmus unproblematisch wäre, ist davon auszugehen, dass ein Gewähren oder Verschaffen von Gelegenheiten im Sinne von § 180 StGB dann nicht vorliegt, wenn bei einer gemeinsamen Benutzung gleichzeitig durch geeignete Aufsichtsmaßnahmen sichergestellt ist, dass es zu sexuellen Aktivitäten nicht kommen kann“ (Münder/Meysen/Trenczek 2019, 353, 354).

Es stets erforderlich, dass die geschaffene Gelegenheit zu einer **unmittelbaren Gefährdung des Jugendlichen** führt. Das Vorschubleisten muss sich auf Ort und Zeit der sexuellen Handlung konkretisiert haben.

Beispiele:

- Wenn ein Wohnungseigentümer einem Jugendlichen den Haustürschlüssel „nur so“ überlässt und vage mit sexuellen Handlungen rechnet, dann ist die erforderliche Konkretisierung nicht gegeben.
- Gleiches gilt für das Verschaffen von Verhütungsmitteln (Schönke/Schröder 2019, Anm. 10 zu § 180 StGB).
- Wenn Pädagogen bei einer Ferienfreizeit dafür sorgen, dass ausreichend Kondome zur Verfügung stehen, dann fehlt der konkrete Bezug zu einer sexuellen Handlung. Sie machen sich nicht strafbar.

Besonders schwierig in diesem Zusammenhang ist die Anwendung von **§ 180 StGB**, wenn das **Vorschub** leisten **durch Unterlassen** herbeigeführt wird. **§ 13 Abs. 1 StGB** lautet:

> „Wer es unterlässt, einen Erfolg abzuwenden, der zum Tatbestand eines Strafgesetzes gehört, ist nach diesem Gesetz nur dann strafbar, wenn er rechtlich dafür einzustehen hat, dass der Erfolg nicht eintritt, und wenn das Unterlassen der Verwirklichung des gesetzlichen Tatbestandes durch ein Tun entspricht."

Die einleuchtende Grundfeststellung dieser Norm ist, dass es bei bestimmten Delikten keinen Unterschied macht, ob man eine Strafvorschrift durch aktives Tun oder durch Unterlassen erfüllt. Es besteht nämlich im Ergebnis kein Unterschied, ob ein Vater sein Kind mit dem Hammer erschlägt oder es aber vorsätzlich durch Nahrungsentzug schlicht verhungern lässt.

Ein Unterlassen ist dann strafbar, wenn der Unterlassende sich in einer so genannten **Garantenstellung** befindet. Bei diesen unechten Unterlassungsdelikten muss der Täter zur Erfolgsabwendung verpflichtet sein, wie z. B. die Eltern, die ihr Kind nicht verhungern lassen dürfen.

Beispiele:

- Wann im Einzelfall eine Garantenstellung besteht, ist nicht schematisch zu beantworten, ergibt sich aber meist aus § 832 BGB, entweder kraft Gesetzes, wie bei den Personensorgeberichtigten (Abs. 1), oder aus der vertraglichen Übernahme der Aufsichtspflicht (Abs. 2), wie bei ErzieherInnen oder LehrerInnen.
- Eine Rechtspflicht, tätig zu werden, kann aus enger persönlicher Verbundenheit resultieren.
- Eine moralische Pflicht, wie sie sich aus Liebesverhältnissen oder Freundschaften ergeben kann, genügt aber im Allgemeinen nicht. Es muss sich um eine rechtlich verfestigte Pflicht handeln.
- Hauptanwendungsfall ist die Familie. Mutter und Vater müssen dafür sorgen, dass ihre Kinder vor körperlichen Schäden bewahrt werden.
- Eheleute sind verpflichtet Leibes- und Lebensgefahren voneinander abzuwenden.
- Eine Pflicht zur Hilfeleistung kann sich aus bestimmten Gemeinschaftsbeziehungen, so genannten Gefahrengemeinschaften ergeben, bei Wildwasserfahrten, Bergbesteigungen, bei Angeboten der Erlebnispädagogik, bei natursportlich orientierten Unternehmungen, wie z. B. Hochseesegeln.

- Eine Pflicht, Schäden zu vermeiden, kann sich schließlich auch aus gewissen Autoritäts- und Lebensverhältnissen ergeben.
- Erziehungsberechtigte haben dafür zu sorgen, dass Minderjährige keine Straftaten begehen.
- Auch ein Lehrer macht sich strafbar, wenn er rechtswidrige Taten seiner Schüler nicht verhindert.
- SozialarbeiterInnen und PädagogInnen in Ferienfreizeiten, in Heimen oder Wohngemeinschaften haben die Einhaltung des Normzwecks des § 180 Abs. 1 StGB zu gewährleisten.
- Bei Fremderziehung – in Heimen, Kitas, oder auch Wohngemeinschaften – besteht für alle zur Erziehung oder Betreuung Tätigen die Garantenhaftung gegenüber den ihnen anvertrauten Kindern und Jugendlichen aus § 832 Abs. 2 BGB.
- Überwiegende Auffassung in Rechtsprechung und Literatur ist inzwischen auch, dass die fallzuständige Sozialarbeiterin im Jugendamt eine Garantenstellung für das Wohl des Kindes innehat. Es handelt sich um eine so genannte Beschützergarantenstellung (Albrecht 2004; DIJuF 2004; Fieseler/Schleicher/Busch 2008).

Rechtsprechung und Rechtslehre sind sich dahingehend einig, dass die Strafbarkeit des „Nichtstuns“ davon abhängt, ob ein normgemäßes Verhalten überhaupt zumutbar ist (BGH, NStZ 1994, 29 m.w.N.). Es ist jeweils im konkreten Fall zu fragen, ob angesichts der Bedeutung des Rechtsgutes und der Lage und Fähigkeiten des Garanten ein Einschreiten zu fordern ist.

Beispiele:

- Ein 13-jähriges Mädchen und ihr 18-jähriger Freund haben eine sexuelle Beziehung. Sie schlafen miteinander. Die Eltern wissen von dieser Beziehung. Während die Mutter dieses Verhältnis toleriert, ist der Vater dagegen. Im Rahmen einer Beratung durch das Jugendamt wird diese Sexualbeziehung zum Thema. Es kommt zu Konflikten, der Vater stellt Strafanzeige gegen die zuständige Sozialarbeiterin im Jugendamt.
  Hier scheidet eine Strafbarkeit aus, weil es der Mitarbeiterin des Jugendamtes nicht zuzumuten ist, die Sexualkontakte zu unterbrechen.

> „Hat also der Mitarbeiter im Jugendamt keine Möglichkeit, die Tat zu verhindern und bleibt deswegen untätig, obwohl seiner Einschätzung nach, das Wohl des Kindes gefährdet ist, bleibt er straflos“ (DIJuF 2004, 533, 535).

- **Ein Ehemann muss – trotz Garantenstellung – gegen bestimmte Straftaten seiner Ehefrau nicht einschreiten. Ein Ehegatte hat weder die Pflicht noch das Recht, die Lebensführung des anderen zu beeinflussen. Würde er in derartigen Fällen wegen eines Unterlassens strafrechtlich zur Verantwortung gezogen, liefe das auf eine Art „Sippenhaft" hinaus.**
- **Eine Ehefrau kann sich aber wegen Beihilfe zu sexuellem Missbrauch von Schutzbefohlenen strafbar machen, wenn sie nicht die Polizei ruft, obwohl ihr Ehemann die Töchter fortgesetzt sexuell missbraucht.**

Es ist anerkannt, „dass im Allgemeinen eine mit der Gefahr strafrechtlicher Verfolgung verbundene Anzeige nächster Angehöriger bei staatlichen Stellen nicht zumutbar ist. Doch gilt dieser Grundsatz nicht uneingeschränkt; es kommt vielmehr auf die Umstände des Einzelfalles an. Je schwerer die drohende Rechtsgutverletzung wiegt, umso eher ist die Zumutbarkeit der Anzeige zu bejahen" (BGH, FamRZ 1984, 883).

Beispiele:

- **In pädagogischen Berufsfeldern ist es rechtlich abwegig, etwa die Polizei alarmieren zu müssen, um nicht in die Gefahr zu geraten, die Vorschrift des § 180 Abs. 1 StGB durch Unterlassen zu erfüllen. Freilich ist es, so die herrschende Meinung, angebracht – z. B. in einer Ferienfreizeit – abends einen Rundgang zu unternehmen, um sich zu überzeugen, dass männliche und weibliche Jugendliche getrennt in ihren Betten liegen.**
- **Dagegen ist es nicht zumutbar, dass die Pädagogen permanent nächtlich wachen müssen, um die Jugendlichen von sexuellen Kontakten abzuhalten. Ihnen ist es auch nicht zuzumuten, während der Nachtstunden unter jedes Gebüsch zu leuchten, um sexuelle Aktivitäten festzustellen und zu unterbinden.**

Aus **§ 180 Abs. 1 Satz 2, 1. Hlbs. StGB** ist das so genannte **Erzieherprivileg** abzuleiten:
Das Fördern sexueller Handlungen Minderjähriger ist nicht strafbar, wenn die zur Sorge für die Person Berechtigten, also in erster Linie die Eltern handeln. Unter diesen privilegierten Personenkreis fallen, als Personensorgeberechtigte, auch die Pflege- und Adoptiveltern, evtl. auch der Vormund bzw. Pfleger.

Den Sorgeberechtigten soll ein gewisser Spielraum für die Verwirklichung ihrer pädagogischen Überzeugung gelassen werden, indem ihnen vom Strafrecht die Ermöglichung einer sexuellen Betätigung des Jugendlichen nicht verwehrt wird, wenn sie diese „unter dem Gesichtspunkt einer sinnvollen, verantwortungsbewussten Sexualerziehung für angebracht halten" (BT-Drs. VI/3521, S. 45).

Beispiel:

Eine alleinerziehende Mutter gestattet ihrer 14-jährigen Tochter mit ihrem 19-jährigen Freund in ihrer Wohnung zu übernachten.

Nach dem Erzieherprivileg macht sich die Mutter in diesem Fall nicht strafbar.

§ 180 Abs. 1 Satz 2, 2. Hlbs. StGB beschreibt die **Grenze des Erzieherprivilegs**: Bei **gröblicher Verletzung der Erziehungspflicht** durch den Erziehungsberechtigten gilt das Erzieherprivileg nicht mehr.

Beispiele:

- Wenn Gelegenheit zur Ausübung Prostitution verschafft wird und die Gefahr des Abgleitens in Promiskuität besteht (BT-Drs. VI/3521, S. 45);
- Wenn sich die Erziehungsberechtigten selbst an den sexuellen Kontakten zwischen dem Jugendlichen und dem Dritten beteiligen.

Für die **Berufsfelder sozialer Arbeit** und **Schule** stellt sich die Frage, ob SozialpädagogInnen, Sozialarbeiter und Lehrerinnen bei Ferienfreizeiten, in Heimen oder anderen Einrichtungen **ähnliche Rechte wie die Eltern** besitzen. Das Gesetz sieht eine derartige Ausweitung des Erzieherprivilegs **nicht** vor.

Die auf Art. 6 Abs. 2 GG beruhende besondere Stellung der Eltern gegenüber ihren Kindern bleibt auch bei einer vorübergehenden Übertragung der Aufsicht grundsätzlich erhalten.

Anders kann die Situation sein, wenn die **Personensorgeberechtigten ausdrücklich einwilligen**, also vorher ihr Einverständnis gegeben haben, dass ihre Kinder bei einem Schullandheimaufenthalt gemeinsam mit Jungen und Mädchen in einem Raum übernachten. Die im Rahmen des elterlichen Sorgerechts getroffene Entscheidung privilegiert auch das Handeln der Pädagogen (Schönke/Schröder 2019, Anm. 17 zu § 180 StGB). Die **Einwilligung** der Personensorgeberechtigten muss allerdings so klar formuliert sein, dass sie genau das die sexuellen Handlungen fördernde Verhalten der Erzieher einschließt. Eine hypothetische Einwilligung ist nicht ausreichend.

Ein Anwendungsgebiet sind Klassenfahrten, Ferienfreizeiten, Landschulaufenthalte sowie Sommerlager: Zwischen den Verantwortlichen und den Eltern muss konkret etwa die Frage des gemeinsamen Waschraums, der Toilette und des gemeinsamen Schlafraums diskutiert werden. Die tatsächliche Übertragung der Aufsichtsbefugnisse für die Ferienfreizeit genügt für sich alleine genommen nicht.

Durch das Zustimmungserfordernis soll verhindert werden, dass eine Erzieherin ihre sexualpädagogischen Vorstellungen an die Stelle derjenigen der Erziehungsberechtigten setzen kann. Pädagogen, Gruppenleiter usw. ohne konkrete Einwilligung der Personensorgeberechtigten können sich also strafbar machen, wenn sie das gemeinsame Übernachten von Jungen und Mädchen unter 16 Jahren dulden.

Die Förderung sexueller Handlungen von Jugendlichen über 16 Jahre ist dem Grundsatz nach straffrei. So kann ein Gastwirt, der an einen 19-jährigen Schüler und dessen 16-jährige Freundin ein Zimmer vermietet, dafür nicht bestraft werden. Eine zusätzliche Regelung ist aber in **§ 180 Abs. 2 StGB** enthalten, danach ist derjenige strafbar, der **„gegen Entgelt" Jugendliche bis 18 Jahren** dazu bestimmt, „sexuelle Handlungen an oder vor einem Dritten vorzunehmen oder von einem Dritten an sich vornehmen zu lassen, oder wer solchen Handlungen durch seine Vermittlung Vorschub leistet."

Diese Vorschrift will Jugendliche von entgeltlichen sexuellen Handlungen fernhalten, da sie dadurch in die Gefahr geraten, in die Prostitution abzugleiten (Tröndle/Fischer 2007, Anm. 1 zu § 180 StGB).

Bei der Verlängerung der Strafbarkeit der Förderung sexueller Handlungen von Jugendlichen bis auf die Altersgrenze von 18 Jahren in **§ 180 Abs. 2 StGB** müssen demzufolge zusätzlich **besondere Umstände** hinzutreten.

Gegen Entgelt bedeutet,

- dass zwischen dem Jugendlichen und dem Dritten zum Zeitpunkt der sexuellen Handlungen klar sein muss, dass sie für einen Vermögensvorteil erbracht wird.
- Als Entgelt im Sinne des § 180 Abs. 2 StGB kommt auch die Überlassung von Kokain in Betracht (BGH, NJW 1997, 334).
- Wer bezahlt, ob der Dritte, der zur sexuellen Handlung auffordert, oder ein Unbeteiligter, das ist völlig gleichgültig.
- Schließlich ist es auch unerheblich, ob das Entgelt tatsächlich gezahlt wurde.

In welcher Weise ein Jugendlicher zu einer sexuellen Handlung **„bestimmt"** werden kann, wird nicht weiter definiert.
Gemeint ist, dass der Täter das Opfer zu den sexuellen Kontakten **anstiftet**.

> „Erforderlich ist die Einflussnahme auf den Willen des anderen, die ihn zu einem Verhalten bringt, zu dem er sich ohne die Beeinflussung nicht entschlossen haben würde. Bestimmen ist also Verursachen (Mitverursachen) eines vom Gesetz umschriebenen Verhaltens. In welcher Form und durch welches Mittel die Einflussnahme erfolgt, ist gleich" (BGH, NJW 1985, 924).

Beispiele:

- Wenn der Täter das Opfer überredet (vgl. auch BayObIG, NJW 1985, 277).
- Wenn der Jugendliche allerdings zu den sexuellen Handlungen gegen Entgelt bereits entschlossen ist, greift § 180 Abs. 2 StGB nicht.

§ 180 Abs. 2 StGB bestraft zusätzlich auch das **Vorschubleisten durch Vermittlung** wie in Abs. 1 der Vorschrift.

Beispiel:

Der Täter braucht den Jugendlichen nicht unmittelbar zu bestimmen; es reicht z. B., wenn das Opfer auf eine Party mitgenommen wird, um es einem zahlungsfähigen Gast zuzuführen.

Nicht ausreichend ist aber das Vorschubleisten in Form des Gewährens oder Verschaffens von Gelegenheiten, denn die Vermittlung muss sich von Beginn auf entgeltliche Handlungen beziehen.

7 Pornografische Straftaten

7.1 Verbreitung von Pornografie

Das **Verbreiten pornographischer Inhalte im Allgemeinen** ist durch **§§ 184 bis 184e StGB** unter Strafe gestellt. Diese Regelungen unterscheiden zwischen „einfacher" und „harter" Pornografie und knüpfen daran unterschiedlich hohe Strafandrohungen.

Nach herrschender juristischer Lehre ist eine Darstellung als **pornographisch** anzusehen,

- wenn sie unter Ausklammerung aller sonstigen menschlichen Bezüge sexuelle Vorgänge in grob aufdringlicher Weise in den Vordergrund rückt und ihre Gesamttendenz überwiegend auf das lüsterne Interesse an sexuellen Dingen abzielt (Schönke/Schröder 2019, Anm. 8 zu § 184 StGB);
- wenn eine Person durch die Vergröberung des Sexuellen „auf ein physiologisches Reiz-Reaktions-Wesen reduziert" wird (LG Karlsruhe, NJW 74, 2015).

Das Reden über Sexualität selbst, die bloße Sexualbezogenheit reicht für eine Bestrafung nicht aus. Sexuelle Reden oder Lieder, das Anhören, das Vorzeigen und die Betrachtung sexueller Darstellungen sind also nicht strafbar.

Das Strafrecht sanktioniert grundsätzlich nur die **Verbreitung „pornographischer Inhalte"** (bis 01.01.2021 wurde der Begriff „Schriften" verwendet). Das gilt auch für gewaltpornographische und tierpornographische Inhalte.

Die Regelungen des **§ 184 StGB** dienen damit **vorrangig** dem **Schutz Minderjähriger** vor der Konfrontation mit pornographischen Inhalten, da der Gesetzgeber hier eine Gefahr für die sexuelle Entwicklung Jugendlicher sieht.

Strafrechtlich relevant ist, abgesehen von der Einfuhr und Ausfuhr, im Wesentlichen das **Anbieten,** die **Überlassung** oder **das Zugänglichmachen** für Menschen unter 18 Jahren, also Minderjährige bzw. Kinder im Sinne der UN-KRK. (**§ 184 Abs. 1 Ziff. 1 StGB**).

Beispiele:

- Wenn eine Person über 18 Jahren einer Person unter 18 Jahren gestattet, einen pornographischen Inhalt zur Kenntnis zu nehmen, ist das für seine Strafbarkeit ausreichend. Es reicht dabei aus, dass er den Jüngeren auf dem Handy entsprechende Bilder oder Videos mit anschauen lässt; oder
- wenn eine Person eine pornographische Schrift ohne Aufsicht liegenlässt; oder
- wenn sie sich vom Arbeitsplatz entfernt, ohne auf dem Computer den pornographischen Inhalt zu schließen.

Der **Konsum** „pornographischer Inhalte" ist grundsätzlich strafrechtlich **nicht sanktioniert**, soweit es sich bei den Konsumenten um Personen über 18 Jahren handelt.

Ohne Altersgrenze sanktioniert wird aber das unbestellte Aufdrängen pornographischer Inhalte nach **§ 184 Abs. 1 Ziffer 6 StGB**, das der Täter „an einen anderen gelangen läßt, ohne von diesem hierzu aufgefordert zu sein."

Was unter dem pornografischen **Inhalt** in **§ 184 StGB** zu verstehen ist, wird in **§ 11 Abs. 3 StGB** definiert:

> „Inhalte im Sinne der Vorschriften, die auf diesen Absatz verweisen, sind solche, die in Schriften, auf Ton- oder Bildträgern, in Datenspeichern, Abbildungen oder anderen Verkörperungen enthalten sind oder auch unabhängig von einer Speicherung mittels Informations- oder Kommunikationstechnik übertragen werden."

Damit soll der andauernden Ausweitung der technischen Möglichkeiten der Übertragung von Daten und Wahrnehmung von Informationen durch die Digitalisierung – insbesondere auch ohne Speicherung (Streaming) – Rechnung getragen werden.

Im Jugendmedienschutz-Staatsvertrag findet sich eine entsprechende Regelung. Nach **§ 24 Abs. 1 Nr. 2 i. V. m. § 4 Abs. 2,Satz 1 Nr. 2 u. Satz 2 JMStV** wird der **Zugang** näher definiert:

- **„Erforderlich** ist demnach eine **effektive Barriere**, die z. B. bei einem der Öffentlichkeit Zugänglichmachen bei einer persönlichen Identifizierung über biometrische Daten gegeben sein kann;
- **nicht ausreichend** sind hingegen bloße **Altersverifikationen** über die Personalausweisnummer oder die Vergabe einer PIN" (Schönke/Schröder 2019, Anm. 13 zu § 184d StGB).

Weitere Varianten wie und wo ein Zugänglichmachen erfolgen kann, ist in **§ 184 Abs. 1 Nrn. 2–9 StGB** formuliert:

„2. an einem Ort, der Personen unter achtzehn Jahren zugänglich ist oder von ihnen eingesehen werden kann, zugänglich macht,
3. im Einzelhandel außerhalb von Geschäftsräumen, in Kiosken oder anderen Verkaufsstellen, die der Kunde nicht zu betreten pflegt, im Versandhandel oder in gewerblichen Leihbüchereien oder Lesezirkeln einem anderen anbietet oder überläßt,
3a. im Wege gewerblicher Vermietung oder vergleichbarer gewerblicher Gewährung des Gebrauchs, ausgenommen in Ladengeschäften, die Personen unter achtzehn Jahren nicht zugänglich sind und von ihnen nicht eingesehen werden können, einem anderen anbietet oder überläßt,

4. im Wege des Versandhandels einzuführen unternimmt,
5. öffentlich an einem Ort, der Personen unter achtzehn Jahren zugänglich ist oder von ihnen eingesehen werden kann, oder durch Verbreiten von Schriften außerhalb des Geschäftsverkehrs mit dem einschlägigen Handel anbietet oder bewirbt,
6. an einen anderen gelangen läßt, ohne von diesem hierzu aufgefordert zu sein,
7. in einer öffentlichen Filmvorführung gegen ein Entgelt zeigt, das ganz oder überwiegend für diese Vorführung verlangt wird,
8. herstellt, bezieht, liefert, vorrätig hält oder einzuführen unternimmt, um diesen im Sinne der Nummern 1 bis 7 zu verwenden oder einer anderen Person eine solche Verwendung zu ermöglichen, oder
9. auszuführen unternimmt, um diesen im Ausland unter Verstoß gegen die dort geltenden Strafvorschriften zu verbreiten oder der Öffentlichkeit zugänglich zu machen oder eine solche Verwendung zu ermöglichen ..."

Eine Ausnahme zu all diesen Regelungen, die den Schutz des Minderjährigen im Auge haben, wird auch hier mit dem sog. **Erzieherprivileg** in **§ 184 Abs. 2 Satz 1 StGB** ermöglicht:

> „Absatz 1 Nummer 1 und 2 ist nicht anzuwenden, wenn der zur Sorge für die Person Berechtigte handelt; dies gilt nicht, wenn der Sorgeberechtigte durch das Anbieten, Überlassen oder Zugänglichmachen seine Erziehungspflicht gröblich verletzt."

Das Erzieherprivileg bezieht sich in dieser Vorschrift auf **Sorgeberechtigte;** nach **§ 1626 Abs. 1 BGB** haben die **Eltern** die elterliche Sorge für das minderjährige Kind. Es geht hier nicht um eine sachliche Rechtfertigung (BT-Drs. VI/1552, S. 34; BT-Drs. 15/350, S. 20); diese Regelung beruht allein auf dem verfassungsrechtlich hohen Rang des Erziehungsrechts der Eltern nach **Art. 6 Abs. 2 GG.** Es wird „Nachsicht" (Schönke/Schröder 2019, Anm. 20 zu § 184 StGB) mit den Eltern geübt. Daher ist in diesem Kontext eine Übertragung an Dritte nicht vorgesehen.

Dieses Privileg der Sorgeberechtigten wird **begrenzt** durch die **Missbrauchsklausel** in **§ 184 Abs. 2 Satz 1, 2.Hlbs. StGB**. Bei **„gröblicher" Verletzung** der Erziehungspflicht bleibt es bei der Strafbarkeit, wenn in diesem Fall die Sorgeberechtigten die Handelnden sind.

§ 184a StGB erweitert den Strafrahmen für die Fälle, in denen der pornografische Inhalt zusätzlich noch **Gewalttätigkeiten zeigt.**

Beispiele:

- Bei gespielten oder echten Vergewaltigungen;
- bei der Darstellung von Sexualmorden (BGHSt 50, 91);
- bei sadistischen oder sadomasochistischen Betätigungen (vgl. BGH, NStZ 2000, 309).

7.2 Verbreitung, Erwerb und Besitz kinderpornografischer Inhalte

Eine weitergehende Regelung enthält **§ 184b StGB:** Nach **Abs. 1** wird derjenige bestraft, der „einen kinderpornographischen Inhalt verbreitet oder der Öffentlichkeit zugänglich macht".

Die **Absätze 2–4** dieses Paragrafen differenzieren die verschiedenen möglichen Formen der Verbreitung. Die Vorschrift bezieht sich auf Kinder bis zu ihrem **14.** Geburtstag **(§ 184b Abs. 1 Satz 1 Ziff. 1 a StGB).**
Zweck dieses Paragrafen ist der **Kinderschutz**, insbesondere der Schutz für die Kinder, die zur Herstellung kinderpornographischer Inhalte sexuell missbraucht werden (BT-Drs. 12/3001 S. 4, 8). Der Gesetzgeber hat sich dabei vorgestellt, dass durch die strikten Verbote des Besitzes, der Verbreitung und der Besitzverschaffung der Markt für kinderpornografische Produkte ausgetrocknet wird (BT-Drs. 12/3001 S. 5 u. 12/4883, S. 7 f.). Das ist in der Praxis zunächst misslungen und hat zu weiteren Differenzierungen innerhalb dieser Vorschrift geführt. Der Schutz von Kindern und deren Respektierung als Rechtssubjekt ist ein grundlegendes menschenrechtliches Anliegen, das nicht deswegen relativiert werden darf, weil es mehr Täter als erwartet gibt, die diese Subjektstellung von Kindern grob missachten.
Die Regelung setzt einen Bestand an internationalen und überstaatlichen Regelungen um. Zugrunde liegen die „Richtlinie der EU zur Bekämpfung des sexuellen Missbrauchs und der sexuellen Ausbeutung von Kindern sowie der Kinderpornografie" (2011/93/EU), die sich auf das 2. Zusatzprotokoll zur UN-Kinderrechtskonvention gegen Kinderhandel, Kinderprostitution und Kinderpornographie bezieht, sowie die Lanzarote-Konvention des Europarats (Übereinkommen zum Schutz von Kindern vor sexueller Ausbeutung und sexuellem Missbrauch, Konvention Nr. 201).
Die strenge Regelung der Weitergabe von pornographischen Inhalten in § 184b StGB ist auf Kritik gestoßen. Es wird befürchtet, dass etwa Eltern bestraft werden können für die digitale Weitergabe von Daten, die sie bei ihren Kindern gefunden haben, an die Schulleitung. Die Vorschrift wird daher seitens des Bundesministeriums der Justiz überprüft (AG München vom 17.06.2022, Az. 853 Ls 467 Js 181486/21; Referentenentwurf des BMJ vom 16.11.2023).

Was genau gemeint ist, wenn in diesem Paragrafen von **kinderpornographischen Inhalten** gesprochen wird, ist näher unter **§ 184b Abs. 1 Ziff. 1, a–c StGB** definiert:

„a) sexuelle Handlungen von, an oder vor einer Person unter vierzehn Jahren (Kind),
b) die Wiedergabe eines ganz oder teilweise unbekleideten Kindes in aufreizend geschlechtsbetonter Körperhaltung oder
c) die sexuell aufreizende Wiedergabe der unbekleideten Genitalien oder des unbekleideten Gesäßes eines Kindes".

Mit den Formulierungen in **§ 184b Abs. 1 Satz 1 Ziff. 1 b** und **c StGB** wird das sog. **„Posing"** verfolgt. Dabei geht es um Inhalte, in denen ein Kind sexuell aufreizend posiert (BT-Drs. 16/3439, S. 9). Die Formulierung des Tatbestandes orientiert sich am allgemeinen Jugendschutzrecht in **§ 4 Abs. 1 Satz 1 Ziff. 9 JMStV** und **§ 15 Abs. 2 Ziff. 4 JuSchG** (BT-Drs. 18/2601, S. 30).

Beispiele:

- Posieren liegt nicht erst dann vor, wenn obszöne Stellungen – Spreizen der Beine – eingenommen werden (BT-Drs. 16/3439, S. 9);
- Posing liegt bereits dann vor, wenn der Oberkörper entblößt wird (BGH NStZ 85, 24,).
- Dabei scheint immer nur an Kinder weiblichen Geschlechts gedacht worden zu sein (Schönke/Schröder 2019, § 184b StGB Anm. 22 ff.).

Da kinderpornographische Inhalte heutzutage im Wesentlichen digital angeboten und verbreitet werden, regelt nun **§ 184b Abs. 3 StGB**, dass bereits der Abruf von Dateien kinderpornographischen Inhalts aus dem Internet strafbar ist. Unter den Tatbestand fallen auch die einschlägigen Foren oder das Versenden als E-Mail und als E-Mail-Anhang an Dritte (BGHSt 58, 199; NStZ 2005, 444; NStZ 13, 643; BayObLG, NJW 2000, 2911; OLG Hamburg, NStZ-RR 99, 329).

§ 184b Abs. 5 StGB trägt der Tatsache Rechnung, dass für die Aufdeckung der in **§ 184b StGB** geregelten Straftaten der Zugang der Strafverfolgungsbehörden zu den Netzwerken der Täter erforderlich ist. Deshalb sind entsprechende Handlungen, die der Erfüllung von „staatlichen Aufgaben" oder „Aufgaben, die sich aus Vereinbarungen mit einer zuständigen saatlichen Stelle ergeben", oder „dienstlichen oder beruflichen Pflichten" dienen, nicht strafbar.

§ 184c StGB bezieht sich auf die Strafbarkeit der **Verbreitung, des Erwerbs und den Besitz** von **jugendpornografischen Inhalten.** Die tatbestandmäßigen Voraussetzungen lehnen sich eng an die Bestimmungen in **§ 184b StGB** an. Dort werden gemäß Abs. 1 Satz 1 Nr. 1a Personen „unter vierzehn Jahren (Kind)" geschützt; nach § 184c StGB die Jugend, d.h. gemäß § 1 Abs. 2 JGG Minderjährige vom 14. bis zum 18. Geburtstag.

§ 184e StGB erweitert die Regelungen über die Verbreitung von kinder- oder jugendpornographischen Inhalten auf den Vorgang der **Veranstaltung einer Darbietung** bzw. den **Besuch** einer solchen **Veranstaltung.**

7.3 Pornografische Bildaufnahmen

Weitere Differenzierungen von einzelnen Straftatbeständen werden durch die detaillierte Regelung in **§ 184k StGB** vorgenommen, der ausdrücklich und erneut das Ziel hat, das Recht auf sexuelle Selbstbestimmung zu schützen (BT-Drs. 19/20668, S. 15).
Speziell geht es hier um die **Verletzung des Intimbereichs durch Bildaufnahmen:**

„(1) Mit Freiheitsstrafe bis zu zwei Jahren oder mit Geldstrafe wird bestraft, wer
1. absichtlich oder wissentlich von den Genitalien, dem Gesäß, der weiblichen Brust oder der diese Körperteile bedeckenden Unterwäsche einer anderen Person unbefugt eine Bildaufnahme herstellt oder überträgt, soweit diese Bereiche gegen Anblick geschützt sind, ..."

Bestraft werden das sog. „**Upskirting**" und das sog. „**Downblousing**":

- **Upskirting** bedeutet das Fotografieren unter den Rock.
- **Downblousing** die Aufnahme der weiblichen Brust durch den Ausschnitt der Oberbekleidung.
- Das **Verbot** gilt **auch**, wenn die geschützten Körperteile – Genitalien, Gesäß, weibliche Brust – von einer **entsprechenden Unterwäsche bedeckt** sind.
- Diese Art von Bildaufnahmen ist dann **strafbar,** wenn sie **„unbefugt"**, also heimlich erfolgen: Heimlich ist eine Aufnahme dann, wenn sie gegen den objektiv erkennbaren Willen der betroffenen Frau erfolgt.
- Die geschützten Körperteile müssen zusätzlich für die Strafbarkeit **„gegen Anblick geschützt"** sein. Da der Intimbereich üblicherweise durch Oberbekleidung vor Blicken verborgen ist, kann eine Aufnahme nur durch Einwilligung der abgebildeten Person gerechtfertigt werden.

Gegen Anblick geschützt ist nach Auffassung des Gesetzgebers nicht gegeben bei Aufnahmen im Freibad oder ähnlichen Situationen, denn dort würden häufig die geschützten Körperteile freiwillig der Betrachtung preisgegeben. Der

Gesetzgeber bezieht das insbesondere auf ein teilweise nacktes Gesäß (BT-Drs. 19/17795, S. 14). Dagegen bestehen Bedenken.

In **§ 184k Abs. 3 StGB** ist eine notwendige Ausnahmeregelung enthalten:

> „Absatz 1 gilt nicht für Handlungen, die in Wahrnehmung überwiegender berechtigter Interessen erfolgen, namentlich der Kunst oder der Wissenschaft, der Forschung oder der Lehre, der Berichterstattung über Vorgänge des Zeitgeschehens oder der Geschichte oder ähnlichen Zwecken dienen."

7.4 Inverkehrbringen, Erwerb und Besitz von Sexpuppen mit kindlichem Erscheinungsbild

Ein halbes Jahr nach Inkrafttreten dieser Regelung am 01.07.2021 wurde mit **§ 184l StGB** eine neue Strafvorschrift erlassen, mit der das **Inverkehrbringen,** der **Erwerb und** der **Besitz von Sexpuppen mit kindlichem Erscheinungsbild** unter Strafe gestellt wird:

> „(1) Mit Freiheitsstrafe bis zu fünf Jahren oder Geldstrafe wird bestraft, wer
> 1. eine körperliche Nachbildung eines Kindes oder eines Körperteiles eines Kindes, die nach ihrer Beschaffenheit zur Vornahme sexueller Handlungen bestimmt ist, herstellt, anbietet oder bewirbt oder
> 2. mit einer in Nummer 1 beschriebenen Nachbildung Handel treibt oder sie hierzu in oder durch den räumlichen Geltungsbereich dieses Gesetzes verbringt oder
> 3. ohne Handel zu treiben, eine in Nummer 1 beschriebene Nachbildung veräußert, abgibt oder sonst in Verkehr bringt ..."

Die Einfügung dieser neuen, sehr speziellen Regelung wurde folgendermaßen begründet:

> „... Denn diese Nachbildungen, in der Regel Sexpuppen mit kindlichem Erscheinungsbild, können die sexuelle Ausbeutung von Kindern mittelbar fördern. Es besteht die Gefahr, dass ihre Nutzung die Hemmschwelle zu sexualisierter Gewalt gegen Kinder absenkt. Durch die Nutzung solcher Objekte kann der Wunsch geweckt beziehungsweise verstärkt werden, die an dem Objekt eingeübten sexuellen Handlungen in der Realität an einem Kind vorzunehmen. Hierdurch wird die Gefahr für Kinder, Opfer von sexualisierter Gewalt zu werden, gesteigert, was nicht hinzunehmen ist. Sexpuppen mit kindlichem Erscheinungsbild können nach geltendem Recht bereits von § 184b StGB (Verbreitung, Erwerb und Besitz kinderpornographischer Inhalte) erfasst sein. An

der Strafbarkeit nach § 184b StGB soll sich nichts ändern. Der neue Straftatbestand soll subsidiär greifen und erfasst – anders als § 184b Absatz 3 StGB – auch rein fiktive Darstellungen" (BR-Drs. 634/20).

Die vom Gesetzgeber formulierte Vorstellung, Menschen mit einer pädophilen Prägung würden an Sexpuppen für die sexuelle Gewalt gegen Kinder üben, erscheint nicht überzeugend. Sachlich deutlich näherliegend ist die Vorstellung, dass sexuell pädophil geprägte Personen durch die Kompensation mittels einer Sexpuppe eher davon abgehalten werden, zu pädophilen Tätern zu werden.
Es entsteht der Eindruck, dass es hier nicht um die Strafbarkeit der pädophilen Tat, sondern die Strafbarkeit der pädophilen Veranlagung geht. Das dürfte mit **Art. 2 Abs. 1 GG** schwer vereinbar sein.

8 Sexuelle Handlungen mit Tieren (Sodomie)

Die **Sodomie** (auch Zoophilie genannt) meint **sexuelle Handlungen mit Tieren.**
Diese Handlungen müssen nicht beischlafähnlich sein, es ist allerdings ein körperlicher Kontakt erforderlich.
Diese Form von sexuellen Handlungen ist als solche **nicht strafbar;** sie stellt allenfalls ein eine **Ordnungswidrigkeit** nach dem **Tierschutzgesetz – TierSchG** dar. Geregelt wird dort in **§ 1** die Verletzung der Pflicht „aus der Verantwortung des Menschen für das Tier als Mitgeschöpf dessen Leben und Wohlbefinden zu schützen".
Die Strafbarkeit ergibt sich aus **§§ 17** und **18 Abs. 1 Ziff. 4 i. V. m. § 3 Satz 1 Ziff. 13 TierSchG**. Dieser hat folgenden, dem Tierschutz dienenden Inhalt:

„[Es ist verboten,] ein Tier für eigene sexuelle Handlungen zu nutzen oder für sexuelle Handlungen Dritter abzurichten oder zur Verfügung zu stellen und dadurch zu artwidrigem Verhalten zu zwingen."

Strafbar sind sexuelle Handlungen mit Tieren erst dann, wenn sie der Öffentlichkeit zugänglich gemacht werden. Nach **§ 184a Satz 1 StGB** dürfen pornografische Inhalte mit **„sexuellen Handlungen von Menschen mit Tieren"** nicht „verbreitet oder der Öffentlichkeit zugänglich" gemacht werden, auch nicht hergestellt, geliefert oder vorrätig gehalten, nicht angeboten, beworben oder ein- und ausgeführt werden.
Mit **§ 184a StGB** soll in Richtung des Täters eine Moralverletzung als Tabubruch bestraft werden (Schönke/Schröder 2019, § 184a StGB, Bem. 1a).

D Soziales Hilfesystem

1 Gerichtsverfahren

1.1 Zeugnisverweigerung

Fachkräfte in sozialen Berufen kommen immer wieder in die Situation, als Zeuge im Rahmen zivilrechtlicher, verwaltungsrechtlicher oder strafrechtlicher Gerichtsverfahren eine Aussage machen zu sollen. Die Justiz benötigt zuverlässige Tatsachengrundlagen und Erkenntnisse, um Straftaten zu beweisen oder um zivilrechtliche Streitigkeiten zu entscheiden. Die Gerichte versuchen daher auch Fachkräfte als Zeugen zu Tatsachen zu befragen, die mit deren Berufsausübung in Zusammenhang stehen, um Informationen über deren Patienten oder Klienten zu erhalten.

Seit langem wird kontrovers darüber diskutiert, in welchem Umfang für Fachkräfte in sozialen Berufen **Zeugnisverweigerungsrechte** existieren. Die Auseinandersetzung dreht sich, ganz ähnlich wie bei der Schweigepflicht, um die Effizienz staatlicher Institutionen einerseits und den Vertrauensschutz in der professionellen sozialen Arbeit mit Menschen andererseits. Die Justiz benötigt, um einen Straftäter überführen zu können, beispielsweise die Aussage einer Sozialpädagogin, die in einer Beratungseinrichtung arbeitet und durch ihre Tätigkeit als Einzige in der Lage ist zu bezeugen, dass der verdächtigte Jugendliche X an einer Straftat beteiligt war.

Für manche soziale Berufe enthält das Strafgesetzbuch mit **§ 203 Abs. 1 StGB** eine grundlegende Regelung, die sie zur **Verschwiegenheit** im Hinblick auf ihr Wissen verpflichtet, das sie durch ihre Berufsausübung erlangt haben. Das sind die **Geheimnisträgerberufe.**

Bei Ärzten, Apothekern sowie auch den Angehörigen anderer Heilberufe, bei Berufspsychologen, Ehe-, Familien-, Erziehungs- und Jugendberatern, Beratern für Suchtfragen und Beratern nach dem Schwangerschaftskonfliktgesetz, Sozialarbeitern und Sozialpädagogen wird eine **Verletzung der Verschwiegenheit strafrechtlich sanktioniert.**

Aus dieser **strafrechtlich gebotenen Schweigepflicht** ergibt sich aber keineswegs automatisch das Recht, vor Gerichten das Zeugnis zu verweigern. Ein solches Recht muss vielmehr ausdrücklich in den jeweiligen Prozessordnungen verankert sein.

Schon in den 1970er-Jahren hatte das BVerfG ein **Zeugnisverweigerungsrecht** für Drogenberater zusätzlich **unmittelbar aus der Verfassung** hergeleitet:

Es ging um die Durchsuchung und Beschlagnahme von Klienten-Akten einer Drogenberatungsstelle. Das BVerfG kam in diesem Fall unter Abwägung des Interesses an einer wirkungsvollen staatlichen Strafverfolgung und dem staatlichen Interesse an einer effektiven Gesundheitsvorsorge zu einem Zeugnisverweigerungsrecht aus verfassungsrechtlichen Gesichtspunkten (BVerfGE 44, 353; vgl. auch LG Hamburg, NStZ 1983, 182).

Ein solches unmittelbar aus dem GG abgeleitetes Zeugnisverweigerungsrecht kommt aber nur in Ausnahmefällen und inhaltlich eingeschränkt zur Geltung (BVerfG, NJW 1988, 2945).
Im Falle einer Psychologin, die in einer Anlaufstelle für sexuell missbrauchte Frauen beratend tätig war, hat das Landgericht Freiburg 1996 ein solches Recht eingeräumt (LG Freiburg, NJW 1997, 813, 814).

Die Diskussion über die oft lebenslangen einschneidenden psychischen und psychosomatischen Folgen für die Opfer von Sexualstraftaten, insbesondere wenn sie an Kindern begangen wurden, zeigt die Notwendigkeit therapeutischer Beratungsstellen im Rahmen der allgemeinen Gesundheitsfürsorge.

> „Auch wenn die Opfer von Sexualstraftaten nicht wie die Betäubungsmittelabhängigen Gefahr laufen, im therapeutischen Gespräch über eigene Straftaten berichten zu müssen, so steht auch bei jenen Einrichtungen die Vertraulichkeit und deren Zusicherung als unabdingbare Voraussetzung für die therapeutische Arbeit jedenfalls so lange außer Frage, als sich das Opfer nicht selbst zu einem strafgerichtlichen Vorgehen gegen den Täter entschließt" (LG Freiburg, NJW 1997, 813, 814).

Bei den **Zivilgerichten** geht es im Kontext von Fragen der sexuellen Selbstbestimmung um Fragen der elterlichen Sorge, des Umgangsrechts, um Scheidungs- und Unterhaltsprozesse, evtl. auch um Mietstreitigkeiten oder Schmerzensgeldansprüche. Mitarbeitende in sozialen Berufen, insbesondere Fachkräfte in der Sozialen Arbeit sind bei derartigen Prozessen gefordert, als Zeugen aufzutreten. Sie sollen dem Gericht die Sachverhalte und Eindrücke mitteilen, die sie in ihrer beruflichen Eigenschaft erfahren haben.

§ 383 ZPO eröffnet bestimmten Personengruppen die Möglichkeit, die Aussage **aus persönlichen Gründen** zu verweigern. Zu einer **Zeugnisverweigerung** sind nach **§ 383 Abs. 1 Ziff. 6 ZPO** u.a. diejenigen berechtigt,

> „denen kraft ihres Amtes, Standes oder Gewerbes Tatsachen anvertraut sind, deren Geheimhaltung durch ihre Natur oder durch gesetzliche Vorschriften geboten ist."

Ob sich aus dieser Vorschrift ein generelles Zeugnisverweigerungsrecht im Zivilprozess für staatlich anerkannte Sozialarbeiter und Sozialpädagogen ergibt, ist weiterhin umstritten.
Das OLG Köln sowie das Bayerische Oberste Landesgericht haben entschieden, dass sich für diese Berufsgruppe ein Zeugnisverweigerungsrecht aus § 383 ZPO nicht ableiten lasse (OLG Köln, FamRZ 1986, 708; BayObLG, FamRZ 1990, 1857). Es beginnt sich jedoch mehr und mehr die Rechtsauffassung durchzusetzen, die ein Zeugnisverweigerungsrecht für Sozialarbeiter und Sozialpädagogen im Zivilprozess bejaht, und dies mit überzeugenden Gründen (Zöller/Geimer 2022, Anm. 18 zu § 383 ZPO; Papenheim/Baltes/Palsherm/Kessler 2018, 234).

Beispiel:

Das OLG Hamm hatte folgenden Fall zu entscheiden (OLG Hamm, FamRZ 1992, 201, 202): Es ging um die Frage, ob rechtlich ein Erziehungsversagen der Eltern anzunehmen sei, wenn sie sich gegenüber ihren Kindern ausgesprochen roh verhielten und die Bedürfnisse der Kinder völlig missachteten. Von der Beantwortung dieser Frage hingen gerichtliche Maßnahmen zur Einschränkung des Elternrechts ab. Die die Familie beratenden Sozialpädagoginnen verweigerten die Aussage.
Eine vergleichbare Situation liegt vor, wenn das Personensorgerecht wegen sexuellen Missbrauchs eingeschränkt oder entzogen werden soll und eine Sozialpädagogin in dem familiengerichtlichen Verfahren die Aussage verweigern will.
Das OLG Hamm hat die Frage, ob sich ein Zeugnisverweigerungsrecht aus der Zivilprozessordnung ergibt, letztendlich nicht abschließend entschieden. Es hat folgendermaßen argumentiert:
Nach Auffassung des OLG geht es in derartigen Verfahren vor den Zivilgerichten nicht um das staatliche Strafverfolgungsinteresse an einer effektiven Strafverfolgung. Vielmehr stehen die rechtlichen Beziehungen der Streitbeteiligten im Fokus. Insofern ist der Ausgangspunkt eines Zivilprozesses „ein anderer, da die durch eine berufliche Tätigkeit begründete Vertrauenssphäre uneingeschränkt ohne Eingrenzung auf bestimmte Berufsgruppen geschützt wird."
Im Strafprozess steht das Zeugnisverweigerungsrecht auch sonstigen Berufen zu, die Kenntnis schutzwürdiger Geheimnisse Dritter haben, u. a. Bankmitarbeitern. Hat aber im Rahmen des § 383 Abs. 1 Nr. 6 ZPO der Schutz der Vertrauenssphäre uneingeschränkt Vorrang, bestehen keine überzeugenden Gründe, das zu einem Sozialarbeiter bzw. Sozialpädagogen begründete Vertrauensverhältnis vom Schutz durch das Zeugnisverweigerungsrecht auszunehmen. Denn es ergäbe sich ein Wertungswiderspruch zwischen dem Schutz des Bankgeheimnisses und dem im Regelfall vorwiegend die private

Lebensführung und die Intimsphäre betreffenden Vertrauensbereich zwischen einem Sozialarbeiter bzw. Sozialpädagogen und dem jeweiligen Klienten, wenn diese ohne Schutz durch das Zeugnisverweigerungsrecht blieben. Hinzu kommt nach Auffassung des OLG Hamm, dass § 203 Abs. 1 Nr. 5 StGB die unbefugte Offenbarung eines zum persönlichen Lebensbereich gehörenden Geheimnisses durch einen Sozialarbeiter oder Sozialpädagogen unter Strafe stellt.

> „Die strafbewehrte Geheimhaltungspflicht und das Zeugnisverweigerungsrecht sind zwar nicht in allen Bereichen deckungsgleich. Für die Auslegung der zivilprozessualen Vorschrift im Lichte dieser strafrechtlichen Bestimmung bestehen jedoch keine Hinderungsgründe. Insofern räumt § 383 Abs. 1 Nr. 6 ZPO konkret den Angehörigen derjenigen Berufe ein uneingeschränktes Zeugnisverweigerungsrecht ein, denen durch gesetzliche Vorschrift die Geheimhaltung der ihnen im Rahmen ihrer beruflichen Tätigkeit anvertrauten Tatsachen geboten ist".

Aber auch dann, wenn man der Auffassung wäre, dass staatlich anerkannte Sozialpädagoginnen und Sozialarbeiter, Psychologinnen usw. nicht unter § 383 ZPO fielen, bedürfen sie zu einer Aussage, soweit sie im öffentlichen Dienst tätig sind, der Genehmigung durch den Dienstherrn. Dies gilt auch für eine bei einer Diözese als Eheberaterin tätige Diplom-Psychologin, die zu den anderen Personen des öffentlichen Dienstes gehört und daher für eine Aussage über Umstände, welche ihrer Verschwiegenheitspflicht unterliegen, die Genehmigung des Dienstherrn benötigt (OLG Zweibrücken, FamRZ 1995, 679).

Die Verfahrensordnungen anderer Gerichtszweige beziehen sich häufig auf die Zivilprozessordnung. Das Zeugnisverweigerungsrecht, das die ZPO in dieser Interpretation den staatlich anerkannten Sozialpädagogen und Sozialarbeitern einräumt, gilt daher auch für andere Verfahrensarten, also vor den Verwaltungs- oder Sozialgerichten.

Fazit:
Das bedeutet, dass staatlich anerkannte Sozialpädagogen und Sozialarbeiter in **Zivilprozessen, in Familien-, Ehe- und Kindschaftssachen, in Sozial- und Arbeitsgerichtsverfahren sowie Verwaltungsprozessen** ein **Zeugnisverweigerungsrecht** haben, soweit von ihnen anvertraute Informationen, die mit ihrer Berufsausübung im Zusammenhang stehen, erfragt werden sollen.

Das **strafprozessuale Zeugnisverweigerungsrecht** wird nach **§ 53 StPO** enger geregelt und nur den sog. **„Berufsgeheimnisträgern"** eingeräumt.

Dieses Recht, in einem Strafverfahren die Aussage zu verweigern, besteht im Wesentlichen für Geistliche, Ärzte, für Anwälte und die Angehörigen steuerberatender Berufe. Diese Geheimnisträger können nicht gezwungen werden ein ihnen anvertrautes Geheimnis als Zeugen zu offenbaren, obwohl es strafrechtlich relevant ist oder sein könnte.

§ 53 Abs. 1 StPO enthält eine abschließende Aufzählung der Berufsgeheimnisträger, deren Schweigerecht der Pflicht zur Zeugenaussage vor dem Strafgericht vorgeht. Einige spezielle Berufsbereiche werden besonders hervorgehoben:

- So haben Berater für Fragen der Betäubungsmittelabhängigkeit in einer **Drogenberatungsstelle,** die eine Behörde oder eine Körperschaft, Anstalt oder Stiftung des öffentlichen Rechtes anerkannt oder bei sich eingerichtet hat, ein Zeugnisverweigerungsrecht, und zwar „über das, was ihnen in dieser Eigenschaft anvertraut wurde oder bekannt geworden ist" **(§ 53 Abs. 1 Ziff. 3b StPO).**
- Allerdings ist es verfassungsrechtlich nicht geboten, das für Drogenberater bestehende Zeugnisverweigerungsrecht auf **ehrenamtliche Berater** in einer Selbsthilfegruppe von Eltern drogenabhängiger Kinder zu erstrecken (BVerfG, StV 1998, 355).
- Ein strafrechtliches Zeugnisverweigerungsrecht aus beruflichen Gründen nach **§ 53 Abs. 1 Ziff. 3a StPO** haben ebenfalls Mitglieder oder Beauftragte einer anerkannten **Beratungsstelle** nach dem **Schwangerschaftskonfliktgesetz**. Das Zeugnisverweigerungsrecht in den Beratungsstellen können also die dort tätigen Sozialarbeiterinnen, Sozialpädagogen, Psychologinnen, Therapeuten usw. für sich in Anspruch nehmen.
- Nach Ansicht des LG Köln kommt Betreuer von so genannten **„Babyklappen"** kein Zeugnisverweigerungsrecht zu. Es handele sich dabei nämlich nicht um eine Schwangerschaftskonfliktberatung, so dass **§ 53 Abs. 1 Ziff. 3a nicht** zur Anwendung komme (LG Köln, NJW 2002, 909).
- Zu den Berufen, die das Zeugnis verweigern dürfen, gehören auch die **Psychotherapeuten,** psychologischen Psychotherapeuten sowie die Kinder- und Jugendpsychotherapeuten, Apotheker und **Hebammen (§ 53 Abs. 1 Ziff. 3 StPO).**

Von diesen Ausnahmen abgesehen dürfen also **Sozialarbeiterinnen, Psychologinnen** oder **Sozialpädagogen** im **Strafprozess die Zeugenaussage nicht verweigern**.
Diese Beschränkung wird schon lange als sozial diskriminierend kritisiert, denn die Regelung differenziert faktisch allein nach dem sozialen Status der Klienten und der Sozialarbeiter und Sozialpädagoginnen (so schon Stascheit 1975).

Das Zeugnisverweigerungsrecht der Berufsgeheimnisträger im Strafverfahren erstreckt sich gemäß **§ 53a StGB** auch auf **Hilfspersonen,** die **Mitarbeitenden**

von Geheimnisträgern sind. Damit sind nicht nur deren Angestellte, sondern auch die Auszubildenden und die dort tätigen Hilfskräfte mit umfasst. Damit sind z. B. auch die für den Arzt tätige Arzthelferin und Sekretärin gemeint.

Der Zweck dieser Vorschrift ist einleuchtend: Hätte nur der Arzt selbst ein Zeugnisverweigerungsrecht, dann könnte dieses Recht durch eine Zeugenvernehmung seiner Hilfspersonen unterlaufen und ausgehebelt werden.

Für **Angehörige des öffentlichen Dienstes** bedarf es zu einer Zeugenaussage nach **§ 54 StPO** der **Aussagegenehmigung** durch die jeweiligen **Dienstherren**. Nach **§§ 67, 68 BBG** muss die **Genehmigung versagt** werden, wenn die **Aussage für das Wohl des Bundes** oder eines deutschen **Landes nachteilig** wäre oder wenn sie die Erfüllung öffentlicher Aufgaben ernstlich gefährden oder erheblich erschweren würde.

Im sozialen Bereich sind in diesem Zusammenhang die Vorschriften des Datenschutzes zu berücksichtigen. Der Dienstvorgesetzte darf eine **Aussagegenehmigung wegen § 35 Abs. 3 SGB I** in aller Regel **nicht** erteilen (Wiesner/Wapler 2022, Anm. 15 zu § 35 SGB I, Anhang § 61 SGB VIII; LG Berlin, NDV 1992, 417). Ist die behördliche Entscheidung ergangen, dass einer beratenden Fachkraft die Aussagegenehmigung nicht erteilt wird, dann ist sie bindend für alle Beteiligten. Die Vernehmung des Zeugen ist verboten, selbst wenn das Gericht die Versagensgründe für rechtswidrig hält und der Auffassung ist, die Behörde hätte eine Aussagegenehmigung erteilen müssen (Meyer-Goßner/Schmitt 2023, Anm. 24 zu § 54 StPO).

§ 54 StPO gilt gleichermaßen für **angestellte Mitarbeiter einer kirchlichen Körperschaft** des öffentlichen Rechts.
Das OLG Köln hat für die Zeugenaussage einer Sozialpädagogin bzw. einer Diplompsychologin, die bei einer Erziehungs- und Beratungsstelle der katholischen Kirche tätig war, die Genehmigung des Dienstvorgesetzten für erforderlich gehalten.
Der Begriff des öffentlichen Dienstes sei weit auszulegen, er beschränke sich nicht auf den Bereich staatlicher und kommunaler Verwaltung. **Beratung** bei einer Vielzahl von Problemen sei eine **öffentliche Aufgabe** (OLG Köln, RsDE 1999, 107; vgl. auch OLG Zweibrücken, FamRZ 1995, 679, im Hinblick auf die Notwendigkeit der Aussagegenehmigung des kirchlichen Dienstvorgesetzten im Zivilprozess).

Ob diese Übertragbarkeit auch für die sonstigen privaten Träger zutrifft, ist umstritten. Die h. M. ist der Auffassung, dass § 54 StPO nur für den öffentlichen Dienst und für Einrichtungen, die unmittelbar kirchlich getragen werden, gilt. Die

Ungleichbehandlung zwischen verschiedenen Trägern der sozialen Arbeit bzw. der Beratung ist verfassungsrechtlich jedoch problematisch (Papenheim 2000).

1.2 Psychosoziale Opferbegleitung

Mitarbeitende in sozialen Berufen haben im Umfeld des Strafrechts aber nicht in der Jugendgerichtshilfe nach **§ 38 JGG** Aufgaben bei der Betreuung der als Täter Beschuldigten; sie sind gleichermaßen auch für die Betreuung der Opfer zuständig; sie sind gefordert, die Rechte der Opfer von Straftaten besonders zu beachten.

Das Jugendamt hat über **§ 2 Abs. 3 SGB VIII** die Verpflichtung mit den Strafgerichten zu interagieren und das nicht nur mit Blick auf junge Menschen, die als Tatverdächtige beschuldigt werden, sondern auch dann, wenn es sich um Kinder und Jugendliche als Tatopfer handelt. Es kann eine Situation eintreten, in der ein Heranwachsender als Täter einer Straftat des sexuellen Missbrauchs von Kindern gemäß § 176 StGB verdächtigt wird und das Jugendamt diesen in der Rolle als Jugendgerichtshilfe zu vertreten hat. Gleichzeitig könnte das Jugendamt für das Kind, das Opfer dieser Straftat wurde, zuständig sein, weil es wegen seiner aus dem Übergriff resultierenden Traumatisierung vom Jugendamt betreut werden muss.

Bei den Menschen, die **Opfer sexualisierter Gewalt** geworden sind, handelt es sich neben Frauen meist um Kinder und Jugendliche. Sie werden in den Strafverfahren gegen die Täter erheblichen psychischen Belastungen ausgesetzt, denn sie müssen sich als Zeugen immer wieder an alle Einzelheiten der erlittenen Tat erinnern und diese sowohl gegenüber den Ermittlungsbehörden als auch in der Hauptverhandlung verbalisieren.
Die Täter haben einen Anspruch auf ein faires Verfahren, die sorgfältige Sachaufklärung ist daher unvermeidlich. Durch die dazu erforderliche intensive Befragung der Tatopfer droht diesen aber eine Sekundär-Viktimisierung.
Daher haben **Opfer von Gewalt- und Sexualdelikten** Anspruch auf **psychosoziale Prozessbegleitung.** Die Grundsätze dieser Prozessbegleitung sind im **Gesetz über die Psychosoziale Prozessbegleitung (PsychPbG)** von 2015 geregelt.

§ 2 PsychPbG lautet:

> „(1) Psychosoziale Prozessbegleitung ist eine besondere Form der nicht rechtlichen Begleitung im Strafverfahren für besonders schutzbedürftige Verletzte vor, während und nach der Hauptverhandlung. Sie umfasst die Informationsvermittlung sowie die qualifizierte Betreuung und Unterstützung im gesamten

Strafverfahren mit dem Ziel, die individuelle Belastung der Verletzten zu reduzieren und ihre Sekundärviktimisierung zu vermeiden.
(2) Psychosoziale Prozessbegleitung ist geprägt von Neutralität gegenüber dem Strafverfahren und der Trennung von Beratung und Begleitung. Sie umfasst weder die rechtliche Beratung noch die Aufklärung des Sachverhalts und darf nicht zu einer Beeinflussung des Zeugen oder einer Beeinträchtigung der Zeugenaussage führen. Der Verletzte ist darüber sowie über das fehlende Zeugnisverweigerungsrecht des psychosozialen Prozessbegleiters von diesem zu Beginn der Prozessbegleitung zu informieren."

Um diesen Anspruch zu realisierten, ist es also erforderlich, dass

- das Opfer einen Antrag bei Gericht stellt, oder
- das Gericht die Prozessbegleitung gemäß **§ 406g Abs. 3 StPO** beiordnet.

Der psychosozialen Prozessbegleitung ist es dann gestattet, bei Vernehmungen des Opfers und während der Hauptverhandlung gemeinsam mit dem Opfer anwesend zu sein **(§ 406g Abs. 1 StPO).**

Die Psychosoziale Prozessbegleitung hat nicht die Aufgabe und auch nicht die fachliche Kompetenz einer rechtlichen Vertretung des Opfers. Die Straftat, also die Ursache für die „Opferrolle", darf bei der Betreuung kein Thema sein. Das ist deshalb von besonderer Relevanz, weil den **psychosozialen Prozessvertretern kein Aussageverweigerungsrecht** zusteht. Sie könnten daher seitens der Justiz gezwungen werden, den Inhalt der Gespräche mit den Betreuten preiszugeben, was sicherlich nicht im Interesse der Betreuten sein kann und zusätzlich das erforderliche Vertrauensverhältnis zwischen Opfer und Prozessbegleiter deutlich stören kann.

Die Tätigkeit der psychosozialen Prozessbegleitung erfordert eine **hohe fachliche Qualifikation (§ 3 Abs. 2 PsychPbG**). Für die Ausübung dieser Tätigkeit ist eine abgeschlossene Ausbildung im Bereich Sozialpädagogik, Soziale Arbeit, Pädagogik, Psychologie erforderlich sowie zusätzlich der Abschluss einer von einem Land anerkannten Aus- oder Weiterbildung zum psychosozialen Prozessbegleiter. Die Tätigkeit kann freiberuflich ausgeübt werden.
Die psychosoziale Prozessbegleitung hat gerade im Kontext von Strafverfahren wegen Straftaten gegen die sexuelle Selbstbestimmung eine besondere Bedeutung.

Aber:
Psychosoziale Prozessbegleiter/innen haben gemäß **§ 2 Abs. 2 Satz 3 PsychPbG kein Recht** auf **Zeugnisverweigerung im Strafprozess**, auch wenn sie auf Grund ihrer Ausbildung zu den Geheimnisträgern des § 203 StGB gehören.

Dieser Umstand ist für viele Beratungsverhältnisse bedrohlich, da er geeignet ist, das Vertrauensverhältnis zu den Klienten zu untergraben. In vielfältigen Beratungssituationen ist der Schutz des Vertrauensverhältnisses aber konstitutiv für den Erfolg der Beratung.
Die Strafprozessordnung kennt aber Formen eines abgeleiteten Zeugnisverweigerungsrechtes, das in konkreten Konfliktfällen dazu beitragen kann, das Vertrauensverhältnis zu schützen (s. oben Kap. D 1.1).

1.3 Opferentschädigung

Es ist inzwischen eine allgemein bekannte Tatsache, dass in den vergangenen Jahrzehnten in Einrichtungen, in denen Kinder untergebracht waren, vielfach schwerste Fälle von Gewalt gegen Kinder verübt wurden. Es handelte sich meist um sexualisierte Gewalt. In der Öffentlichkeit wurden dabei überwiegend die Taten thematisiert, die im Verantwortungsbereich katholischer Träger begangen wurden. Besonders gern wird das Narrativ vom pädophilen Priester transportiert, den seine Pflicht zur Ehelosigkeit zum Kindesmissbrauch treibt. Schuld soll also das Zölibat sein. Das aber ist ein groteskes Zerrbild der Realität, mit dem der Täterkreis auf eine kleine Personengruppe verengt werden soll. Diese soziale Technik ist als Sündenbocksyndrom bekannt und dient der Ablenkung von der sozialen Breite der Täter.
Wie sich 2023 herausgestellt hat, war auch im Bereich der evangelischen Kirche der sexuelle Missbrauch von Kindern durch Funktionsträger weit verbreitet. Auch dort wurden die Täter über Jahrzehnte von der Institution konsequent vor staatlicher Verfolgung geschützt.

Sexueller Missbrauch fand und findet in Einrichtungen aller Arten von Trägern statt. Es handelt sich weder um ein spezifisch katholisches noch um ein Problem der Homosexualität. Beide Faktoren sind nicht irrelevant, aber insgesamt nur von untergeordneter Bedeutung.

Der Missbrauch von Kindern in Einrichtungen, auch in Schulen oder Sportvereinen, wird wesentlich von zwei strukturellen Faktoren befördert: Ein Faktor ist die krasse Asymmetrie der Machtverhältnisse innerhalb der Einrichtungen; der andere Faktor ist die fehlende gesellschaftliche Wertschätzung von Minderjährigen, die auch in den Einrichtungen nicht immer als Rechtssubjekte respektiert werden.

Inzwischen ist die jahrzehntelange gesellschaftliche Gleichgültigkeit von einer medialen Empörung abgelöst worden, die harte, und immer härtere Strafen für „Kinderschänder“ fordert.

Dabei wird außer Acht gelassen, dass auch die **Pädophilie** eine Form einer **sexuellen Prägung** des Menschen ist:

- Sexuelle Prägungen sind keine willentlichen Entscheidungen, sondern Teil der individuellen sexuellen Identität bzw. „sexuellen Ausrichtung", die gemäß **Art. 21 GRCh** zu den Tatbeständen zählt, die eine Diskriminierung verbieten. So wird etwa die sexuelle Prägung der Homosexualität akzeptiert.
- Der Unterschied der Pädophilie zu den übrigen, respektierten Prägungen, liegt darin, dass dort autonome Partner sexuell interagieren, im Sinne Kants freiwillig gegenseitigen Gebrauch voreinander machen.
- Bei der Pädophilie fehlt die autonome Partnerschaft bei der sexuellen Aktivität. Hier wird der Körper eines Kindes nur gebraucht, benutzt, ohne dessen Einverständnis. Das Kind ist nicht Partner und kann nicht Partner sein.

Eine Rechtfertigung der Praktizierung von Pädophilie ist auch verfassungsrechtlich ausgeschlossen. Die Entfaltungsfreiheit des **Art. 2 Abs. 1 GG** ist nicht schrankenlos, sondern findet ihre Grenze an den Rechten Anderer. Die pädophil benutzten Kinder sind Andere im Sinne des **Art. 2 Abs. 1 GG**. Als Menschen haben sie selbst ein Recht auf Selbstbestimmung einschließlich sexueller Selbstbestimmung. Die Verletzung dieses Rechts wird daher strafrechtlich streng sanktioniert.

Damit ist das Problem der pädophilen Prägung aber nicht gelöst. Pädophilie ist keine willentliche Entscheidung, sondern eine sexuelle Prägung und damit ein Persönlichkeitsattribut, dessen Ausleben aber strikt verboten ist, weil es Kinder zu Objekten der sexuellen Wünsche der Täter macht.

Jeder sexuelle Missbrauch, ob im privaten Umfeld oder in Einrichtungen, führt bei den **Opfern** zu **Traumatisierungen**, die häufig deren gesamtes Leben beeinträchtigen. Die Menschen, die in den 50er, 60er oder 70er Jahren des 20. Jahrhunderts zu Opfern in Einrichtungen wurden, habe sich heute, nachdem die gesellschaftliche Tabuisierung gewichen ist, in Interessengemeinschaften zusammengeschlossen, um eine **„Aufarbeitung"** der an ihnen begangenen Taten durchzusetzen. Auch die Katholische Kirche hat in Deutschland 2019 ein „Institut zur Prävention und Aufarbeitung von sexualisierter Gewalt" gegründet, das einheitliche Standards bei der Aufarbeitung des sexuellen Missbrauchs entwickeln soll:

- Unter Aufarbeitung wird dabei vorrangig die strafrechtliche Verfolgung und die Anerkennung von Verantwortung verstanden.
- Daneben wird über eine finanzielle Kompensation im Sinne eines Schmerzensgeldes verhandelt.

Das ist nicht immer befriedigend, denn die Strafverfolgung scheitert häufig am zwischenzeitlichen Ableben oder der Verjährung, die institutionelle Verantwortung wird verbal übernommen, die Verhandlungen über den Schadensersatz sind zäh.

Die von der Deutschen Bischofskonferenz beschlossene Unabhängige Kommission für Anerkennungsleistungen (UKA) von den im Jahr 2021 gestellten 1565 Anträgen 606 positiv entschieden und Leistungen in Höhe von 9,4 Millionen € erbracht. Die Zahlungen variierten von unter 10.000 € bis über 100.000 € (Süddeutsche Zeitung vom 19/20.02.22, S. 6).

Rechtlich handelt es sich bei den Leistungen um einmalige Entschädigungen für immaterielle Schäden nach **§ 253 Abs. 2 BGB**:

> „Ist wegen einer Verletzung des Körpers, der Gesundheit, der Freiheit oder der sexuellen Selbstbestimmung Schadensersatz zu leisten, kann auch wegen des Schadens, der nicht Vermögensschaden ist, eine billige Entschädigung in Geld gefordert werden."

Viele Betroffene werden noch jahrelang um eine einigermaßen angemessene Kompensation ringen. Bei den Strafverfahren werden sie möglicherweise frustriert sein wegen der fürsorglichen Sorgfalt, mit der die als Täter Verdächtigen seitens der Gerichte behandelt werden, und der geringen Rücksichtnahme auf die Befindlichkeiten der Opfer.
Das ist allerdings ein Problem aller Strafverfahren wegen Taten, bei denen Menschen körperlich Opfer sind. Es ist keine Besonderheit der Verfahren wegen sexuellen Missbrauchs.

Gerichte haben die rechtsstaatlich begründete Pflicht den Angeklagten „gerecht" zu werden. Dadurch treten die Opfer unvermeidlich in den Hintergrund. Sie sind „Beweismittel", deren Erlebnisse und Wahrnehmungen für das Verfahren nur insoweit relevant sind, als sie die Tatbestände der angeklagten Taten direkt betreffen.

Eine ernsthafte Aufarbeitung der Sexualdelikte erfordert aber zum einen eine spürbare wirtschaftliche Kompensation und zum anderen ein förmliches rechtsstaatliches Verfahren, das auch **den Opfern „gerecht" wird**.

Grundlage eines solchen Verfahrens zur Aufarbeitung der sexuellen Übergriffe in Einrichtungen, in denen die sexuellen Übergriffe stattgefunden haben, ist in den Regelungen des **Gesetzes über die Entschädigung für Opfer von Gewalttaten (Opferentschädigungsgesetz – OEG)** formuliert. Im **Mittelpunkt** eines solchen Verfahrens steht das **Opfer eines sexuellen Angriffs** und **nicht,** wie im Strafverfahren, **der Täter**.

Die **Betroffenen sind** hier nicht bloßes Beweismittel, sondern als **Kläger** Partei eines Verfahrens vor dem Sozialgericht. Sie können den Sachverhalt der erlittenen Übergriffe aus ihrer Sicht darstellen, ohne auf die Täter in irgendeiner Weise Rücksicht nehmen zu müssen. Sie stehen im Mittelpunkt auch der vom Gericht vorzunehmenden Aufklärung.

Das **OEG** enthält in § 1 und in weiteren Paragrafen einen **Anspruch auf Versorgung** für die betroffenen Opfer:

- Anträge auf Entschädigung sind beim Versorgungsamt zu stellen. Der Rechtsweg führt zu den Sozialgerichten.
- Ob der Täter noch lebt oder wegen der Tat verurteilt wurde, ist ohne Bedeutung.
- Opfer eines „vorsätzlichen, rechtswidrigen tätlichen Angriffs", die dadurch eine gesundheitliche Schädigung erlitten haben, erhalten einen Anspruch auf Versorgung, der die gesundheitlichen und darüber hinaus auch die wirtschaftlichen Folgen gemäß BVG als **Rente** ausgleicht.
- Heil-oder Pflegeleistungen sowie Eigentumsschäden werden nicht ersetzt. Es wird auch kein Schmerzensgeld bezahlt.
- Das Gesetz gilt rückwirkend auch für Taten, die vom 23. Mai 1949 bis 15. Mai 1976 begangen wurden.
- Die Beweisführung der Schädigung und deren Folgen ist zugunsten der Opfer auf die **Glaubhaftmachung** reduziert, also deutlich erleichtert.

Diese Regelung betrifft eine Vielzahl von Missbrauchsfällen, bei denen die Taten längst verjährt und/oder die Täter verstorben sind.

Beispiele:

- Über die Beweisanforderungen zur Glaubhaftmachnung hat das SozG Darmstadt ausführlich verhandelt und im Urteil vom 12.05.2020 – S 5 VE 27/17 ausgeführt:

  „Hinsichtlich der entscheidungserheblichen Tatsachen kennt das soziale Entschädigungsrecht drei Beweismaßstäbe. Grundsätzlich bedürfen die drei Glieder der Kausalkette (schädigender Vorgang, Schädigung und Schädigungsfolgen) des Vollbeweises. Für die Kausalität selbst genügt gemäß § 1 Abs. 3 BVG die Wahrscheinlichkeit. Nach Maßgabe des § 15 Satz 1 des Gesetzes über das Verwaltungsverfahren der Kriegsopferversorgung (KriegsopfVwVfG), der gemäß § 6 Abs. 3 OEG anzuwenden ist, sind bei der Entscheidung die Angaben des Antragstellers, die sich auf die mit der Schädigung (also insbesondere auch mit dem tätlichen Angriff) in Zusammenhang stehenden Tatsachen beziehen, zugrunde zu legen, wenn sie nach den Umständen des Falles glaubhaft erscheinen. Für den Vollbeweis muss sich das Gericht die volle Überzeugung vom Vorhandensein oder Nichtvorhandensein einer Tatsache verschaffen. Eine Sache ist bewiesen, wenn sie in so einem hohen Grad wahrscheinlich ist, dass alle Umstände des Falles nach vernünftiger Lebenserfahrung geeignet sind, die volle richterliche Überzeugung zu begründen. ‚Glaubhafterscheinen' im Sinne des § 15 Satz 1 KriegsopfVwVfG bzw. Glaubhaftmachung bedeutet das Dartun einer überwiegenden Wahrscheinlichkeit, das heißt der guten Möglichkeit, dass sich der Vorgang so zugetragen hat, wobei durchaus gewisse Zweifel bestehen bleiben können. Die bloße Möglichkeit einer Tatsache reicht dagegen nicht aus, um die Beweisanforderungen zu erfüllen (vgl. Hess. LSozG vom 26.06.2014, Rn. 19)."

Auf dieser Grundlage hat das SozG Darmstadt ca. 1000 sexuelle Übergriffe auf den Kläger als zu seiner Überzeugung glaubhaft anerkannt.

- Ein 25-jähriger Mann hatte eine freundschaftliche Beziehung zu einem 13-jährigen Mädchen. Es kam zum Geschlechtsverkehr, das Mädchen wurde schwanger und bekam ein Kind. Der Mann wurde wegen schwerem sexuellem Missbrauch eines Kindes nach § 176 StGB verurteilt. Die Frage war, ob das Mädchen Opfer eines nach § 1 OEG tätlichen Angriffs geworden ist. Nach Ansicht des BSG ist ein rechtswidriger tätlicher Angriff zu bejahen, wenn ein erwachsener Mann mit einem 13-jährigen Mädchen sexuell verkehrt. Dabei sei es ohne Bedeutung, ob sie von sich aus zu dem Geschlechtsverkehr bereit sei und auch, ob sie die Bedeutung des Geschehens erfassen könne (BSG, STREIT 1996, 129).

- Ansprüche nach dem OEG können einer Tochter gegen ihren Vater bei sexuellem Missbrauch zustehen. Die Erzwingung des Geschlechtsverkehrs ist auch dann ein tätlicher Angriff im Sinne des OEG, wenn das Kind den Beischlaf aus Angst vor dem strengen Vater über sich ergehen lässt (OVG Koblenz, NJW 1999, 224).

- In einer weiteren Entscheidung des BSG hat das Gericht die Frage beantwortet, ob einem Kind, das gewaltsam in einer Inzestbeziehung gezeugt und schwerbeschädigt (Blindheit und geistige Behinderung) geboren wurde, prinzipiell einen Anspruch nach dem OEG zusteht. Dem steht zwar der Wortlaut des § 1 OEG entgegen, der voraussetzt, dass das Opfer des Angriffs bereits gelebt hat. Das Gericht war aber der Ansicht, dass eine Regelungslücke bestehe, die durch höchstrichterlich Rechtsfortbildung geschlossen werden. müsse. Das Ziel des OEG sei es, die Opfer von Gewalttaten, die der Staat nicht verhindern konnte oder verhindert habe, zu entschädigen. Dies gelte aber auch für zur Zeit der Tat noch nicht geborene Opfer (BSG, NJW 2002, 3123, 3125).

Auch innerhalb der Bundeswehr wurden in den letzten Jahren Maßnahmen zur Rehabilitation ergriffen. Aufgrund des 2021 verabschiedeten Gesetzes zur Rehabilitierung der wegen einvernehmlicher homosexueller Handlungen, ihrer homosexuellen Orientierung oder ihrer geschlechtlichen Identität dienstrechtlich benachteiligten Soldaten (SoldRehaHomG) konnten 178 Rehabilitationsanträge positiv entschieden werden.

1.4 Gerichtsverfahren gegen Kinder, Jugendliche, Heranwachsende

In den Fällen, in denen Kinder, Jugendliche, Heranwachsende eine Straftat gegen die sexuelle Selbstbestimmung verüben, muss zunächst geklärt werden, ob sie überhaupt bestraft werden können, ob sie also strafmündig sind. Das **Jugendgerichtsgesetz (JGG)** regelt die strafrechtliche Verantwortlichkeit von Kindern, Jugendlichen und Heranwachsenden. Zudem enthält das JGG für jugendliche Straftäter besondere Straffolgen.

Gemäß **§ 1 Abs. 2 JGG** ist

- **Jugendlicher**, wer zur Zeit der Tat vierzehn, aber noch nicht achtzehn und
- **Heranwachsender**, wer zur Zeit der Tat achtzehn aber noch nicht einundzwanzig Jahre alt ist.

Kinder, die noch keine 14 Jahre alt sind, sind danach also nicht strafmündig; nach **§ 19 StGB** sind Kinder zudem **nicht schuldfähig.** Das Gesetz geht damit ohne Ausnahme davon aus, dass Kinder nicht bestraft werden können. Eine Prüfung der Einsichts- und Steuerungsfähigkeit findet bei Kindern nicht statt, auch dann nicht, wenn das Kind im Einzelfall durchaus die erforderliche Reife besessen hat und wusste, dass es Unrecht tut.
Seit vielen Jahren wird immer wieder diskutiert, das Strafmündigkeitsalter auf zwölf Jahre herabzusetzen. Die bisherigen politischen Initiativen blieben erfolglos, da Kinder eben möglichst lange vor strafrechtlichen Sanktionierungen geschützt werden sollen. Das Tötungsdelikt, das am 15.03.2023 von zwei Kindern, 12 und 13, an einem anderen Kind im Alter von 11 Jahren begangen wurde, hat diese Diskussion wieder verstärkt.

Folgerichtig können gegenseitige **sexuelle Betätigungen von Kindern** auf keinen Fall bestraft werden. Alle vorpubertären sexuellen Tastversuche, aber auch alle anderen sexuellen Verhaltensweisen bleiben straflos. Diese Fälle sind mit dem Strafrecht nicht zu lösen oder zu bearbeiten, erforderlichenfalls helfen hier pädagogische Interventionsformen.

Bei **Jugendlichen**, also Minderjährigen vom 14. bis 18. Geburtstag, stellt sich die Rechtslage anders dar. Bei ihnen hängt die strafrechtliche Verantwortlichkeit nach **§ 3 JGG** davon ab, ob sie nach ihrer sittlichen und geistigen Entwicklung reif genug sind, das Unrecht der Tat einzusehen (**Einsichtsfähigkeit**), und ob sie fähig sind, nach dieser Einsicht zu handeln (**Handlungsfähigkeit**).

Die **strafrechtliche Verantwortlichkeit** eines Jugendlichen tritt also nicht automatisch mit seinem 14. Geburtstag ein, sondern sie **muss** im **Einzelfall positiv festgestellt** werden.

Beispiele:

- Die Einsichtsfähigkeit kann zum Beispiel für einen Totschlag durch einen 15-Jährigen bejaht werden.
- Mangelnde Einsichtsfähigkeit wird aber vorliegen, wenn der 15-Jährige mit seiner 13-jährigen Freundin Sexualität ausprobiert. Er wird nicht auf den Gedanken kommen, dass dies den Straftatbestand des § 176 StGB (sexueller Missbrauch von Kindern) erfüllt.

Das Verhalten des 15-jährigen Jungen – auch **bei mangelnder Einsichtsfähigkeit** – kann dennoch unter Umständen **rechtliche Konsequenzen** nach sich ziehen. **§ 3 Satz 2 JGG** sieht nämlich vor, dass zur **Erziehung eines Jugendlichen**, der mangels Reife strafrechtlich nicht verantwortlich ist, das Jugendgericht dieselben Maßnahmen anordnen kann wie das Familiengericht. Es könnten also eventuell **Hilfen zur Erziehung nach §§ 27 ff. SGB VIII** zum Zuge kommen.

Wenn indessen **die erforderliche Einsichts- und Handlungsfähigkeit** bei einem **Jugendlichen** nach Überzeugung des Jugendgerichts vorhanden ist, kann er auf der gleichen rechtlichen Grundlage wie ein Erwachsener nach den einschlägigen Vorschriften des Sexualstrafrechts, z. B. wegen sexuellen Missbrauchs von Kindern, Vergewaltigung oder wegen sexueller Nötigung, **bestraft** werden. Für ihn gelten dann allerdings die besonderen Straffolgen nach dem JGG.

Bei **Heranwachsenden** – also zwischen dem 18. und dem 21. Geburtstag – geht man grundsätzlich von der Strafmündigkeit aus; sie werden wie erwachsene

Straftäter bestraft, es sei denn, es liegen die in **§ 105 Abs. 1 JGG** aufgelisteten besonderen Voraussetzungen vor. Danach ist im Einzelfall zu prüfen, ob

> „die Gesamtwürdigung der Persönlichkeit des Täters bei Berücksichtigung auch der Umweltbedingungen ergibt, daß er zur Zeit der Tat nach seiner sittlichen und geistigen Entwicklung noch einem Jugendlichen gleichstand".

Für eine **Reifeverzögerung** sprechen z. B. folgende Merkmale: Impulsives Handeln, jugendlicher Stimmungswechsel ohne rechten Anlass, Labilität in mitmenschlichen Beziehungen, fehlendes oder starkes Anlehnungsbedürfnis, jugendliche Hilflosigkeit, übersteigerter Abenteuerdrang sowie massive Geltungssucht.

Auch wenn es sich nach der Art, den Umständen oder den Beweggründen um eine **typische Jugendverfehlung** handelt muss das **Jugendstrafrecht** zur Anwendung kommen, **§ 105 Abs. 1 Nr. 2 JGG,** d. h., auch hier greifen die besonderen Straffolgen des JGG, die in erster Linie auf dem Erziehungsgedanken basieren. Die Beurteilung all dieser Kriterien kann nicht vom Jugendgericht allein erbracht werden. Ihm steht ein Sozialarbeiter, eine Sozialarbeiterin in der Rolle des **Jugendgerichtshelfers** zur Seite. Die wesentlichen Vorschriften zur Funktion und Arbeit des Jugendgerichtshelfers finden sich in **§ 38 JGG** und in **§ 52 SGB VIII.**

§ 38 JGG definiert die Aufgaben und Befugnisse der Jugendgerichtshilfe:

> „(2) Die Vertreter der Jugendgerichtshilfe bringen die erzieherischen, sozialen und sonstigen im Hinblick auf die Ziele und Aufgaben der Jugendhilfe bedeutsamen Gesichtspunkte im Verfahren vor den Jugendgerichten zur Geltung. Sie unterstützen zu diesem Zweck die beteiligten Behörden durch Erforschung der Persönlichkeit, der Entwicklung und des familiären, sozialen und wirtschaftlichen Hintergrundes des Jugendlichen und äußern sich zu einer möglichen besonderen Schutzbedürftigkeit sowie zu den Maßnahmen, die zu ergreifen sind.
> ...
> (4) Ein Vertreter der Jugendgerichtshilfe nimmt an der Hauptverhandlung teil, ...
> (5) Soweit nicht ein Bewährungshelfer dazu berufen ist, wacht die Jugendgerichtshilfe darüber, dass der Jugendliche Weisungen und Auflagen nachkommt.
> ...
> (6) Im gesamten Verfahren gegen einen Jugendlichen ist die Jugendgerichtshilfe heranzuziehen. Dies soll so früh wie möglich geschehen. Vor der Erteilung von Weisungen (§ 10) sind die Vertreter der Jugendgerichtshilfe stets zu hören; ..."

Die Rolle der Sozialen Arbeit im Strafverfahren ist ein wesentliches Element der Verarbeitung der Tat. Die Berichte und gutachterliche Stellungnahmen müssen nicht nur allgemein die Persönlichkeit und das soziale Umfeld des jugendlichen Angeklagten beschreiben, sondern stringent, orientiert an den Vorgaben des **§ 38**

Abs. 2 JGG, gestaltet werden. Ausfüllend zu **§ 38 Abs. 2 JGG** sind die konkreten Vorgaben zu den erforderlichen Ermittlungen in **§ 43 JGG** für die Tätigkeit der Jugendgerichtshilfe genau zu beachten:

> „(1) Nach Einleitung des Verfahrens sollen so bald wie möglich die Lebens- und Familienverhältnisse, der Werdegang, das bisherige Verhalten des Beschuldigten und alle übrigen Umstände ermittelt werden, die zur Beurteilung seiner seelischen, geistigen und charakterlichen Eigenart dienen können. Der Erziehungsberechtigte und der gesetzliche Vertreter, die Schule und der Ausbildende sollen, soweit möglich, gehört werden. Die Anhörung der Schule oder des Ausbildenden unterbleibt, wenn der Jugendliche davon unerwünschte Nachteile, namentlich den Verlust seines Ausbildungs- oder Arbeitsplatzes, zu besorgen hätte. § 38 Absatz 6 und § 70 Absatz 2 sind zu beachten.
>
> ...
>
> (3) Soweit erforderlich, ist eine Untersuchung des Beschuldigten, namentlich zur Feststellung seines Entwicklungsstandes oder anderer für das Verfahren wesentlicher Eigenschaften, herbeizuführen. Nach Möglichkeit soll ein zur Untersuchung von Jugendlichen befähigter Sachverständiger mit der Durchführung der Anordnung beauftragt werden."

Zu den weiteren **Verfahrenseinzelheiten**, die dem **Schutz** der betroffenen **Jugendlichen** dienen, gehört:

- Die Staatsanwaltschaft hat die Jugendgerichtshilfe (JGH) bereits von der Verhaftung eines Jugendlichen zu unterrichten, **§ 72a JGG;**
- der Vertreter der JGH hat dann zum beschuldigten Jugendlichen in Untersuchungshaft den gleichen Zugang wie ein Verteidiger. Dieses Recht hat auch ein Betreuungshelfer oder Erziehungsbeistand, **§ 72b JGG;**
- die Verhandlung vor dem Gericht und die Urteilsverkündung sind nicht öffentlich, **§ 48 Abs. 1 JGG.**

2 Geheimhaltungspflichten

Die Rechtsordnung baut ein **breites Schutzsystem** auf, um eine freie **„Sexuelle Selbstbestimmung"** zu ermöglichen. Jeder soll grundsätzlich selbst bestimmen können, welche Informationen über ihn an andere oder an die Öffentlichkeit weitergegeben werden dürfen. Aus dem in **Art. 2 Abs. 1 GG** formulierten „...Recht auf die freie Entfaltung der Persönlichkeit" lässt sich auch ein **Recht auf eine informationelle Selbstbestimmung** ableiten. Es geht um die privaten Lebensbereiche, um strafrechtliche Sanktionierungen von Verstößen gegen diese Rechtsposition und um ein soziales Hilfesystem, das Prävention, Schutz der Privatsphäre und Hilfsangebote bietet. So werden bei der Tätigkeit von Sozial-und Gesundheitsberufen regelmäßig Informationen offenbart, an denen seitens der Patienten/Klienten ein striktes Geheimhaltungsinteresse besteht. Diese eben auch im Blick auf die sexuelle Selbstbestimmung einer Person evtl. sehr intimen Informationen werden als **Privatgeheimnisse** bezeichnet.

Für Menschen, die in sozialen Berufen mit anderen Menschen mit dem Ziel der Unterstützung und Hilfevermittlung arbeiten, ist es von entscheidender Bedeutung, das **Vertrauen** der betroffenen Personen zu gewinnen und zu erhalten. Dies kann nur durch eine entsprechend hohe Diskretion erreicht werden. Wer Opfern sexueller Gewalttaten professionell helfen will, kann dies nur, wenn das Verhältnis zu seinen Klienten im Prinzip vor dem Zugriff der Strafverfolgungsbehörden geschützt ist.

In den „Grundsätzen fachlichen Handelns in der institutionellen Beratung“ des Deutschen Arbeitskreises für Jugend-, Ehe- und Familienberatung (DAKJEF) werden Anforderungen an das professionelle Handeln der Beraterinnen und Berater formuliert. Für die berufliche Tätigkeit als Berater werden objektivierbare und überprüfbare Kriterien entwickelt. Ein wichtiges Kriterium ist die Beachtung der rechtlichen Grundlagen der Beratung. Wichtig ist in diesem Zusammenhang vor allem die Sicherung des Vertrauensschutzes.

Das Bundesverfassungsgericht hat mehrfach den hohen Stellenwert des persönlichen Vertrauens in der sozialen Arbeit im Allgemeinen und in der psycho-sozialen Beratung im Besonderen betont:

> „Unabdingbare Voraussetzung für die Arbeit solcher Stellen ist die Bildung eines Vertrauensverhältnisses zwischen Berater und Klient. Dies gilt sowohl für die Anbahnung der Berater – Klienten – Beziehung als auch für deren Aufrechterhaltung. Muss der Klient damit rechnen, dass seine während der Beratung gemachten Äußerungen und die dabei mitgeteilten Tatsachen aus seinem persönlichen Lebensbereich ... Dritten zugänglich werden, so wird er regelmäßig gar nicht erst bereit sein, von der Möglichkeit, sich beraten zu lassen, Gebrauch zu machen. Darüber hinaus kann er vom Berater wirksame Hilfe zumeist nur erwarten, wenn er sich rückhaltlos offenbart und ihn zum Mitwisser von Angelegenheiten seines privaten Lebensbereichs macht“ (BVerfG, NJW 1977, 1489, 1491; vgl. auch BVerfG, NJW 1993, 2365).

Die Ratlosigkeit, was bei einer Straftat gegen die sexuelle Selbstbestimmung in Familien, Schulen oder in Einrichtungen der Jugendhilfe bzw. bei dem Verdacht eines derartigen Deliktes rechtlich veranlasst werden soll, ist weit verbreitet. Mitarbeitende in Beratungsstellen, in psychosozialen Diensten, staatlich anerkannte Sozialarbeiterinnen oder Sozialpädagogen, Psychologen, Bedienstete von Jugend-

und Sozialämtern, Lehrerinnen, Heimerzieher, Erzieherinnen erfahren in ihren Berufsrollen von sexuellen Straftaten gegen Kinder oder von unerträglichen familiären Gewaltverhältnissen und sind verunsichert, was zu geschehen hat.

Selbstverständlich haben sie das Wohl der ihnen anvertrauten Kinder zu schützen, aber auch zu bedenken, welches Unheil für alle Beteiligten angerichtet werden kann, wenn fälschlicherweise der Verdacht des sexuellen Missbrauchs geäußert wird und es aus diesem Grunde zu Maßnahmen der Strafverfolgungsbehörden kommt. Neben dem spannungsreichen Verhältnis zwischen beratenden und strafverfolgenden Systemen stellen sich für die Fachkräfte der sozialen Arbeit im Zusammenhang mit dem Vertrauensschutz und der befugten Offenbarung noch vielfältige weitere Probleme, wie etwa die Frage nach der Pflicht zur Anzeige sexueller Straftaten:

- Sind Lehrer, Sozialarbeiterinnen und Sozialpädagogen, aber u. U. auch Privatpersonen verpflichtet, ihnen bekannt gewordene Fälle gegen die sexuelle Selbstbestimmung anzuzeigen?
- Machen sich Fachkräfte in sozialen Berufen etwa strafbar, wenn sie einen sexuellen Missbrauch nicht anzeigen und weitere Misshandlungen dulden?
- Was darf im Falle eines sexuellen Missbrauches in einer internen bzw. externen Supervision besprochen werden?
- Wie sieht es mit der innerbehördlichen Schweigepflicht aus? Darf man gegenüber Vorgesetzten auf Fragen nach den Inhalten eines Beratungsgespräches die Antwort verweigern?
- Können Richter oder Richterinnen die Fachkräfte sozialer Berufe zur Zeugenaussage zwingen?

2.1 Schweigepflicht

Vor diesem Hintergrund ist die **Schweigepflicht** für die Berufe im Gesundheits- und Sozialsektor integraler Bestandteil der jeweiligen Berufsbilder. Die Pflicht ergibt sich aus standesrechtlichen Regelungen wie bei den Ärzten oder auch aus Gesetzen. Für die Mediziner kommt das professionelle Selbstverständnis gemäß dem Hippokratischen Eid hinzu. In vielen Fällen sozialer Berufe ergibt sich die Pflicht zur Vertraulichkeit aus dem Arbeitsvertrag, **§ 611a BGB.** Alle helfenden Berufe sind für ihre Tätigkeit auf das Vertrauen der Patienten bzw. Klienten angewiesen. Dieses Vertrauen richtet sich zwar in erster Linie auf die fachliche Kompetenz aber auch darauf, dass die Therapeutin/der Therapeut alle ihm vom Patienten/Klienten anvertrauten Tatsachen vertraulich behandelt und nicht an Dritte weitergibt. Wegen dieser wesentlichen Bedeutung für das individuelle und auch für das gesellschaftliche Funktionieren dieser Berufe ist die Verletzung dieser **Pflicht zur Vertraulichkeit** ein Straftatbestand nach dem StGB.

Der Grundgedanke von **§ 203 StGB – Verletzung von Privatgeheimnissen** – liegt in **Art. 1 Abs. 1** u. **Art. 2 Abs. 1 GG**. Diese Grundrechte schützen die Persönlichkeitssphäre:

> „Unter die Schutzgüter dieses verfassungsrechtlich garantierten allgemeinen Persönlichkeitsrechts fallen die Privat- und Intimsphäre, die persönliche Ehre und das verfassungsrechtlich geschützte Recht, grundsätzlich selbst zu entscheiden, wann und in welchen Grenzen persönliche Lebenssachverhalte von einem Dritten offenbart werden dürfen" (BVerfGE 65, 1).

Daraus wird die Notwendigkeit abgeleitet, dass das unbefugte Offenbaren eines Geheimnisses anderer Personen, das dem Geheimnisträger in seiner professionellen Tätigkeit anvertraut oder sonst bekannt geworden ist, bestraft werden muss. Durch diese strafrechtliche Sanktionierung der Schweigepflicht soll das „allgemeine Vertrauen in die Verschwiegenheit der Angehörigen bestimmter Berufe, der Verwaltung usw. als Voraussetzung dafür, dass diese ihre im Interesse der Allgemeinheit liegenden Aufgaben erfüllen können", hergestellt bzw. erhöht werden (Schönke/Schröder 2019, Anm. 3 zu § 203 StGB).
Insofern dient beispielsweise der strafrechtliche Schutz des ärztlichen Berufsgeheimnisses dem allgemeinen Interesse an einer funktionsfähigen ärztlichen Gesundheitspflege.

Die Verpflichtung, das Vertrauensverhältnis zwischen Klienten und Beratern zu schützen, galt zunächst nur für die klassischen Professionen, für Ärzte, Rechtsanwälte und für wirtschafts- und steuerberatende Berufe. Die Schweigepflicht wurde in den letzten Jahren weiter auf diejenigen ausgedehnt, die in materielle Not oder in psychische Konfliktsituationen geratene Menschen auf unterschiedlichste Art und Weise betreuen und beraten. Die selbstverständliche Respektierung der Sphären Gesundheit und Eigentum durch das ärztliche und anwaltliche Berufsgeheimnis ist durch den Schutz der „sozialen und psychischen Sphäre" ergänzt. Die in **§ 203 StGB** vorgenommene Aufzählung der Berufe, auf die sich die Schweigepflicht bezieht, ist abschließend. Diese Berufe werden als sog. **Geheimnisträgerberufe** bezeichnet:

> „(1) Wer unbefugt ein fremdes Geheimnis, namentlich ein zum persönlichen Lebensbereich gehörendes Geheimnis oder ein Betriebs- oder Geschäftsgeheimnis, offenbart, das ihm als
>
> 1. Arzt, Zahnarzt, Tierarzt, Apotheker oder Angehörigen eines anderen Heilberufs, der für die Berufsausübung oder die Führung der Berufsbezeichnung eine staatlich geregelte Ausbildung erfordert,

2. Berufspsychologen mit staatlich anerkannter wissenschaftlicher Abschlußprüfung,
3. Rechtsanwalt, Kammerrechtsbeistand, Patentanwalt, Notar, Verteidiger in einem gesetzlich geordneten Verfahren, Wirtschaftsprüfer, vereidigtem Buchprüfer, Steuerberater, Steuerbevollmächtigten oder Organ oder Mitglied eines Organs einer Rechtsanwalts-, Patentanwalts-, Wirtschaftsprüfungs-, Buchprüfungs- oder Steuerberatungsgesellschaft,
4. Ehe-, Familien-, Erziehungs- oder Jugendberater sowie Berater für Suchtfragen in einer Beratungsstelle, die von einer Behörde oder Körperschaft, Anstalt oder Stiftung des öffentlichen Rechts anerkannt ist,
5. Mitglied oder Beauftragten einer anerkannten Beratungsstelle nach den §§ 3 und 8 des Schwangerschaftskonfliktgesetzes,
6. staatlich anerkanntem Sozialarbeiter oder staatlich anerkanntem Sozialpädagogen oder
7. Angehörigen eines Unternehmens der privaten Kranken-, Unfall- oder Lebensversicherung oder einer privatärztlichen, steuerberaterlichen oder anwaltlichen Verrechnungsstelle

anvertraut worden oder sonst bekanntgeworden ist, ..."

Weitere Berufe, bei denen ein Geheimnisverrat strafbar ist, nennt der Gesetzgeber nicht.
Die nicht zu den Geheimnisträgerberufen zählenden Felder der Gesundheits- und Sozialberufe, z. B. die ErzieherInnen, verletzen durch einen Bruch der Vertraulichkeit ihren Beschäftigungsvertrag: Sie müssen bei einem entsprechenden Vertragsverstoß mit arbeitsrechtlichen Folgen rechnen, die bis zur außerordentlichen fristlosen Kündigung gehen können. Auch standesrechtliche oder berufsrechtliche Sanktionen sind möglich, bis zum Entzug der Kassenzulassung oder der Approbation.

Das **Verbot** persönliche Daten weiterzugeben, **umfasst**

- alle Informationen, die PatientInnen bzw. KlientInnen mitgeteilt haben, auch wenn sie für die Behandlung ohne Bedeutung sind.
- Gegenstand eines Privatgeheimnisses kann also jede für den Patienten persönlich relevante Tatsache sein.

Eine **Weitergabe** von vertraulichen Informationen ist immer dann **zulässig,** wenn und soweit die Patienten oder Klienten in die Weitergabe eingewilligt haben.
Allerdings kann sich ein privater Träger nicht selbst auf § 203 StGB berufen, da sich die Vorschrift nur auf Einzelperson bezieht (Pluhar 2003).

2.2 Anzeigepflicht

Das Schweigegebot für die Geheimnisträgerberufe hat Grenzen. Für alle Bürger besteht die Pflicht, besonders schwere Straftaten anzuzeigen, wenn diese bevorstehen und durch die Anzeige noch abgewendet werden können. Von dieser **Anzeigepflicht** sind auch die Geheimnisträgerberufe nicht ausgenommen. Es bestehen erhebliche Missverständnisse über die Reichweite der Anzeigepflichten. In der Arbeit mit Opfern sexueller Gewalt stellt sich zuweilen das Problem, ob gesetzliche Verpflichtungen bestehen, bestimmte Sachverhalte gegenüber der Polizei oder der Staatsanwaltschaft zur Anzeige zu bringen.

Die rechtliche Grundlage dafür sind die §§ 138 und 139 StGB. Diese Vorschriften haben nicht die Strafverfolgung zum Ziel, sondern sollen dazu beitragen, geplante Straftaten zu verhindern.

Die Pflicht zur Anzeige bei geplanten Straftaten besteht nach den **§§ 138, 139 StGB** nur unter sehr eingeschränkten Voraussetzungen:

- Hochverrat, Landesverrat, Geld- oder Wertpapierfälschung, Mord und Totschlag, Straftaten gegen die persönliche Freiheit, Raub und räuberischen Erpressung müssen zur Anzeige gelangen.
- Zur Anzeige ist nur gezwungen, wer von der geplanten Tat zu einem Zeitpunkt Kenntnis erlangt hat, zu dem die Ausführung oder der Erfolg noch abgewendet werden kann.
- Es genügt zur Anzeigepflicht nicht, wenn man nur einen Verdacht hat. Es sind glaubhafte Kenntnisse erforderlich.
- Darüber hinaus ist es nach dem Zweck dieser Normen nicht notwendig, immer unverzüglich Anzeige zu erstatten (BGH, StV 1997, 244).

Es fällt auf, dass auch in der Neufassung im Jahr 2021 die Straftaten gegen die sexuelle Selbstbestimmung nicht berücksichtigt wurden, ebenso wenig wie der Kinderhandel oder Zwangsheirat, dagegen ist das Fälschen von Kreditkarten ein Grund zur Anzeigepflicht.

Fazit:
Bei drohendem sexuellem Missbrauch oder auch bei Kindesmisshandlungen besteht weder für Privatpersonen noch für die in pädagogischen Berufsfeldern arbeitenden Fachkräfte nach dem Strafgesetzbuch die Pflicht, die Strafverfolgungsorgane einzuschalten. Dies ist auch die herrschende Meinung in der Rechtswissenschaft (Münder/Meysen/Trenczek 2019, Anm. 29 zu § 50 SGB VIII; Tröndle/Fischer 2007, Anm. 4 zu § 138 StGB).

Eine weitere Differenzierung ergibt sich aus **§ 139 StGB:**

> „(2) Ein Geistlicher ist nicht verpflichtet anzuzeigen, was ihm in seiner Eigenschaft als Seelsorger anvertraut worden ist."

§ 139 Abs. 2 StGB ist eine Sonderregelung wegen des hohen Ranges, den die Religionsfreiheit nach dem GG einnimmt und wegen der aus der passiven Religionsfreiheit folgenden Sonderstellung der Religionsgemeinschaften. Es handelt sich um das **Beichtgeheimnis,** dem im Gegensatz zu allen anderen Berufsgeheimnissen der anderen Geheimnisträgerberufe **rechtlich** ein **absoluter Rang** zu kommt.

> „(3) Wer eine Anzeige unterläßt, die er gegen einen Angehörigen erstatten müßte, ist straffrei, wenn er sich ernsthaft bemüht hat, ihn von der Tat abzuhalten oder den Erfolg abzuwenden, es sei denn, daß es sich um
> 1. einen Mord oder Totschlag ...,
> 2. einen Völkermord ... oder
> 3. einen erpresserischen Menschenraub ...
>
> handelt.
> Unter denselben Voraussetzungen ist ein Rechtsanwalt, Verteidiger, Arzt, Psychotherapeut, Psychologischer Psychotherapeut oder Kinder- und Jugendlichenpsychotherapeut nicht verpflichtet anzuzeigen, was ihm in dieser Eigenschaft anvertraut worden ist. Die berufsmäßigen Gehilfen der in Satz 2 genannten Personen und die Personen, die bei diesen zur Vorbereitung auf den Beruf tätig sind, sind nicht verpflichtet mitzuteilen, was ihnen in ihrer beruflichen Eigenschaft bekannt geworden ist."

Das Jugendamt hat aber die Aufgabe, das **Kindeswohl zu sichern.** Es muss Straftaten gegen Kinder oder deren Fortsetzung unterbinden. Um dieses Ziel zu erreichen, sind zunächst alle pädagogischen Leistungen und Maßnahmen auszuschöpfen. Wenn die pädagogischen Strategien nicht ausreichen oder von vornherein ungeeignet sind, dann ist eine Strafanzeige zulässig. Vorrang bei der Abwägung hat immer das Kindeswohl (Art. 3 Abs. 1 UN-KRK), also das Interesse des konkret betroffenen Kindes, nicht aber andere Interessen, insbesondere nicht das Interesse der Öffentlichkeit.

Die Kinder- und Jugendhilfe ist in erster Linie der Prävention und nicht der Repression verpflichtet. Die Fachkräfte der Jugendhilfe haben aus diesem Grunde mit hoher Sensibilität die Datenschutzregelungen einzuhalten und bevor z. B. die Polizei informiert wird, alle anderen pädagogischen Mittel zu versuchen (Riekenbrauk 2006).

Die **Einschaltung der Strafverfolgungsbehörden** steht im **fachlichen Ermessen.**

2.3 Sozialdatenschutz

Der Begriff **Datenschutz** ist seit einigen Jahren zum **„Angstwort"** für Mitarbeitende in sozialen Berufen geworden. Die Handelnden sehen sich immer wieder mit der Frage konfrontiert, wie sie mit dem Wissen, das sie in Ausübung ihrer Tätigkeit über ihre Klienten erhalten haben, umgehen sollen und dürfen. Der Anspruch auf Schutz der persönlichen Daten lässt sich aus den Grundrechten in **Artt. 1 u. 2 GG** entnehmen: **Schutz des Persönlichkeitsrechts** heißt auch **Datenschutz.**

Zum Datenschutz In der **Kinder- und Jugendhilfe** enthält das SGB VIII eine eindeutige Regelung in **§ 61 Abs. 3 SGB VIII**:

> „Werden Einrichtungen und Dienste der Träger der freien Jugendhilfe in Anspruch genommen, so ist sicherzustellen, dass der Schutz personenbezogener Daten gewährleistet ist."

Dabei ist es **gleich, ob** ein **freier oder ein öffentlicher Träger** tätig wird. Der öffentliche Träger muss garantieren, dass der Datenschutz auch immer dann eingehalten wird, wenn er Aufgaben der Jugendhilfe durch freie Träger besorgen lässt (Pluhar 2003).

Neben diesem – gleichsam in den Privatbereich hineinwirkenden öffentlich-rechtlichen Datenschutz – gilt bei den kirchlichen Trägern der **kirchliche Datenschutz.** Bei **privaten Trägern** oder **privaten Leistungsanbietern** gilt ein **vertraglicher Datenschutz**. Nimmt ein Ratsuchender ein Beratungsangebot eines privaten Trägers an, kommt regelmäßig ein **Vertrag** zustande: Eine **Nebenpflicht** aus diesem Beratungs- oder Betreuungsvertrag besteht darin, die im Zusammenhang mit der Beratung bekannt gewordenen Daten als **Sozialgeheimnis** zu bewahren. Bei Verletzung dieser Nebenpflicht ergeben sich Schadensersatzansprüche aus Vertrag oder gegebenenfalls aus unerlaubter Handlung (Fieseler/Schleicher/Busch 2008, Anm. 285 zu § 61 SGB VIII).

Demgegenüber ermöglicht **§ 65 Abs. 1 Ziffer 4 SGB VIII** mit dem Recht der **Weitergabe von Daten** an die Kinderschutzfachkraft eine rechtlich zulässige Durchbrechung der Schweigepflicht.

Grundsätzlich sind **personenbezogene Daten**, die Mitarbeitern eines Trägers der **öffentlichen Jugendhilfe** zum Zwecke persönlicher und erzieherischer Hilfe anvertraut werden, einem **gesteigerten Vertrauensschutz** unterworfen (Fieseler/Schleicher/Busch 2005, Anm. 1 zu § 65 SGB VIII).

§ 65 SGB VIII benennt konkret die speziellen Fälle, in denen von diesem Grundsatz abgewichen werden kann:

„(1) Sozialdaten, die dem Mitarbeiter eines Trägers der öffentlichen Jugendhilfe zum Zweck persönlicher und erzieherischer Hilfe anvertraut worden sind, dürfen von diesem nur weitergegeben oder übermittelt werden
1. mit der Einwilligung dessen, der die Daten anvertraut hat, oder
2. dem Familiengericht zur Erfüllung der Aufgaben nach § 8a Absatz 2, wenn angesichts einer Gefährdung des Wohls eines Kindes oder eines Jugendlichen ohne diese Mitteilung eine für die Gewährung von Leistungen notwendige gerichtliche Entscheidung nicht ermöglicht werden könnte, oder
3. dem Mitarbeiter, der aufgrund eines Wechsels der Fallzuständigkeit im Jugendamt oder eines Wechsels der örtlichen Zuständigkeit für die Gewährung oder Erbringung der Leistung verantwortlich ist, wenn Anhaltspunkte für eine Gefährdung des Kindeswohls gegeben sind und die Daten für eine Abschätzung des Gefährdungsrisikos notwendig sind, oder
4. an die Fachkräfte, die zum Zwecke der Abschätzung des Gefährdungsrisikos nach § 8a hinzugezogen werden; § 64 Absatz 2a bleibt unberührt, oder
5. unter den Voraussetzungen, unter denen eine der in § 203 StGB Absatz 1 oder 4 des Strafgesetzbuches genannten Personen dazu befugt war
6. ...

(2) § 35 Abs. 3 des Ersten Buches gilt auch, soweit ein behördeninternes Weitergabeverbot nach Absatz 1 besteht."

Der Empfänger darf die Sozialdaten nur zu dem Zweck weitergeben oder übermitteln, zu dem er sie befugt erhalten hat. Erkenntnisse aus dieser Tätigkeit sollen nicht bei der sonstigen Aufgabenerfüllung der Jugendämter verwertet und gegebenenfalls gegen den Ratsuchenden verwendet werden.

Normadressat sind demnach **alle** jeweiligen **Mitarbeiter** des Trägers der öffentlichen Jugendhilfe – und zwar ungeachtet ihrer jeweiligen Profession.
§ 65 SGB VIII gilt also nicht nur für diejenigen, die nach § 203 StGB zur Verschwiegenheit verpflichtet sind, sondern für alle Mitarbeiter, denen zum Zwecke persönlicher und erzieherischer Hilfen Daten anvertraut werden.
Dieser **gesteigerte Vertrauensschutz** wirkt auch gegenüber den Kollegen und den Vorgesetzten. Eine Weitergabe ist nicht etwa deshalb „befugt", also erlaubt, weil auch der Empfänger der Mitteilung zur Verschwiegenheit verpflichtet ist.

Fazit:
Der Vertrauensschutz des **§ 65 SGB VIII** ist nicht an eine bestimmte Berufsgruppe gebunden, sondern muss von denjenigen garantiert werden, die in der Jugendhilfe persönliche und erzieherische Hilfe leisten. Das bedeutet:

- Unter § 65 SGB VIII fallen alle beratenden Leistungen des Jugendamtes, soweit sie einen persönlichen Bezug aufweisen.
- Daraus folgt zugleich, dass nach **§ 65 SGB VIII** jeder Mitarbeiter des Jugendamtes, dem Sozialdaten zum Zwecke persönlicher und erzieherischer Hilfen anvertraut sind, mithin auch die nicht unter **§ 203 StGB** fallenden Mitarbeiterinnen, z. B. Erzieherinnen, dem erhöhten Sozialdatenschutz unterworfen sind.
- Von **§ 65 SGB VIII** sind alle Beratungs-, Unterstützungs- und Hilfeleistungen des SGB VIII erfasst.

Es kommt nicht darauf an, ob die Daten im Zusammenhang von „Leistungen" oder bei der Erfüllung „anderer Aufgaben" anvertraut worden sind.
Auch in einem Klärungs- und Beratungsgespräch anlässlich einer Inobhutnahme nach **§ 42 SGB VIII** muss der Datenschutz gewährleistet sein.
Ausnahmen:

- Die anvertrauten Informationen dürfen mit Einwilligung dessen, der die Daten anvertraut hat, übermittelt werden.
- Sie dürfen auch weitergegeben werden, wenn zur Abwendung einer Gefährdung des Wohles eines Kindes oder Jugendlichen eine Entscheidung des Familiengerichtes erforderlich wird.
- Die Mitarbeiterin kann (neben den sonst in **§ 65 SGB VIII** genannten Offenbarungsbefugnissen) Fachkräfte, die zum Zweck der Abschätzung des Gefährdungsrisikos hinzugezogen werden, informieren, **§ 65 Abs. 1 Satz 1 Ziff. 4 SGB VIII**; sie darf auch an die Mitarbeiterin, die beim Wechsel der Fallzuständigkeit im Jugendamt und bei Wechsel der örtlichen Zuständigkeit verantwortlich ist, Daten weitergeben, **§ 65 Abs. 1 Satz 1 Ziff. 3 SGB VIII.**

2.4 Grenzen der Geheimhaltung

Die bereits dargestellten Geheimhaltungspflichten beruhen auf unterschiedlichen und verzahnten Rechtsgrundlagen mit teilweise ungeklärten sowie ungelösten Rechtsproblemen. Die Heterogenität der verschiedenen Rechtsmaterien sowie die verschiedenen Normadressaten erschweren den Überblick und die Praktikabilität. Ein Nachteil für die Rechtsentwicklung ist darin zu sehen, dass die Grundnorm zur Verschwiegenheit im Strafrecht zu finden ist, obwohl „im modernen Rechtsstaat versucht werden sollte, gesellschaftliche Steuerung per Strafrecht nur i. S. einer ultima ratio auszuüben" (Wiesner/Wapler 2022, Anm. 3 zu § 65 SGB VIII).

Das SGB I richtet sich mit dem institutionell ausgerichteten **Datenschutz** an die **öffentlich-rechtlichen Leistungsträger. § 35 Abs. 1 SGB I** formuliert:

> „Jeder hat das Recht dazu, dass die ihn betreffenden Sozialdaten (§ 67 Absatz 2 Zehntes Buch) von den Leistungsträgern nicht unbefugt verarbeitet werden (Sozialgeheimnis) ..."

Diese Regelung kommt für die **privaten Träger und in privaten Praxen nicht** unmittelbar zur Anwendung. Für private Träger und Praxen gilt der verlängerte **Sozialdatenschutz** in **§ 78 SGB X**. Nach dieser Vorschrift müssen andere Personen oder Stellen (die nicht in **§ 35 SGB I** benannt sind), denen Sozialdaten nach den Grundsätzen der **§§ 67 ff. SGB X** übermittelt worden sind, das Sozialgeheimnis wahren.
Hat demnach ein freier Träger Daten von einem öffentlich-rechtlichen Leistungsträger erhalten, rückt er kraft Gesetzes in dessen datenschutzrechtliche Pflichten ein (Fieseler/Schleicher/Busch 2005, Anm. 282 zu § 61 SGB VIII).

Neben den vielfältigen Verpflichtungen zur Geheimhaltung stehen den Geheimnisträgerberufen auch sog. **Offenbarungsrechte** zu: Diese Berufe sind dann nicht verpflichtet, relevante Daten weiterzugeben, haben aber in bestimmten Konstellationen auf der Grundlage ihrer eigenen professionellen Einschätzung das Recht, Daten an andere zu übermitteln.
Das **widerspricht nicht § 203 StGB**, denn dort ist das Gebot der Vertraulichkeit begrenzt, die Weitergabe von Informationen – Privatgeheimnissen – ist nicht kategorisch verboten. Verboten und damit strafbar ist gemäß **§ 203 StGB** die Offenbarung nur dann, wenn diese **unbefugt** erfolgt.

Befugt zu einer Offenbarung ist der Geheimnisträger auch dann, wenn diese Offenlegung im Einzelfall durch einen Notstand gerechtfertigt ist. Dieser **rechtfertigende Notstand** nach **§ 34 StGB** ist eine rechtlich komplizierte Ausnahmeregelung, die eine Abwägung zwischen der drohenden Straftat und der Straftat, die zu deren Verhinderung begangen wird, erfordert. Diese erforderliche Güterabwägung ist mit erheblichen Anwendungsrisiken verbunden, weshalb die Mitarbeitenden in den Sozial- und Gesundheitsberufe von der Inanspruchnahme dieses rechtfertigenden Notstands oft Abstand genommen haben.

Es ist Aufgabe der **Polizei und der Staatsanwaltschaft**, **Straftaten,** die ihnen dienstlich bekannt geworden sind, zu erforschen und zu **verfolgen, §§ 160, 163 StPO** (vgl. auch BGH, NStZ 1993, 383). Die Strafprozessordnung trifft keine Aussage darüber, ob andere Personen, insbesondere öffentliche Bedienstete, verpflichtet sind, den Strafverfolgungsbehörden Mitteilungen über ein ihnen bekannt gewordenes Delikt zu machen. Daraus wird abgeleitet, dass Beschäftigte

des öffentlichen Dienstes in diesem Zusammenhang nicht anders zu behandeln sind als Privatpersonen.
Es besteht daher im Allgemeinen **keine behördliche oder private Anzeigepflicht**.

Eine weitere Begrenzung der Pflicht zur Geheimhaltung enthält der Straftatbestand der **„unterlassenen Hilfeleistung“**. Nach **§ 323c StGB** wird bestraft,

> „Wer bei Unglücksfällen oder gemeiner Gefahr oder Not nicht Hilfe leistet, obwohl dies erforderlich und ihm den Umständen nach zuzumuten, insbesondere ohne erhebliche eigene Gefahr und ohne Verletzung anderer wichtiger Pflichten möglich ist …“

Diese Regelung führt zu der Konsequenz, dass bei einer akuten und schwerwiegenden Gefährdung des Lebens, der Gesundheit oder speziell der sexuellen Selbstbestimmung ausnahmsweise eine Offenbarungspflicht bestehen kann. Voraussetzung dafür ist, dass mit dieser Mitteilung der Schaden noch verhindert werden kann. „Die Offenbarung darf nur darauf gerichtet sein, die akute Gefährdung abzuwenden“ (Papenheim/Baltes/Palsherm/Kessler 2018, 197).

Beispiel:

Erfährt jemand von einem sexuellen Missbrauch in der Nachbarschaft, so kann eine Information an das Jugendamt notwendig werden, um das Kind zu schützen, etwa durch sofortige Herausnahme des Kindes aus der Familie. Daraus erwächst jedoch keine Verpflichtung die Polizei in Kenntnis zu setzen.

3 Kinder- und Jugendschutz

3.1 Schutzauftrag des Jugendamtes

Nach **Art. 6 Abs. 2 GG** haben die **Jugendämter** ein sog. **staatliches Wächteramt,** das durch die Bestimmungen des Kinder- und Jugendhilferechts im SGB VIII konkretisiert wird.

Ein besonderer **Schutzauftrag bei Kindeswohlgefährdung** ist für das **Jugendamt** durch die immer weiter konkretisierte Rechtsvorschrift **§ 8a SGB VIII** geschaffen worden.

Mit dieser Vorschrift will der Gesetzgeber klarstellen,

> „dass das Jugendamt Hinweisen auf drohende Kindeswohlgefährdung nachgehen, sich weitere Informationen zur Klärung verschaffen und sodann eine Risikoabwägung dahin gehend vornehmen muss, ob das Kind besser durch Hilfe in der Familie (z. B. das Angebot von Hilfen zur Erziehung nach den **§§ 27 ff. SGB VIII** oder die Einschaltung des Familiengerichts im Hinblick auf Maßnahmen nach den **§§ 1666, 1666a BGB** geschützt werden kann oder ob schließlich andere Institutionen wie Polizei oder Psychiatrie informiert werden müssen, weil sie im Hinblick auf die Kindeswohlgefährdung die geeigneten Institutionen zur Abwehr einer Gefährdung sind" (BT-Drs. 15/3676, S. 30).

Das bedeutet im Einzelnen:

- Werden dem Jugendamt gewichtige Anhaltspunkte für die Gefährdung des Wohls eines Kindes oder Jugendlichen bekannt, so hat das Jugendamt nach **§ 8a Abs. 1 SGB VIII** das Gefährdungsrisiko im Zusammenwirken mehrerer Fachkräfte abzuschätzen.
- Die Personensorgeberechtigten sowie das Kind oder der Jugendliche sind in die Risikoabschätzung einzubeziehen, soweit der wirksame Schutz des Kindes oder des Jugendlichen nicht in Frage gestellt wird.
- Hält das Jugendamt zur Abwendung der Gefährdung die Gewährung von Hilfen für geeignet und notwendig, so hat es diese den Personensorgeberechtigten oder den Erziehungsberechtigten anzubieten, so dass auf diese Weise die Gefahr abgewendet werden kann.
- **§ 8a Abs. 2 SGB VIII** verpflichtet das Jugendamt, bei einer Kindeswohlgefährdung das Familiengericht anzurufen. Das Familiengericht ist auch anzurufen, wenn die Personensorgeberechtigten oder die Erziehungsberechtigten nicht bereit oder in der Lage sind, bei der Abschätzung des Gefährdungsrisikos mitzuwirken. Bagatellisieren die Personensorgeberechtigten die Kindeswohlgefährdung oder spielen sie die befürchteten Folgen herunter kann es zu einer Einschaltung des Familiengerichts kommen (Röchling 2006).
- Nach **§ 8a Abs. 4 SGB VIII** hat das Jugendamt zur Abwendung einer Kindeswohlgefährdung dafür zu sorgen, dass die Personen- bzw. die Erziehungsberechtigten andere Leistungsträger, Einrichtungen der Gesundheitshilfe oder der Polizei in Anspruch nehmen. Lehnen die Eltern dies ab oder ist ein sofortiges Tätigwerden erforderlich, kann das Jugendamt die zur Abwendung der Gefährdung zuständigen Leistungsträger, Einrichtungen der Gesundheitshilfe oder die Polizei selbst einschalten. Bevor also dritte Kinderschutzinstitutionen eingeschaltet werden sollen, ist es zunächst primäre Aufgabe der Personensorgeberechtigten, die Stellen im Interesse ihrer Kinder aufzusuchen.

Beispiel:

Das VG Münster kam zu dem Ergebnis, dass ein Jugendamt eine alleinerziehende Mutter mit vier kleinen Kindern (6–12 Jahre) über die Verurteilung wegen Verbreitung kinderpornographischer Schriften ihres Bekannten informieren darf, wenn es sicher weiß, dass der Betroffene intensiven Kontakt zu der Familie pflegt. Die Verurteilung sei ein ausreichend gewichtiger Anhaltspunkt für die Annahme einer Kindeswohlgefährdung, der dem Persönlichkeitsrecht bzw. den Datenschutzinteressen des Betroffenen vorgehe und Warnhinweise für Erziehungsberechtigte rechtfertige (VG Münster vom 05.04.2019, Az. 6 L211/19).

Aufgabe des **Jugendamt**es und der **Gericht**e ist es, zum Wohle der Kinder und Jugendlichen das **staatliche Wächteramt** auszuüben, allerdings aus unterschiedlichen Perspektiven:

- Das Gericht wird streitentscheidend tätig,
- das Jugendamt arbeitet als sozialpädagogische Fachbehörde.

Bei den **Verfahren vor den Gerichten** nimmt das **Jugendamt** gleichsam als **Anwalt des Kindes** teil, im Vordergrund steht die Sicherung des Kindeswohls (Münder/Meysen/Trenczek 2019, Anm. 1 ff. zu § 50 SGB VIII).

§ 8a SGB VIII hat das Zusammenwirken von Jugendamt, Sorgeberechtigten, Fachkräften, Trägern und Einrichtungen sowie anderen Leistungsträgern, der Gesundheitshilfe, der Polizei sowie des Familiengerichts präzisiert und dadurch die Rechtssicherheit in dem hoch sensiblen Bereich der akuten Kindeswohlgefährdung erhöht (zu den Einzelheiten vgl. Meysen/Schindler 2004; Wiesner 2005; Röchling 2006; siehe auch Lohse/Beckmann/Ehlers 2023).

3.2 Informationsrecht für Geheimnisträgerberufe

Die Jugendämter können aber ihrem Schutzauftrag nur dann gerecht werden, wenn sie Informationen darüber erhalten, welches Kind in welcher Familie ihres Zuständigkeitsbereichs Hilfe braucht. Die Ursachen einer **Kindeswohlgefährdung** sind sehr verschieden und können auch das Recht auf sexuelle Selbstbestimmung verletzen.

Die Jugendämter haben kein unmittelbares Prüfungs- oder Besuchsrecht und sind von daher zur Erfüllung ihrer gesetzlichen Aufgabe darauf angewiesen, dass sie von Dritten Informationen über Sachverhalte erhalten, die einen Verdacht der Kindeswohlgefährdung begründen. Diese Dritten werden als **Fremdmelder** bezeichnet. Die Jugendämter erhalten häufig entsprechende Mitteilungen, meist von **privaten Fremdmeldern**, insbesondere Nachbarn, die von Auffälligkeiten in Familien ihres sozialen Umfelds berichten. Generell sind Mitteilungen von Privatpersonen allerdings eher unzuverlässig und stehen zusätzlich im Verdacht eigene Interessen zu verfolgen. Für die Kinderschutzfachkräfte der Jugendämter sind diese Meldungen aus dem privaten Umfeld daher nicht immer hinreichend glaubwürdig.

Sehr viel wichtiger sind die **professionellen Fremdmelder** aus den sozialen Berufsbereichen, da diese keine privaten Interessen verfolgen und aus eigener fachlicher Kompetenz zuverlässig Tatsachen feststellen und beurteilen können, die geeignet sind, einen Verdacht auf Kindeswohlgefährdung zu begründen.

Eine bedrückende Häufung von Kindesmisshandlungen mit Todesfolge in Familien, bei denen den örtlich zuständigen Jugendämtern keine oder nur rudimentäre Informationen über die Brisanz der Gefährdungssituation vorlagen, hat zu einer gesetzlichen Neuregelung geführt, die den professionellen Fremdmeldern die rechtlich sichere Möglichkeit gibt, das Jugendamt frühzeitig einzuschalten, um effektive Hilfe für das gefährdete Kind und die Sorgeverpflichteten, die Eltern, zu organisieren.

Der **Mitteilung** durch einen professionellen Fremdmelder über einen Sachverhalt, der eine Kindeswohlgefährdung begründen könnte, etwa an die Polizei oder das Jugendamt, steht grundsätzlich **§ 203 StGB** entgegen. Mit der Weitergabe einer solchen Information würde die **Schweigepflicht verletzt**, weil ein Geheimnis der Sorgeberechtigten unbefugt offenbart würde.

Mit der Einführung des sog. „**Kinderschutzgesetzes**" (**Gesetz zur Kooperation und Information im Kinderschutz – KKG)** im Jahr 2011 hat sich der Gesetzgeber der schwierigen sozialpolitischen Problematik gestellt, zwei sich widersprechende, aber überragend wichtige Gemeinschaftsgüter, die Schweigepflicht der Geheimnisträgerberufe einerseits und den Kinderschutz aus dem staatlichen Wächteramt andererseits, gegeneinander abzuwägen und eine angemessene gesetzliche Regelung zu schaffen. Das politische Ergebnis der Überlegungen ist eine gesetzliche Regelung, die im Interesse eines effektiven Kinderschutzes die Schweigepflicht der Geheimnisträger zurückstellt bzw. durchbricht.

Mit **§ 4 KKG** wird die Schweigepflicht durch ein **Beratungsrecht der Geheimnisträger** im Kinderschutz relativiert. Diese professionellen Fremdmelder sind fachlich in der Lage, eine Gefährdung des Kindeswohls schon in einem frühen Stadium zu erkennen und nicht erst dann, wenn die Beeinträchtigungen und Verletzungen auch für Laien erkennbar, also offenkundig sind. Ab diesem Zeitpunkt gibt es dann nur noch das Kind als Opfer einer Kindeswohlverletzung und den oder die Täter, z. B. die Eltern als Beschuldigte in einem Strafverfahren, möglicherweise wegen einer Straftat gegen das sexuelle Selbstbestimmungsrecht des Kindes. Dann ist helfende Intervention nicht mehr relevant.

Die Vorschrift bezieht sich auf eine Reihe von Geheimnisträgerberufen. Die in **§ 203 StGB** enthaltenen **rechtsberatenden Berufe** werden **nicht** genannt; dagegen werden speziell aufgelistete Sozial- und Gesundheitsberufe einbezogen.

§ 4 Abs. 1 KKG listet auf:

„1. Ärztinnen oder Ärzten, Zahnärztinnen oder Zahnärzten, Hebammen oder Entbindungspflegern oder Angehörigen eines anderen Heilberufes, der für die Berufsausübung oder die Führung der Berufsbezeichnung eine staatlich geregelte Ausbildung erfordert,
2. Berufspsychologinnen oder -psychologen mit staatlich anerkannter wissenschaftlicher Abschlussprüfung,
3. Ehe-, Familien-, Erziehungs- oder Jugendberaterinnen oder -beratern sowie
4. Beraterinnen oder Beratern für Suchtfragen in einer Beratungsstelle, die von einer Behörde oder Körperschaft, Anstalt oder Stiftung des öffentlichen Rechts anerkannt ist,
5. Mitgliedern oder Beauftragten einer anerkannten Beratungsstelle nach den §§ 3 und 8 des Schwangerschaftskonfliktgesetzes,
6. staatlich anerkannten Sozialarbeiterinnen oder -arbeitern oder staatlich anerkannten Sozialpädagoginnen oder -pädagogen oder
7. Lehrerinnen oder Lehrern an öffentlichen und an staatlich anerkannten privaten Schulen ..."

Alle diese Berufe haben professionellen Kontakt mit Kindern und Jugendlichen und von den Angehörigen dieser Berufe kann erwartet werden, dass sie fachlich kompetent sind eine Gefährdung des Kindeswohls im konkreten Einzelfall bereits in einem frühen Stadium zu erkennen.

In **§ 4 KKG** wird die Berufsgruppe der **Erzieherinnen und Erzieher nicht** berücksichtigt, obwohl sie aufgrund ihrer Tätigkeit zu den Berufsgruppen gehören, die als professionelle Fremdmelder im Rahmen des sog. **Frühwarnsystems** tätig werden können.

Für die Erzieherinnen und Erzieher und alle anderen Berufsgruppen **sozialer Berufe,** die beruflich **mit Kindern** in Kontakt kommen, hat der Gesetzgeber mit **§ 8b Abs. 1 SGB VIII** eine zu **§ 4 KKG parallele Regelung** geschaffen:

> „Personen, die beruflich in Kontakt mit Kindern oder Jugendlichen stehen, haben bei der Einschätzung einer Kindeswohlgefährdung im Einzelfall gegenüber dem örtlichen Träger der Jugendhilfe Anspruch auf Beratung durch eine insoweit erfahrene Fachkraft."

Damit haben auch Erzieherinnen und Erzieher einen rechtlich verbindlichen **Anspruch auf Beratung** durch eine Kinderschutzfachkraft (insoweit erfahrenen Fachkraft – **IsoFa)** des zuständigen **Jugendamtes.**

Für die in **§ 4 Abs. 1 KKG** benannten **Kinderschutzberufe** heißt es dann in **Abs. 2–4** weiter:

> „(2) Die Personen nach Absatz 1 haben zur Einschätzung der Kindeswohlgefährdung gegenüber dem Träger der öffentlichen Jugendhilfe Anspruch auf Beratung durch eine insoweit erfahrene Fachkraft. Sie sind zu diesem Zweck befugt, dieser Person die dafür erforderlichen Daten zu übermitteln; vor einer Übermittlung der Daten sind diese zu pseudonymisieren.
> (3) Scheidet eine Abwendung der Gefährdung nach Absatz 1 aus oder ist ein Vorgehen nach Absatz 1 erfolglos und halten die in Absatz 1 genannten Personen ein Tätigwerden des Jugendamtes für erforderlich, um eine Gefährdung des Wohls eines Kindes oder eines Jugendlichen abzuwenden, so sind sie befugt, das Jugendamt zu informieren; hierauf sind die Betroffenen vorab hinzuweisen, es sei denn, dass damit der wirksame Schutz des Kindes oder des Jugendlichen in Frage gestellt wird. Zu diesem Zweck sind die Personen nach Satz 1 befugt, dem Jugendamt die erforderlichen Daten mitzuteilen. Die Sätze 1 und 2 gelten für die in Absatz 1 Nummer 1 genannten Personen mit der Maßgabe, dass diese unverzüglich das Jugendamt informieren sollen, wenn nach deren Einschätzung eine dringende Gefahr für das Wohl des Kindes oder des Jugendlichen das Tätigwerden des Jugendamtes erfordert.
> (4) Wird das Jugendamt von einer in Absatz 1 genannten Person informiert, soll es dieser Person zeitnah eine Rückmeldung geben, ob es die gewichtigen Anhaltspunkte für die Gefährdung des Wohls des Kindes oder Jugendlichen bestätigt sieht und ob es zum Schutz des Kindes oder Jugendlichen tätig geworden ist und noch tätig ist. Hierauf sind die Betroffenen vorab hinzuweisen, es sei denn, dass damit der wirksame Schutz des Kindes oder des Jugendlichen in Frage gestellt wird."

Der Wortlaut dieses Paragrafen wird im vollen Text wiedergegeben, um zu verdeutlichen wie konkret den Angehörigen von Kinderschutzberufen hier Handlungsanleitungen zum professionellen Vorgehen vorgegeben werden.

Die Anwendung dieser Norm wird durch die Formulierung in **§ 4 Abs. 1 KKG** erschwert, wonach ein Handeln dann erforderlich wird, wenn „gewichtige Anhaltspunkte für die Gefährdung des Wohls eines Kindes oder Jugendlichen bekannt" werden. Generell sind Anhaltspunkte erst dann gewichtig, wenn sie offenkundig und damit auch für Laien erkennbar sind. Diese qualifizierte Anforderung an die erforderlichen Anhaltspunkte ist wortgleich mit der Formulierung in **§ 8a Abs. 1 SGB VIII** und löst dort eine jugendamtliche Gefährdungseinschätzung aus.

Aus Abs. 3 (Gefährdung abzuwenden) wird klar, dass es nicht erforderlich ist, den unbestimmten Rechtsbegriff „gewichtig" auszufüllen, um die Beratung durch das Jugendamt in Anspruch zu nehmen. Es reichen vielmehr nur „einfache" Anhaltspunkte aus, die entsprechend der jeweiligen professionellen Fachkompetenz festzustellen sind. Wenn also ein Angehöriger eines Kinderschutzberufs im konkreten Einzelfall den fachlichen Eindruck hat, die festgestellten Befunde bei einem Kind könnten auf Misshandlung oder Missbrauch hindeuten, dann ist der Anspruch auf Beratung gemäß **§ 4 Abs. 2 Satz KKG** begründet.

Diese Auslegung des § 4 KKG wird bestätigt durch **§ 1 Abs. 3 KKG**. Dieser formuliert den Zweck des Gesetzes:

> „(3) Aufgabe der staatlichen Gemeinschaft ist es, soweit erforderlich, Eltern bei der Wahrnehmung ihres Erziehungsrechts und ihrer Erziehungsverantwortung zu unterstützen, damit
> 1. ...,
> 2. im Einzelfall Risiken für die Entwicklung von Kindern und Jugendlichen frühzeitig erkannt werden und
> 3. im Einzelfall eine Gefährdung des Wohls eines Kindes oder eines Jugendlichen vermieden oder, falls dies im Einzelfall nicht mehr möglich ist, eine weitere Gefährdung oder Schädigung abgewendet werden kann."

Wenn also Risiken frühzeitig erkannt und Gefährdungen im Einzelfall abgewendet werden sollen, dann muss die Beratung durch und mit dem Jugendamt gemäß **§ 4 KKG** bereits dann einsetzen, wenn Anhaltspunkte vorliegen, die deutlich unter der Schwelle zur Gefährdung des Kindeswohls liegen, die also noch nicht „gewichtig" sind. Andernfalls wäre das KKG neben **§ 8a SGB VIII** überflüssig.

Der Beratungsanspruch aus **§ 4 Abs. 2 KKG** „befugt“ den Angehörigen eines Kinderschutzberuf im Sinne des **§ 4 Abs. 1 KKG** dann der insoweit erfahrenen Fachkraft (IsoFa) des Jugendamts, „die dafür erforderlichen Daten zu übermitteln“:

- Da das Gesetz die Kinderschutzberufe hier zur Datenweitergabe „befugt“, kann der Tatbestand des **§ 203 StGB nicht** mehr verletzt werden, da dieser eine Strafbarkeit der Offenbarung nur dann fordert, wenn die Mitteilung und Datenweitergabe (Offenbarung) **„unbefugt“** erfolgt.
- Die übermittelten Informationen über den fachlich begründeten Verdacht im Einzelfall (Daten) müssen **pseudonymisiert** werden. Das bedeutet, dass der Name des Kindes nicht genannt werden darf (**Art. 4 DSGVO und §§ 67 ff. SGB X**).
- Die Norm gibt ein Recht; eine **Pflicht zur Offenbarung** des Verdachts der Kindeswohlgefährdung und zur Weitergabe der Daten besteht **nicht**.
- Falls das **Beratungsrecht** aus **§ 4 Abs. 2 KKG** im Einzelfall in Anspruch genommen wird, ergibt die Beratung mit und durch die Kinderschutzfachkraft des Jugendamtes dann, ob in der erörterten konkreten Situation ein Handeln des Jugendamts und/oder des Geheimnisträgers sinnvoll oder erforderlich ist.

Zusammenfassend lässt sich feststellen, dass der Gesetzgeber **für einen besseren Kinderschutz** eine auf den Kinderschutz beschränkte **Aufweichung der Vertraulichkeit bei Geheimnisträgerberufen** in Kauf genommen hat. Diese Entscheidung ist nach wie vor umstritten, da bei den Ärzten die Schweigepflicht als Kernelement des Verhältnisses Arzt – Patient betrachtet wird.

Fazit:

- Die gesetzliche Grundsatzentscheidung räumt dem **Kinderschutz** den **Vorrang vor** dem **Datenschutz** ein.
- Es bleibt in der **beruflichen Verantwortung** eines Geheimnisträgers, **ob** er Anhaltspunkte für eine Kindeswohlgefährdung **offenbaren** will oder nicht.

3.3 Beschäftigungsverbote

Eine weitere Möglichkeit, einer Kindeswohlgefährdung vorzubeugen, enthält das in **§ 72a SGB VIII** festgelegte **Beschäftigungsverbot** für bestimmte Personen. Diese Regelung bestimmt, dass die Träger der Jugendhilfe sicher zu stellen haben, dass **keine Personen beschäftigt** oder vermittelt werden dürfen, die wegen einer **Sexualstraftat rechtskräftig verurteilt** worden sind.

Zur Sicherung des Beschäftigungsverbots besteht unter bestimmten Voraussetzungen für die **Strafverfolgungsbehörden** eine **Pflicht zur Datenweitergabe** an die Jugendhilfe. Die Strafverfolgungsbehörden sind gemäß **§ 5 KKG** rechtlich verpflichtet, unverzüglich den zuständigen örtlichen Träger der öffentlichen **Jugendhilfe zu informieren**, wenn ihnen in „einem Strafverfahren gewichtige Anhaltspunkte für die Gefährdung des Wohls eines Kindes oder eines Jugendlichen bekannt" werden.

- Die Pflicht zur Information des Jugendamts setzt voraus, dass der Verdächtige mit einem Kind in häuslicher Gemeinschaft lebt oder mindestens regelmäßig Umgang mit einem Kind hat.
- Das gilt insbesondere in Verfahren wegen des Verdachts folgender Straftaten: Sexueller Missbrauch von Schutzbefohlenen; sexueller Missbrauch von Kindern; Vergewaltigung; Verbreitung, Erwerb und Besitz kinderpornographischer Inhalte; Kinderhandel.

Bei diesen Taten wird der Verdacht der Kindeswohlgefährdung zwar nicht gesetzlich vermutet, den Strafverfolgungsbehörden eine Vermutung aber nahegelegt, so dass regelmäßig eine Datenweitergabe zu prüfen ist.

3.4 Schutz vor sexualisierter Gewalt durch digitale Medien

Eine wesentliche Aufgabe der Jugendhilfe besteht in der Prävention und Verhinderung **sexualisierter Gewalt** durch **digitale Medien**.

Digitale Medien stellen für Kinder und Jugendliche einen wichtigen sozialen und sexuellen Erfahrungsraum dar. Gleichzeitig werden sie von möglichen Tätern als Tatort sexualisierter Gewalt gewählt.
Sexualisierter Gewalt mit digitalem Medieneinsatz vorzubeugen, betrifft ausnahmslos alle Leistungsträger von der Jugendarbeit im Rahmen ambulanter und stationärer Hilfen zur Erziehung.

Rechtliche Regelungen zum Jugendschutz, also gesetzliche Bestimmungen, die Kinder vor negativen Einflüssen aus der Gesellschaft schützen sollen, finden sich in den allgemeinen Regelungen zum Jugendschutz im **Jugendschutzgesetz – JuSchG** und zusätzlich in den spezielleren Regelungen über den Jugendmedienschutz im **Staatsvertrag über den Schutz der Menschenwürde und den Jugendschutz in Rundfunk und Telemedien (Jugendmedienschutz-Staatsvertrag – JMStV).**

In den **§§ 10a ff. JuSchG** wird der Themenkomplex **„Jugendschutz im Bereich der Medien"** behandelt. Das Gesetz enthält altersgestaffelte genaue Vorgaben, welche Filme oder Spielprogramme unter welchen Voraussetzungen an wen weitergegeben werden dürfen.

Diese gesetzlichen Vorgaben haben dazu geführt, dass der Jugendschutz in den Bereichen Kino und Fernsehen gut funktioniert.

Die zuständige **Bundeszentrale für Kinder- und Jugendmedienschutz – BzKJ (§§ 17 ff. JuSchG)** führt eine Liste der **jugendgefährdenden Medien.**

Die darin enthaltenen Medien dürfen nach **§ 15 Abs. 1 Ziff. 1 JuSchG** „nicht einem Kind oder einer jugendlichen Person angeboten, überlassen oder sonst zugänglich gemacht werden".

Zusätzlich erweitert **§ 15 Abs. 2 JuSchG** diese Regelung. Bestimmte dort konkretisierte Trägermedien, die nicht in der genannten Liste aufgeführt sind, dürfen ebenfalls so wie in Absatz 1 formuliert nicht an Kinder oder jugendliche Personen gelangen. Darunter fallen u.a. auch solche, die „1. einen der in … § 184, § 184a, § 184b oder § 184c des Strafgesetzbuches bezeichneten Inhalt haben." Diese Paragrafen beziehen sich auf die Verbreitung pornographischer oder kinderpornographischer Inhalte.

Außerdem gilt dies mit Blick auf die sexuelle Selbstbestimmung in **§ 15 Abs. 2 Ziff. 4 JuSchG** für Darstellungen von „Kinder(n) oder Jugendliche(n) in unnatürlicher, geschlechtsbetonter Körperhaltung".

Nach den im JuSchG vorgesehenen besonderen Strafvorschriften wird der Verstoß gegen diese Gebote „mit Freiheitsstrafe bis zu einem Jahr oder mit Geldstrafe bestraft" oder in schwereren Fällen mit höheren Strafen, **§ 27 JuSchG.**

Andere Verstöße in diesem Zusammenhang werden nach **§ 28 JuSchG** als Ordnungswidrigkeiten mit Bußgeld belegt.

Schwieriger und in der praktischen **Umsetzung problematisch** ist demgegenüber der Bereich des **Internets**, da die vorhandenen gesetzlichen Regelungen dort nicht greifen können:

- Jeder hat die Möglichkeit nach eigenem Belieben alles, was er möchte, ins Internet zu stellen. Dabei kann er alle Varianten der Verbreitung über die verschiedenen Arten von Portalen nutzen.
- Das Internet droht zu einem in weiten Teilen „rechtsfreien Raum" zu werden.

Selbst wenn auf irgendeine Weise innerstaatliche Vorkehrungen getroffen werden, genügt bei Angeboten aus dem Ausland die Bestätigung des Buttons, dass der Nutzer volljährig ist.

Nach universitären Studien der letzten Jahre hat die Hälfte aller Jugendlichen schon Pornografie im Internet gesehen, viele davon bereits in einem Alter ab 12 Jahren.

§ 1 JMStV versucht hier eine Regelung und formuliert als Zielsetzung:

> „Zweck des Staatsvertrages ist der einheitliche Schutz der Kinder und Jugendlichen vor Angeboten in elektronischen Informations- und Kommunikationsmedien, die deren Entwicklung oder Erziehung beeinträchtigen oder gefährden, sowie der Schutz vor solchen Angeboten ..., die die Menschenwürde oder sonstige durch das Strafgesetzbuch geschützter Rechtsgüter verletzen."

Damit fallen die „**Straftaten gegen die sexuelle Selbstbestimmung**" im Dreizehnten Abschnitt des StGB eindeutig unter den Schutzbereich des JMStV. Diese Regelungen beziehen sich auf Kinder (bis zum 14. Geburtstag) und auf Jugendliche (bis zum 18. Geburtstag), **§ 3 Ziff. 3** u. **4 JMStV.**

Die Aufzählung der „**unzulässigen Angebote"** in **§ 4 Abs. 1 JMStV** enthält die gleiche Formulierung wie das JuSchG. Angebote sind danach unzulässig, wenn sie

> „9. Kinder oder Jugendliche in unnatürlich geschlechtsbetonter Körperhaltung darstellen; dies gilt auch bei virtuellen Darstellungen.
> 10. kinderpornografisch im Sinne des § 184b Abs. 1 des Strafgesetzbuches oder jugendpornografisch im Sinne des § 184c Abs. 1 des Strafgesetzbuches sind und Gewalttätigkeiten oder sexuelle Handlungen von Menschen mit Tieren zum Gegenstad haben; dies gilt auch bei virtuellen Darstellungen."

Diese gleichen Formulierungen – in **Ziff. 11** und den weiteren Absätzen von **§ 4 JMStV** wird ebenfalls auf die Listen nach dem JuSchG Bezug genommen – verdeutlichen die enge Verzahnung von Jugendschutz und Jugendmedienschutz. Die Einhaltung der Vorschriften des JMStV **überwachen** die **Landesmedienanstalten für den privaten Rundfunk**. Dabei bedienen sie sich mit der **Kommission für Jugendmedienschutz (KJM)** einer besonderen Einrichtung.

Zusätzlich wurde für alle Länder gemeinsam eine Stelle Jugendschutz – „**jugendschutz.net"** errichtet, **§§ 16–18 JMStV:**

- Die KJM hat die Aufgabe bei Verstößen gegen die Bestimmungen des JMStV vorzugehen.
- Sie kann auch festlegen, wann und welches Jugendschutzprogramm offiziell anerkannt wird.

Daneben gibt es nach **§§ 19 ff. JMStV** eine weitere Institution, nämlich die **Freiwillige Selbstkontrolle Multimedia e.V. (FSM):**

- Sie ist für die unmittelbare gesetzliche Anerkennung von Jugendschutzprogrammen zuständig.
- Sie ist ein von Medienanbietern, also der Wirtschaft getragener Verein, der hoheitliche Aufgaben des Kinder- und Jugendschutzes wahrnimmt.

Der JMStV enthält ebenfalls ähnlich wie das JuSchG eigene Bestimmungen zur Strafbarkeit sowie zu Ordnungswidrigkeiten.

Von den Medienanbietern getragene Selbstkontrollen treffen also anstelle einer Behörde die Entscheidungen für den Schutz von Kindern und Jugendlichen, – bekannt von der **Freiwilligen Selbstkontrolle – FSK** bei **Filmen**, der **Unterhaltungssoftware Selbstkontrolle – USK** bei **Computerspielen** oder der **Freiwilligen Selbstkontrolle Fernsehen e.V. – FSF** beim privaten Fernsehen. Dieser Ansatz der **Co-Regulierung** hat mittlerweile die EU in der **EU-Richtlinie über audiovisuellen Medien (AVMD-Richtlinie**) übernommen. Er ist damit Standard im europäischen Medienschutz.

Es gibt außerdem **zahlreiche technische Schutzsysteme** wie Alterseinstellungen im Handybrowser oder Filtersoftware. Diese unterliegen aber weder einer hoheitlichen Überprüfung in Hinblick auf Alterseinstufungen noch auf ihre technische Wirksamkeit oder Reichweite.

Eltern wollen ihre Kinder auch im digitalen Alltag schützen, andererseits wollen und sollen sie den Kindern nach und nach mehr Selbstständigkeit und entsprechende Freiräume ermöglichen. Der Gesetzgeber kann dafür nur die Rahmenbedingungen liefern.

4 Schutz vor Diskriminierungen

4.1 Allgemeines Gleichbehandlungsgesetz – AGG

Mit dem **AGG** wurde ein Schutz vor **Benachteiligungen im zivilen Leben** durch andere zivile Akteure (z. B. Arbeitgeber, Vermieter) geschaffen. Es gilt also nicht für staatliche Eingriffe. Die gesetzlichen Bestimmungen bieten auch die geeignete Grundlage gegen Mobbing-Handlungen vorzugehen.

Mobbing meint psychische Gewalt, die durch das wiederholte und regelmäßige Schikanieren, Quälen oder Verletzen einer anderen Person gekennzeichnet ist.

§ 1 AGG lautet:

> „Ziel des Gesetzes ist, Benachteiligungen aus Gründen der Rasse oder wegen der ethnischen Herkunft, des Geschlechts, der Religion oder Weltanschauung, einer Behinderung, des Alters oder der sexuellen Identität zu verhindern oder zu beseitigen."

Die hier abschließend formulierten Eigenschaften, die nicht zu einer Benachteiligung führen dürfen, enthalten also neben den klassischen Diskriminierungstatbeständen der Religion, der Behinderung, der ethnischen Herkunft auch die Kriterien:

- „**Geschlecht**" und
- **„sexuelle Identität"**.

Damit besteht eine weitgehende Übereinstimmung mit **Art. 21 GRCh.** Auch dort ist die **„sexuelle Ausrichtung"** aufgeführt; allerdings stehen die hier aufgeführten Ausschlusstatbestände mit der Formulierung „insbesondere" unter dem Erweiterungsvorbehalt. Damit ist **Art. 21 GRCh** die aktuell modernste Antidiskriminierungsvorschrift. **Art. 3 Abs. 3 GG** enthält eben bisher kein ausdrückliches Verbot wegen einer Benachteiligung aufgrund der „sexuellen Identität"; der Kriterienkatalog des **Art. 3 Abs. 3 GG** ist zudem abschließend, er lässt also keine Interpretation zu.

Sexuelle Orientierungen sind in ihrer Vielfalt bereits durch **Art. 2 Abs. 1 GG** geschützt.
Nicht geschützt sind aber die Orientierungen, die Rechte Dritter verletzen. Das betrifft in diesem Zusammenhang die Pädophilie, d.h., auch nach dem AGG besteht kein Schutz der pädophilen sexuellen Orientierung (siehe auch Grüneberg, 82. Aufl. 2023, Anm. 10 zu § 1 AGG).
Die **Benachteiligungsverbote** nach dem **AGG** beziehen sich in erster Linie auf das **Berufsleben. § 2 Abs. 1 Ziffer 1 bis 4 AGG** lautet:

> „(1) Benachteiligungen aus einem in § 1 genannten Grund sind nach Maßgabe dieses Gesetzes unzulässig in Bezug auf:
> 1. Die Bedingungen, einschließlich Auswahlkriterien und Einstellungsbedingungen für den Zugang zu unselbständiger und selbständiger Erwerbstätigkeit, unabhängig vom Tätigkeitsfeld und beruflicher Position, sowie für den beruflichen Aufstieg,
> 2. die Beschäftigungs- und Arbeitsbedingungen einschließlich Arbeitsentgelt und Entlassungsbedingungen, ...

3. der Zugang zu allen Formen und Ebenen der Berufsberatung, der Berufsbildung einschließlich der Berufsausbildung, der beruflichen Weiterbildung und der Umschulung sowie der praktischen Berufserfahrung,
4. die Mitgliedschaft sowie Mitwirkung in einer Beschäftigten- oder Arbeitgebervereinigung ...

..."

Das AGG definiert **Verhaltensweisen**, die eine **Benachteiligung** begründen können. Nach **§ 3 Abs. 1 AGG** ist eine sog. **„unmittelbare"** Benachteiligung gegeben:

- „wenn eine Person wegen eines in § 1 genannten Grundes eine weniger günstige Behandlung erfährt, als eine andere Person in einer vergleichbaren Situation erfährt, erfahren hat oder erfahren würde",
- „im Falle einer ungünstigeren Behandlung einer Frau wegen Schwangerschaft oder Mutterschaft".

Eine sog. **„mittelbare"** Benachteiligung liegt nach **§ 3 Abs. 2 AGG** dann vor,

> „wenn dem Anschein nach neutrale Vorschriften, Kriterien oder Verfahren Personen wegen eines in § 1 genannten Grundes gegenüber anderen Personen in besonderer Weise benachteiligen können".

Eine **Belästigung** wird nach **§ 3 Abs. 3 AGG** dann als Benachteiligung eingestuft,

> „wenn unerwünschte Verhaltensweisen, die mit einem in § 1 genannten Grund in Zusammenhang stehen, bezwecken oder bewirken, dass die Würde der betreffenden Person verletzt und ein von Einschüchterungen, Anfeindungen, Erniedrigungen, Entwürdigungen oder Beleidigungen gekennzeichnetes Umfeld geschaffen wird".

In § 3 Abs. 4 AGG wird zusätzlich konkret ausgeführt, unter welchen Voraussetzungen eine **sexuelle Belästigung** eine **Benachteiligung** darstellt, nämlich dann,

> „wenn ein unerwünschtes, sexuell bestimmtes Verhalten, wozu auch unerwünschte sexuelle Handlungen und Aufforderungen zu diesen, sexuell bestimmte körperliche Berührungen, Bemerkungen sexuellen Inhalts sowie unerwünschtes Zeigen und sichtbares Anbringen von pornographischen Darstellungen gehören, bezweckt oder bewirkt, dass die Würde der betreffenden Person verletzt wird"

und das ist insbesondere in den Situationen der Fall, wenn

> „ein von Einschüchterungen, Anfeindungen, Erniedrigungen, Entwürdigungen oder Beleidigungen gekennzeichnetes Umfeld geschaffen wird."

Von dieser Art der Handlungen, die eine Benachteiligung bedeuten, stellt die Regelung in **§ 3 Abs. 3 AGG**, also die **„Belästigung“** nach Einschätzung des Bundesarbeitsgerichts eine **Definition des „Mobbing“** dar (BAG, NZA 2008, 223).

Es kommt nicht darauf an, ob die unzulässigen Verhaltensweisen analog im Büro oder als **„Cybermobbing“** in sozialen Medien stattfinden.

Für die Anwendung des **AGG** ist der **berufliche Kontext** entscheidend: im Geschäftsverkehr, etwa im betrieblichen E-Mail-Verkehr. Dabei reicht nicht ein Einzelfall, es muss ein entsprechendes „Umfeld“ durch mehrfache Handlungen geschaffen werden. In Betracht kommen: Erniedrigende Äußerungen, abwertende Blicke und Gesten, Ausgrenzungen oder Schikanieren durch Arbeitskollegen, Beleidigungen, Beschimpfungen und Drohungen.

Zusätzlich liefert **§ 3 Abs. 4 AGG** in Blick auf eine „sexuelle Belästigung“ eine effektiv niederschwellige Definition verfolgbarer Verhaltensweisen: So ist **„catcalling“,** also das „Hinterherpfeifen“ ebenso erfasst wie sexistische Bemerkungen oder das Zeigen pornographischer Abbildungen, etwa als Aushang am Schwarzen Brett.
Zur Verwirklichung des Tatbestands in **§ 3 Abs. 4 AGG** reicht im Gegensatz zum Belästigungstatbestand in **§ 3 Abs. 3 AGG** bereits ein einmaliger Vorgang aus, da es um „**ein** unerwünschtes, sexuell bestimmtes Verhalten“ geht.

Entscheidend für das Vorliegen der tatbestandlichen Voraussetzungen ist in erster Linie die **Wahrnehmung des betroffenen** Menschen. Ein spezielles Problem ist dabei die Flüchtigkeit derartiger Verhaltensweisen und die berechtigte Erwartung, dass die Akteure ihr Verhalten leugnen werden.
Das AGG hat aber Vorkehrungen getroffen, um die Effektivität der Verfolgung deutlich zu steigern. Deshalb sind in diesem Gesetz besondere Regelungen getroffen worden, mit denen die allgemeinen zivilrechtlichen Regelungen zur Beweisführung verändert werden.
§ 22 AGG formuliert ausdrücklich eine **Erleichterung der Beweisführung:**

> „Wenn im Streitfall die eine Partei Indizien beweist, die eine Benachteiligung wegen eines in § 1 genannten Grundes vermuten lassen, trägt die andere Partei die Beweislast dafür, dass kein Verstoß gegen die Bestimmungen zum Schutz vor Benachteiligung vorgelegen hat.“

Damit hat der vermutete Akteur die Beweislast für das Nichtvorliegen der Belästigung.
Das Opfer kommt aus einer schwachen Position in eine dominante, denn das Gegenteil der begründeten Vermutung zu beweisen, ist schwierig.

Die Ansprüche die ein Opfer einer sexuellen Belästigung auf dieser Grundlage geltend machen kann, sind für die Täter einschneidend.
§ 21 AGG ermöglicht folgende Sanktionen:

- Der Benachteiligte kann „die Beseitigung der Beeinträchtigung" einfordern.
- „Sind weitere Beeinträchtigungen zu besorgen, so kann er auf Unterlassung klagen."
- Er kann Ersatz des entstandenen Schadens verlangen.
- „Wegen eines Schadens, der nicht Vermögensschaden ist, kann der Benachteiligte eine angemessene Entschädigung in Geld verlangen."

Zu beachten ist, dass gemäß **§ 21 Abs. 5 AGG** für die Geltendmachung eines Schadensersatzanspruchs eine **Frist von zwei Monaten** gilt.
Zunächst hat ein Opfer, das sich belästigt „fühlt" nach **§ 13 AGG** das Recht, sich mit einer Beschwerde an die zuständige Stelle des Betriebs bzw. des Unternehmens zu wenden. Die Beschwerde ist zu prüfen und der Beschwerdeführer über das Ergebnis zu informieren.

Wenn der Arbeitgeber dann keine oder nur unzureichende Maßnahmen zur Beseitigung der Beeinträchtigung ergreift, hat das Opfer das Recht zur Verweigerung der Arbeit ohne Verlust des Arbeitsentgelts, **§ 14 AGG.**

Für den Arbeitgeber besteht über **§ 16 Abs. 1 Satz 1 AGG** ein **Maßregelverbot gegen Beschäftigte**, die ihre Rechte nach dem AGG in Anspruch nehmen. Dieser Schutz gilt gemäß **§ 16 Abs. 1 Satz 2 AGG auch für** Beschäftigte, die Betroffene als **Zeugen** unterstützen.

4.2 Beamtenrechtliches Disziplinarrecht

Im **Beamtenrecht** bietet das **Disziplinarrecht** ebenfalls **Schutz gegen sexuelle Belästigung**:

- Das Disziplinarrecht soll die durch ein Dienstvergehen verursachte Störung des Beamtenverhältnisses beseitigen mit dem Ziel, die Durchführung öffentlicher Verwaltungsaufgaben zu sichern.
- Nach dem Disziplinarrecht muss das Verhalten eines Beamten innerhalb und außerhalb des Dienstes der Achtung und dem Vertrauen gerecht werden, die sein Beruf erfordert.
- Disziplinargerichte bewerten sexuelle Belästigungen im Allgemeinen als unerwünschtes Verhalten.

Beispiel:

- Dienstvergehen sind auch zweideutige Gespräche, anzügliche Bemerkungen (wie „sexy", „sportlich", „gut gebaut", „griffig"), intime Fragen nach der Unterwäsche, nach dem Sexualverhalten, den körperlichen Kontakten und das Berühren der Brust (BVerwG, NJW 1998, 1656).
- Es ist ein Dienstvergehen von besonderem Gewicht, wenn ein Beamter eine Kollegin durch eine Postkarte zum Geschlechtsverkehr auffordert sowie sexuell-obszöne Bemerkungen macht. (Er sandte einen Brief an die betroffene Frau und schrieb auf den Briefumschlag: „An die dummgeile sexuelle, onanierende, verräterische, heuchlerische Fotzi-Frau") (BVerwG, NJW 2007, 958).

Fazit:
Nach ständiger Rechtsprechung des BVerwG muss der Dienstbetrieb von erotischen Bindungen und Verhaltensweisen frei gehalten werden.

Literaturverzeichnis

Adamietz, L. (2011): Geschlecht als Erwartung: Das Geschlechtsdiskriminierungsverbot als Recht gegen Diskriminierung wegen der sexuellen Orientierung und der Geschlechtsidentität, Baden-Baden.

Albrecht, H. (2004): Sozialarbeit und Strafrecht, Strafbarkeitsrisiken in der Arbeit mit Problemfamilien, in: DIJuF (Hrsg.), Verantwortlich handeln – Schutz und Hilfe bei Kindeswohlgefährdung, Köln, 183.

Anders, M./Gehle, B. (Hrsg.) (2023): Zivilprozessordnung, 81. Aufl., München.

Ariès, P./Béjin, P./Foucault, M. (1975): Die Masken des Begehrens und die Metamorphosen der Sinnlichkeit, Frankfurt am Main.

Baer, S. (2021): Rechtssoziologe, Baden-Baden.

Bange, D./Körner, W. (Hrsg.) (2002): Handwörterbuch Sexueller Missbrauch, Heidelberg.

Barabas, F./Erler, M. (2002): Die Familie. Lehr- und Arbeitsbuch für Familiensoziologie und Familienrecht, 2. Aufl., Weinheim.

Bauer, F. (Hrsg.) (1963): Sexualität und Verbrechen, Hamburg.

Becker, S. (2018): Geschlecht und sexuelle Orientierung – was bleibt?, in: Analytische Kinder- und Jugendlichenpsychotherapie, Heft 178, XLIX. Jg. 2, 185-211.

Blasius, M. (1992): An Ethos of Lesbian and Gay Existence, in Political Theory, Vol. 20, Issue 4.

Bornemann, R./Erdemir, M. (2017): Jugendmedienschutz-Staatsvertrag, Baden-Baden.

Brenner, G. (2022): Partnerschaft und Sexualität im Jugendalter, in: Deutsche Jugend 70. Jg., 540 ff.

Bruns, W. (1993): Sozialkriminalität in Deutschland, Berlin.

Bruns, W./Walter, T. (Hrsg.) (2004): Von Lust und Schmerz: Eine Historische Anthropologie der Sexualität, Köln, Weimar.

Bündnis der Fachberatungsstellen für Sexarbeiterinnen und Sexarbeiter e. V. (2023): Stellungnahme zum Positionspapier der CDU/CSU vom 7.11.2023 zum Sexkaufverbot (vom 9.11.2023). http://www.bufas.net/stellungnahmesexkaufverbot/

Bundeskriminalamt (Hrsg.) (2021): Polizeiliche Kriminalstatistik BKA.

Bundeskriminalamt (Hrsg.) (2022): Polizeiliche Kriminalstatistik BKA. (

Bundeskriminalamt (Hrsg.) (2022): Lagebild Menschenhandel, 9 ff.

Bundeszentrale für gesundheitliche Aufklärung (Hrsg.) (2002): Jugendsexualität: Wiederholungsbefragung von 14- bis 17jährigen und ihren Eltern; Ergebnisse der Repräsentativbefragung aus 2001, Köln.

Burkett, K./Frank, R. (1995): Das Buch der Schande, Kinder, sexueller Mißbrauch und die katholische Kirche, Wien.

CDU/CSU (2023): Menschenunwürdige Zustände in der Prostitution beenden – Sexkauf bestrafen. Positionspapier der CDU/CSU-Fraktion im Deutschen Bundestag Beschluss vom 7. November 2023.

Christina, G. (2013): Was zählt? Zur Grauzone zwischen Sex und Nicht-Sex, in: polar, Zeitschrift für politische Philosophie und Kultur 14, 19–25.

Clausen, J./Herrath, F. (Hrsg.) (2012): Sexualität leben ohne Behinderung. Das Menschenrecht auf sexuelle Selbstbestimmung, Stuttgart.

Cornel, H./Trenczek, T. (2019): Strafrecht und Soziale Arbeit, Baden-Baden.

Claussen, R./Janzen, W. (2001): Bundesdisziplinarrecht, Rechtsprechungsübersicht zum materiellen Disziplinarrechts, 9. Aufl., Köln, Berlin, Bonn, München.

Damm, S. (1998): Christiane und Goethe: Eine Recherche, Frankfurt am Main.

Deegener, G. (2005): Diagnostisch-therapeutische Probleme und Irrwege bei Verdacht auf sexuellen Missbrauch, in: Amann/Wipplinger (Hrsg.), Sexueller Missbrauch, 3. Aufl., Tübingen, 485.

Deegener, G. (2010): Kindesmissbrauch – Erkennen – helfen – vorbeugen, 5. Aufl., Weinheim, Basel.

Degen, B. (1999): Neue Rechtsprechung zu sexueller Belästigung am Arbeitsplatz, in: Der Personalrat, 8.

Degen, B. (2002): Selbstbewusste Frauen – souveräne Männer, in: Bundesministerium für Familie, Senioren, Frauen und Jugend (Hrsg.): Materialien zur Gleichstellungspolitik, 92/2002, Essen.

Deutsche Gesellschaft für Sexualforschung (1992): Stellungnahme zur beabsichtigten Einführung eines Straftatbestandes „Sexueller Missbrauch von Jugendlichen", in: MschrKrim, 225.

DIJuF (2004): Rechtsgutachten, Pflichten des JA zur Verhinderung von Straftaten bei Kenntnissen von sexuellen Kontakten zwischen 13-Jähriger und 18-Jährigem, in: JAmt, 533.

Dilcher, G. (1984): Ehescheidung und Säkularisation, in: Dilcher, G./Staff, G./Staff, I. (Hrsg.), Christentum und modernes Recht, Frankfurt am Main, 304.

Dürig, G. (2022): Gesetze des Landes Baden-Württemberg, 146. Aufl.

Dyroff, M./Maier, S./Pardeller, M./Wischnewski, A. (Hrsg.) (2023): Femizide, Leverkusen.

Ehlert, G. (2022): Geschlechterperspektiven in der Sozialen Arbeit, 2. Aufl., Frankfurt am Main.

Eisenberg, U./Kölbel, R. (2022): Jugendgerichtsgesetz, 23. Aufl., München.

Elias, N. (1989): Studien über die Deutschen, Frankfurt am Main.

Elias, N. (1977): Über den Prozeß der Zivilisation (2 Bde.), Frankfurt am Main.

Enders, U. (2015): Umgang mit Vermutung und Verdacht bei sexuellem Kindesmissbrauch, in: Fegert, J./Hoffmann, U./König, E./Niehus, J./Liebhardt, H. (Hrsg.), Sexueller Missbrauch von Kindern und Jugendlichen, Berlin/Heidelberg.

Eser, A. (Gesamtredaktion) Schönke/Schröder (2019): Kommentar zum StGB, 30. Aufl., München.

Fegert, J./Wolff, M. (Hrsg.) (2002): Sexueller Missbrauch durch Professionelle in Institutionen, Weinheim.

Fegert, J./Hoffmann, U./König, E./Niehus, J./Liebhardt, H. (Hrsg.) (2015): Sexueller Missbrauch von Kindern und Jugendlichen, Berlin/Heidelberg.

Fegert, J./Kölch, M./König, E./Harsch, D./Witte, S./Hoffmann, U. (Hrsg.) (2018): Schutz vor sexueller Gewalt und Übergriffen in Institutionen. Für die Leitungspraxis in Gesundheitswesen Jugendhilfe und Schule, Berlin/Heidelberg.

Fieseler, G./Herborth, R. (2010): Recht der Familie und Jugendhilfe. Arbeitsplatz Jugendamt, Soziale Dienste, 7. Aufl., München.

Fieseler, G./Schleicher, H./Busch, M. (Hrsg.) (2008): Kinder- und Jugendhilferecht, Gemeinschaftskommentar zum SGB VIII, München.

Fischer, T. (2023): Kommentar zum Strafgesetzbuch mit Nebengesetzen, 70. Aufl., München.

Flaake, K. (2022): Transgender-Jugendliche – das Leiden am Körper und die Bedeutung einer emphatischen Begleitung, in: deutsche jugend, 515 ff.

Fobian, C./Lindenberg, M./Ulfers, R. (2022): Jungen als Opfer von sexueller Gewalt, 2. Auf., Baden-Baden.

Foljanty, L./Lembke, U. (2023): Feministische Rechtswissenschaft, Baden-Baden.

Folkers, S. (2004): Ausgewählte Probleme bei sexueller Nötigung und Vergewaltigung aus der Sicht der Praxis, Baden-Baden.

Frommel, M. (1995): Möglichkeit und Grenzen des Schutzes kindlicher Opferzeugen im Strafverfahren, in: Salgo, L. (Hrsg.), Vom Umgang der Justiz mit Minderjährigen, Neuwied, Kriftel, Berlin, 31.

Greif, J. (2023): Strafbarkeit von bildbasierten sexualisierten Belästigungen, Berlin.

Grüneberg, N. (vormals Palandt), (2023): Bürgerliches Gesetzbuch, 82. Aufl. München.

Haensch, D. (1969): Repressive Familienpolitik, Sexualunterdrückung als Mittel der Politik, Reinbek bei Hamburg.

Haffke, B. (2005): Vom Rechtsstaat zum Sicherheitsstaat? in: Kritische Justiz, Vol.38 No. 1, 17 – 35.

Hajok, D. (2022): Erfahrungen Heranwachsender mit digitaler sexueller Gewalt, in: mediendiskurs 4, 52-55.

Hassemer, W. (2000): Die neue Lust auf Strafe, in: FR vom 20.12.2000.

Henningsen, A./Sielert, U. (Hrsg.) (2022): Praxishandbuch Sexuelle Bildung, Prävention sexualisierter Gewalt und Antidiskriminierungsarbeit divers-inklusiv-wertvoll, Weinheim.

Herzog, D. (2005): Die Politisierung der Lust: Sexualität in der deutschen Geschichte des zwanzigsten Jahrhunderts, München.

Hill, A. (2011): Pornografiekonsum bei Jugendlichen. Ein Überblick über die empirische Wirkungsforschung, in: Zeitschrift für Sexualforschung, 379-396.

Hößelbarth, S./Schneider, J./Stöver, H. (Hrsg.) (2013): „Kontrollierter Kontrollverlust". Jugend – Gender – Alkohol, Frankfurt am Main.

Hommen, T. (1999): Sittlichkeitsverbrechen, Sexuelle Gewalt im Kaiserreich, Frankfurt am Main.

Hopf, J./Wienand, C. (2022): Peergewalt im digitalen Raum – Reflexionen am Beispiel von Sharegewalt und Cyberbullying, in: BzKJ aktuell, 5 ff.

Horn, C. (Hrsg.) (2023): Gesetzliche Vertretung im BGB, Baden-Baden.

Hundertmark, E. (1986): Diskriminierung durch Schutz, Der Kranzgeldanspruch im BGB, in: STREIT-feministische Rechtszeitschrift, 55.

Jarras, H./Pieroth, B. (2022): Grundgesetz für die Bundesrepublik Deutschland, 17. Aufl., München.

Johann, A. (2001): Kontrolle mit Konsens: Sozialdisziplinierung in der Reichsstadt Frankfurt am Main im 16. Jahrhundert, Frankfurt am Main.

Jurgeleit, A. (Hrsg.) (2023): Betreuungsrecht, Handkommentar, 5. Aufl., Baden-Baden.

Kant, I. (1797): Die Metaphysik der Sitten, in: Schriften zur Ethik und Religionsphilosophie, Werke in 6 Bänden, Bd. 4, Darmstadt 1966.

Keiser, Th. (2024): Rechtsgeschichte, Baden-Baden.

Keßler, S. (2021): Sexuelle Täuschungen – Strafbarkeit und Strafwürdigkeit nach deutschem Sexualstrafrecht, Berlin.

Killias, M. (1979): Jugend und Sexualstrafrecht, Eine rechtssoziologische und rechtsvergleichende Untersuchung über die Bestimmungsgründe des Jugendschutzes im Sexualstrafrecht, Bern/Stuttgart.

Kindhäuser, U./Neumann, U./Paeffgen, H./Saliger, F. (Hrsg.) (2023): Strafgesetzbuch, 6. Aufl., Baden-Baden.

Kluge, N. (2002): Verfrühung der Sexualreife und die Vorverlagerung des jugendlichen Sexualverhaltens, in: KJug, 17.

Koch E. (1997): Die Frau im Recht der Frühen Neuzeit, Juristische Lehren und Begründungen, in: Gerhard, Ute (Hrsg.), Frauen in der Geschichte des Rechts, München.

Korte, A. (2019): Genderdysphorie, in: Junge Freiheit 6/19, 16.

Krause, B. (2022): Hate Speech, München.

Kroiß, L./Siede, W. (Hrsg.) (2023): FamFG, 3. Auf., Baden-Baden.

Laubenthal, K. (2000): Sexualstraftaten, Berlin/Heidelberg.

Laubenthal, K. (2012): Handbuch Sexualstraftaten, Berlin/Heidelberg.

Lautmann, R. (1992): Das Verbrechen der widernatürlichen Unzucht, in: KJ, 294.

Lembke, U. (Hrsg.) (2017): Regulierungen des Intimen (Sexualität und Recht im modernen Staat), Springer VS.

Liesching, M. (2022): Jugendschutzrecht, 6. Auf., München.

Lindenberg, M./Fobian, C./Ulmers, R. (2018): Jungen als Opfer von Gewalt. Baden-Baden.

Lohse, K./Beckmann, J./Ehlers, S. (2023): Prävention und Intervention bei innerinstitutionellem sexuellem Missbrauch. Rechte und Pflichten der Institutionen -Leitlinien des Runden Tisches „Sexueller Kindesmissbrauch" und Empfehlungen anderer akteur*innen, in: JAmt, 98 ff.

Lorz, A./Metzger, E. (2019): Tierschutzgesetz, 7. Aufl., München.

Machlitt, K. (2004): Perspektiven der Behandlung sexuell grenzverletzender Jugendlicher – Überlegungen zu einem integrativen Behandlungskonzept, 11.

Mästle, T. (2000): Der zivilrechtliche Schutz vor sexuellen Belästigungen am Arbeitsplatz, Berlin.

Mangold, A. (2015): Ehe für alle: Der Kampf um die Gleichberechtigung, in: Blätter für deutsche und internationale Politik, 111 – 120.

Marx, K. (1976): Der Ehescheidungsgesetzentwurf, in: Marx/Engels, Werke, Bd. 1, Berlin.

Matt, H./Renzikowski, J. (Hrsg.) (2020): Strafgesetzbuch, München.

Maurach, R./Schroeder, F./Maiwald, M./Hoyer, A./Momsen, C. (2019): Strafrecht Besonderer Teil, Teilband 1, Straftaten gegen Persönlichkeits- und Vermögenswerte, 11. Aufl., Heidelberg.

Meyer-Goßner, L./Schmitt, B. (2023): Kommentar zur Strafprozessordnung, 66. Aufl., München.

Meysen, N./Schindler, N. (2004): Schutzauftrag bei Kindeswohlgefährdung: Hilfreiches Recht beim Helfen, in: JAmt, 449.

Michel, N. (1998): Anm. zum Urteil des OLG Zweibrücken vom 18.04.1995, in: NStZ, 357.

Münder, J./Meysen, T./Trenczek, T. (2019) Frankfurter Kommentar SGB VIII, 8. Auflage, Weinheim, Berlin, Kassel.

Oberlies, D. (2002): Selbstbestimmung und Behinderung, in: ZStW, 114, 130.

Ortland, B. (2018): Behinderung und Sexualität, 2. Aktualisierte Aufl., Stuttgart.

Papenheim, H. (2000): Zeugnisverweigerungsrechte der Sozialarbeiter und Sozialpädagogen – unter besonderer Berücksichtigung verfassungsrechtlicher Gesichtspunkte, in: M. Karl-Heinz Lehmann (Hrsg.), Recht sozial, Erlangen, 241.

Papenheim, H./Baltes, J./Palsherm, I./Kessler, R. (2018): Verwaltungsrecht für die soziale Praxis, 26. Aufl., Frankfurt am Main.

Pluhar, B. (2003): Datenschutz bei Trägern der freien Jugendhilfe, in: JAmt, 336.

Pschyrembel, W. (Hrsg. Pschyrembel-Redaktion) (2020): Klinisches Wörterbuch, 268. Aufl., Berlin.

Riekenbrauk, K. (2017): Strafrecht und Soziale Arbeit, 5. Aufl., München.

Röchling, W. (2006): Die Reform des SGB VIII durch das Gesetz zur Weiterentwicklung der Kinder- und Jugendhilfe (Kinder- und Jugendhilfeweiterentwicklungsgesetz – KICK), in: FamRZ, 161.

Saliger, F./Tsambikakis, M. (2022): Strafrecht der Medizin, München.

Savigny, F. C. (1844): Darstellung der in den Preußischen Gesetzen über Ehescheidung unternommenen Reform, in: Vermischte Schriften. Bd. 5, 1844, Berlin.

Scharmanski, S./Hessling, A. (2021): Im Fokus: Einstieg in das Sexualleben. Jugendsexualität 9. Welle. BZgA-Faktenblatt. Köln: Bundeszentrale für gesundheitliche Aufklärung (BZgA).

Scharmanski, S. /Hessling, A. (2022): Sexuelle Erfahrungen im Jugendalter. Jugendsexualität 9. Welle. BZgA-Faktenblatt. Köln: Bundeszentrale für gesundheitliche Aufklärung (BZgA).

Schetsche, M. (1994): Der „einvernehmliche Missbrauch", in: MSchrKrim, 201.

Schmahl, S. (2017): Kinderrechtskonvention, 2. Aufl., Baden-Baden.

Schmidt, A. (2022): Zur Strafbarkeit des Herstellens, Verbreitens und Besitzens von Nackt- und Sexting-Aufnahmen Minderjähriger, in: BzKJ aktuell 4/2022, 11-15.

Schönke, A./Schröder, H. (2019) Strafgesetzbuch Kommentar. Bearbeitet von Eser, A. et al, 30. Aufl. München.

Schroeder, F. (1992): Die Reform der Straftaten gegen die Entwicklung des Sexuallebens, in: ZRP, 295.

Schroeder, F. (1994): Das 29. Strafrechtsänderungsgesetz – §§ 175, 182 StGB, in: NJW, 1501.

Schumann, H./Mosbacher, A./König, S. (Hrsg.) (2023): Medienstrafrecht, Baden-Baden.

Schwenger, H. (1969): Antisexuelle Propaganda, Reinbek bei Hamburg.

Sick, B. (1995): Die sexuellen Gewaltdelikte oder: Der Gegensatz zwischen Verbrechensempirie und Rechtswirklichkeit, in: MschrKrim, 281.

Sieberichs, W. (2019): Das unbestimmte Geschlecht, in: Zeitschrift für das gesamte Familienrecht, 1180 -1184.

Sigusch, V. (1989): Kritik der disziplinierten Sexualität, Frankfurt am Main/New York.

Sigusch, V. (2005): Auf dem Niveau einer Kulturbeutel-Kultur, in: Frankfurter Rundschau vom 5.7.2005.

Steinmeister, I. (1992): „Jugendschutz" gegen Jugendliche?, in: ZRP, 87.

Stascheit, U. (1975): Wird das Zeugnisverweigerungsrecht weiter verweigert?, in: Neue Praxis – Kritische Zeitschrift für Sozialarbeit und Sozialpädagogik, 202 ff.

Stascheit, U. (Hrsg.) (2022): Gesetze für Sozialberufe, 39. Aufl., Frankfurt am Main.

Steinmeister, I. (1991): Zur Aufhebung der § 175 und § 182 StGB und Einführung einer einheitlichen Jugendschutzvorschrift für sexuelle Handlungen, in: KJ, 197.

Thane, K./Weilbach, K. (2004): Bericht zum AJK-Symposium „Die neue Straflust", in: Krim. Journal, 1, 42.

Tönnies, S. (1992): Symbolische Gesetzgebung: Zum Beispiel § 175 StGB, in: ZRP, 411.

Tröndle, H. (1992): Ideologie statt Jugendschutz?, in: ZRP, 297.

Tröndle, H./Fischer, N. (2007): Strafgesetzbuch, 54. Aufl., München.

Wazlawik, M./Voß, H./Retkowski, A./Henningsen, A./Dekker, A. (Hrsg.) (2019): Sexuelle Gewalt in pädagogischen Kontexten. Aktuelle Forschungen und Reflexionen, Wiesbaden.

Wiesner, R. (2005): Die Intention des Gesetzgebers im Hinblick auf den Ausbau der Tagesbetreuung für Kinder und die Weiterentwicklung der Kinder- und Jugendhilfe, in: Verein für Kommunalwissenschaften e. V. (Hrsg.), Verändertes Kinder- und Jugendhilferecht und seine Auswirkungen auf die Praxis, Berlin, 15.

Wiesner, R./Wapler, F. Hrsg. (2022): SGB VIII Kommentar, München.

Wissenschaftliche Dienste Deutscher Bundestag (2018): Zur Beschneidung von Jungen, Gutachten vom 24.10.2018 (WD 9-3000-075/18).

Zauner, G. (2004): Sexueller Missbrauch unter Ausnutzung eines Beratungs-, Behandlungs- oder Betreuungsverhältnisses, Tübingen.

Ziegenhahn, U./Künster, S./Besier, T. (2016): Gewalt gegen Kinder, in: Bundesgesundheitsblatt-Gesundheitsforschung-Gesundheitsschutz, 59. Jg., 44-51.

Zöller, R./Geimer, R. (2022): Kommentar zur Zivilprozessordnung, 34. Aufl., Köln.

Die Autorin/der Autor

Prof. Gabriele Kokott-Weidenfeld,
Hochschullehrerin, Schwerpunkte: Rechtsgrundlagen, Familienrecht sowie Kinder- und Jugendhilferecht insbesondere für soziale Berufe.

Prof. Dr. Kurt-Peter Merk,
Rechtsanwalt und Hochschullehrer, Schwerpunkte: Kinderrechte und Sozialrecht.

Gemeinsam haben sie das Buch veröffentlicht: Was Eltern wissen sollten. Rechtsfragen im Alltag mit Kindern, Verlag C. H. Beck, 2015.